中国易学文化传承解读丛书

易学传真

张志春 著

中国商业出版社

图书在版编目(CIP)数据

易学传真／张志春著.—北京：中国商业出版社，2009.5

ISBN 978-7-5044-6492-7

Ⅰ.易… Ⅱ.张… Ⅲ.周易—文集 Ⅳ.B221.5-53

中国版本图书馆 CIP 数据核字(2009)第 073063 号

责任编辑　孙启泰

*

中国商业出版社出版发行

010-63180647　www.c-cbook.com

(100053 北京广安门内报国寺 1 号)

新华书店总店北京发行所经销

北京龙跃印务有限公司印刷

*

2009 年 7 月第 1 版　2009 年 7 月第 1 次印刷

710×1000 毫米　16 开　17.25 印张　250 千字

定价：35.00 元

* * * *

(如有印装质量问题可更换)

《中国易学文化传承解读丛书》出版前言

中国传统文化以诗、书、易、礼、春秋为源头经典。《三字经》上曾讲“诗、书、易，礼、春秋，号六经，当讲求”，又说“有连山，有归藏，有周易，三易详”。在这六种（其中礼，有周礼、礼记二种）经典中，又以易经为最重要的经典。儒家将其列为群经之首，道家将其列为三玄之冠。因此，武汉大学哲学学院博士生导师唐明邦教授将易经称之为“中华文化的源头活水”。

易经文化的传承，一向分为两大部分，一部分是义理的传承，主要从哲学、政治学、社会学、伦理学等人文科学的方面进行阐释、发挥，以指导现实社会发展的方方面面；另一部分就是数术的传承，主要从未来学、预测学、咨询文化的角度进行阐释、发挥，乃至创新、改造，以适应现实社会生活和各色人等的心理咨询需求。

该套丛书，虽然也有部分文章着重从义理方面进行阐发解读，但大部分著作主要是从数术角度进行传承，进行解读。这十几部书涉及到数术中的绝大部分种类，既有古代称之为“三式”的太乙、奇门、六壬，又有八卦、六爻、梅花易数以及四柱命理等，都是作者近几年最新的研究和实践成果。

数术文化，源远流长。中华传统文化从本质上讲是一种没有宗教的文化(所谓本土宗教道教，也是在佛教等外来宗教传播的形势下，才以道家老子为鼻祖而新创的一种宗教)，而易经数术文化在中国历史上在一定意义上发挥着“准宗教”的作用，起着抚慰广大人民心灵的作用，换言之，发挥着社会心理学的作用。这就是它“野火烧不尽，春风吹又生”，能够顽强生存下来，得到持久传承的原因。即使到现代科学如此昌明的今天，有人称之为电子时代，信息化社会，但它不仅未能消亡，反而仍然在生生不息地传承着。

当今社会上人们对数术文化有着不同见解和看法。有人将它斥为“封建迷信”，有人将其视为“预测学”或“民俗学”，也有少数人盲目痴迷它，但大多数人处于不了解的状况。

为了使广大读者能够深层次地了解传统文化中的数术文化，以便独立地确定自己的意见和见解，我们出版了这部“中国易学文化传承解读丛书”，参与解读的作者都是个人研究的心得和实验的成果，正确与否，只是一家之言，一得之见。广大读者可以从中辨别真伪，或赞同，或批判，或质疑，或否定。

本丛书的很多内容讲的是预测及占筮技术。对此，我们比较赞同著名作家柯云路先生的观点，他在给本丛书之一的《梅花新易》一书的序中写到：“占筮技术在当今的实际应用则是该谨慎的。一个，是因为这种占筮技术本身的作用还是有其限度的，现代人该更多依靠科学决策。另一个，这一行良莠不齐，很容易给各种江湖骗子可乘之机。所以，对于一般大众来讲，我的告诫常常是：命一般不算，起码要少算。算错了，被误导，就真不如不算，那很有损害。而要真正使自己活得好，倒是该从大处掌握《易经》中的道理，那就是乾卦讲的‘天行健，君子以自强不息’，还有坤卦讲的‘地势坤，君子以厚德载物’。大的道理是十分简易的，再加上做事中正，为人诚信，与时偕行，知道进退，《易经》的大道理就都有了”。

目　录

上编　易学论述拾零

下编 易著序文荟萃

附 录

努力把握易学的真谛

（自　序）

自1990年编辑出版了邵伟华研究周易的学术著作《周易与预测学》之后，阴差阳错，我也逐渐被卷入易学研究的浪潮之中。时光荏冉，不觉至今已经18个年头了。

回顾18年来，中华传统文化日益受到重视，传统哲学、易学的研究逐步深入。自己在这方面也做了一些工作。1993年6月作家出版社出版了我研究易学的学术性报告文学《未知之门》，同月，香港皇冠出版社又出版了我与蔡敦祺合写的《预测大师邵伟华》，1994年12月该书又在敦煌文艺出版社出版了简体字版。1999年4月我研究易学和奇门遁甲的专著《神奇之门》在花山文艺出版社出版。2004年6月新疆人民出版社出版了由我主编的《中国古代哲学研究文萃》一套九种，其中前二种就是《神奇之门》的修订版和我的新作《开悟之门》。

除上述专著之外，18年来，我还在国际国内各类易学与建筑文化学术研讨会上以及一些书刊杂志上发表了不少易学和建筑文化研究的论文与重大事件的预测应用案例；同时，为培养、扶植易学人才，我还策划、组织、帮助许多易学专家、学者、新人出书，这期间还为许多人的新作撰写序言一类文章加以推荐。上述两类文字散轶在各类书刊之中，敝帚自珍，为防流失，在同仁们的建议下，我将这两类文字集中起来，汇编到一起，这就是本书《易学传真》的由来。

为什么起名《易学传真》，自认为我这些文章所把握、传述的都是易学的真谛，或者像许多读者所赞誉的那样是真经。不仅阐发了易学作为中华民族传统的哲学、思维科学，在理论上其精华到底是什么，有哪些思想、观点、智慧值得我们今天继承、发展和弘扬光大；而且在应用领域，剖析了传统易学预测作为哲学符号模拟预测学的本质特征，揭去了古典预测学身上种种神秘虚幻的面纱，还其大道至简、实用有效的本真价值。正如一些媒体对我的易学专著所评价的那样，希望《易学传真》的出版，进一步“对真假难辨的易经文化市场起到去邪扶正、激浊扬清的作用”。

至于我这些文章传递的是不是“易学的真谛”，大家自然可以仁者见仁，智者见智，况且更需要实践的检验和历史老人的认可。我只不过是“王婆卖瓜，自卖自夸”，自认为是在努力把握易学的真谛罢了。

欢迎易学专家、学者和广大读者批评指正。

2008 年 11 月 5 日

上　编

易学论述拾零

（一）

访中国周易研究会会长唐明邦

自1984年5月在武汉召开第一次全国性的《周易》学术讨论会之后，打破了建国后几十年《周易》研究的沉寂局面。国际、国内各种各样的周易学术研讨会频频召开，国际性的、全国性的以及省、市、县级周易学术研究团体纷纷成立，“周易热”不仅限于学术界、知识界，甚至波及政界、商界、军界、乃至寻常百姓家，而且“温度”持高不下，大有持续和深入发展之势。

为了对这一独特的文化现象进行探讨，《名家》杂志开辟了“易学名人”专栏。作为该专栏的主持人，我于春暖花开之季，前往武昌东湖之滨，珞珈山上，走访了武汉大学哲学学院教授、中国周易研究会会长、中国周易学会顾问唐明邦先生。唐先生同时兼任我们河北省周易研究会的顾问。他兴致勃勃地回答了我的提问。

张志春：国内外为什么会兴起“周易热”？它是不是带有偶然性？

唐明邦：“周易热”这一文化现象的出现，绝非偶然，值得深思。它表明《周易》的确具有多方面的学术文化价值，受到海内外哲学、文学、史学、自然科学、管理学、军事学等方面学者的广泛重视。因此，很有必要对《周易》的文化价值，进行再认识。在“《周易》热”兴起之前，人们对《周易》的认识，是相当片面的；“《周易》热”的兴起，客观上为全面认识《周易》的思想文化价值，创造了更有利的条件。

张志春：您作为大学哲学系的教授，为什么会对《周易》这部书感兴趣？

唐明邦：《周易》对我的诱惑，是在童年时代开始的。启蒙教育的第一本书是《三字经》。书中有两段话提到《周易》，至今还能背诵。一是说：“有《连山》，有《归藏》，有《周易》，三易详。”二是说，“《诗》、《书》、

《易》，《礼》、《春秋》，号‘六经’，当讲求”。那时只重认字，不讲解内容，对什么是“三易”，为什么“当讲求”，都不去问，教师也不解释，只说那是一些古书，长大了是要读的，将来自然会明白，幼小的心灵，已知有什么三易、六经了。

大概到十二三岁的时候，负笈去姑母家求学，她家有许多线装古书，其中有《周易》、《周易正义》、《周易本义》、《周易集解》等。教我们的是一位远近闻名的私塾老师，大家崇敬他，是因为他学识渊博，懂得《周易》，能给人诊病，算命，择黄道吉日。这更增加了《周易》的神秘感。私塾里学生不多，文化程度不齐。我算是高等生，教师教得特别用心，但主要还是强调背诵。老师要求我先背诵《古文观止》、《大学》、《中庸》、《论语》、《孟子》，然后才能读“五经”。“五经”之中，又要求先背诵《诗经》，再轮到《周易》。老师的确懂医术，能为人切脉诊病，也精通占筮，但他并不将占筮方法告诉学生。只反复强调“起卦容易，解卦难”。后来，没有来得及打破对《周易》的神秘感，我就告别了私塾老师。

在中学时代，遇到一位精通《周易》的语文教员。他十分崇拜黄季刚、熊十力。课余时间，热心向我们传播《周易》知识，主要从训诂学角度，指出《周易》经文中某些古字的音义，和《周易》乾、坤二卦卦爻辞中包含的某些民主意识。《周易》是一本什么性质的书，对我来说，依然是一个未解之谜。

直到进入北京大学，听了冯友兰、张岱年、任继愈、朱伯昆等老师讲的中国哲学史课程，才真正了解《周易》是一部重要哲学著作，包含着相当深刻的哲学智慧，具有丰富的朴素辩证法思想，不过，那时对于《周易》象数方面，基本上没有接触。“文化大革命”之前，自己在教学和科研方面，也是主要讲《周易》哲理，将象数看成一只拦路虎，不敢去碰它。实际上，不弄清《周易》象数及象数思维方法，《周易》的神秘感是难以解除的。

当前，在广大群众中，《周易》的神秘感，具有很大诱惑力。《周易》的文化价值，不同程度地受到人为的扭曲。新中国成立前，民间流行口头禅：“读了《增广》会说话，学了《周易》会算卦。”这是我们小时候就耳熟的。目前不少青年爱上《周易》，主要意图是用它来算卦，预测人生命运，人事吉凶。造成这种不正确的认识，责任不完全在他们；长时间里，学术界、新闻界忽视对此书的内容作全面宣传介绍，尚未充分揭示《周易》多方面的思想文化内容。事实上，《周易》是一本什么样的书，它有哪些基本特征，研究它有何现实意义，这些问题很难用三言两语说清楚，至今有待深入研究。

张志春：《周易》这部3000余年前的古籍，为什么到今天对许多人还有这么大的诱惑力？它的神奇魅力在哪里？

唐明邦：《周易》乃东方文化之奇葩。

《周易》是我国最古老的文化典籍之一。3000多年，在中华文明史上一直放射着耀眼光芒。在东方各国早已发挥其重大影响。17世纪，介绍到欧洲，日益引起西方哲学家、科学家的重视。一部古代文化典籍有如此持久的魅力，在世界文化史上是罕见的。其神奇魅力来自以下诸方面。

首先，它是世界文化史上一部结构奇特的“天书”。

《周易》包括《易经》和《易传》两大部分。经乃占筮之书，编成于殷周之际；传乃战国中后期写成，是发挥《易经》思想而自成体系的哲学著作，反映新兴封建阶级的世界观。

《易经》的结构相当特殊，由奇特的符号系统和晦涩的文字系统两大部分组合而成，这种体例的哲学著作，世界文化史上实属罕见。

符号系统和文字系统各有其特点。符号系统的特点，在于使思想规范化、系统化、图式化；它有很大局限性，类似一些“空套子”，若不辅以卦、爻辞，难以表述明确的思想。文字系统的特点，是文句简朴古奥，多数人识其字而难明其义，望而生畏，难予卒读。古奥词句反映的思想文化内涵，甚为玄妙，同远古占卜方式相联系，令人觉得神秘莫测，只可随人拟议。

其次《周易》产生的历史，充满着神话般的传说。

这部典籍的编撰过程，《汉书·艺文志》说是“人更三圣，世历三古。”传说上古的伏羲氏，看到黄河的“龙马负图”，始画八卦。到中古时期，周文王拘于羑里，加以重叠，组成六十四卦，并为每卦系上卦辞和爻辞，又说爻辞是文王的儿子周公所系。传至近古，孔子读易，“韦编三绝”，为阐发其哲理而写成“十翼”，是为《易传》。从此上古的一部占筮之书，演变成为哲学经典。由伏羲始画八卦，到经与传结合的《周易》，前后经历了数千年。一部书的编撰，经历了如此长的过程，其他古籍从所未有。

再次，称《周易》为东方文化之奇葩，尤以其玄妙的义理在世界文化史上独树一帜。

《周易》提出一幅奇特的宇宙演化图式，谓“《易》有太极，是生两仪，两仪生四象，四象生八卦，八卦定吉凶，吉凶生大业”（《系辞上》），这一宇宙演化论，立论恢宏，思虑玄妙，基本上奠定东方哲学思维模式的基础，影响极为深远。《周易》建立天地人“三才”统一的宇宙观，主张“立天之道，曰阴与阳；立地之道，曰柔与刚；立人之道，曰仁与义。”（《说卦》）三才之道的统一，涵盖了宇宙的阴阳消长，万物的刚柔变化，人生的道德准则，至广大而尽精微，极高明而道中庸。三千多年来，“《周易》乃大道之源”，这已成为中华民族的共识，并已得到当今国际易学同仁的认同。

张志春：在学术界，大家都公认《周易》是中国一部最古老的哲学著作，它在哲学方面的主要价值是什么？

唐明邦：《周易》可说是精湛的“宇宙代数学”。

《周易》蕴涵着丰富的朴素辩证法思想。黑格尔在其《哲学史讲演录》中，分析“东方哲学”时，对于中国的“易经哲学”，作过这样的评价：“中国人也曾注意到抽象的思想和纯粹的范畴。古代的《易经》（论原则的书）是这类思想的基础。《易经》包含着中国人的智慧 [是有绝对权威的]”。可是，黑格尔并没有读懂《易经》，却以西方哲学家的傲慢态度，抵毁《周易》哲学“如何的肤浅”。《周易》的朴素辩证法思想，受到中国历代思想家的高度重视，它成为锻炼人们的理性思维能力的优秀教科书。西汉时期，被列入学官，视为“六经”之首，魏晋时期，玄学盛行，成为“三玄”（《易》、《老》、《庄》）之冠，它为提高中华民族的抽象思维能力，发挥了重要作用。冯友兰先生指出：《周易》讲大化“流行”，讲阴阳“对待”，若再加上“发展”原则，就是“比较完整的辩证的宇宙代数学”。《周易》的辩证法思想是相当丰富深刻的，包含着“天地絪缊，万物化醇”的宇宙发展观；“刚柔相推，变在其中”的变化内因论；“革故鼎新”“物极则反”的矛盾转化思想；以及“保合太和乃利贞”的中和思想等。数千年来，研究《周易》，阐发其精深义理，揭示其象数奥秘者，代不乏人，著述不下数千种，形成独立发展的学科——《易》学。许多著名哲学家，大多发展《周易》思想原则，营建自己的哲学理论体系，张载、王夫之、方以智是卓越的代表，一部易学哲学史，对此作了充分论述。

张志春：毛泽东主席讲过，哲学是自然科学与社会科学的综合与概括。《周易》既然是一部哲学著作，它必然在自然科学和社会科学方面都具有价值。唐先生，您先谈谈在自然科学方面的价值好吗？

唐明邦：好。《周易》可说是打开宇宙迷宫之门的金钥匙。

《周易》思想同中国古代科学技术的发展，关系十分密切。中国古代科学家，正如爱因斯坦指出的，既没有掌握西方近代科学家们的那种逻辑思维方法，也没有他们那种科学实验方法，可是在探讨宇宙和生命的奥秘时，往往易于获得惊人的发现，作出精湛的科学技术创造。17世纪以前，中国的不少科学技术创造，都走在世界的前列。对于这一现象，爱因斯坦深感“惊奇”。奥秘何在？重要原因之一在于古代科学家们自幼受到《周易》思想的哺育，掌握了《周易》所提供的、与西方不同的哲学理论，特别是象数思维方法。

《周易》的象数思维方法，突出地反映了东方思维的特征。（一）取象比类，是这种思维方法的基本特点；（二）阴阳对称，刚柔调和，是这种思维方法的致思准则；（三）整体思维法则，是这一思维方法的合理内核；（四）强调序列，注重节律，是象数思维方法的突出优点。中国古代科学家们有了这种比较精密的象数逻辑思维方法，无异于手中掌握了一把打开宇宙迷宫大门的金钥匙，故常易捷足先登，升堂入室。

《周易》象数思维方法，可说是归纳法与演绎法的巧妙结合，形成一种独特的思维模式。是古代先哲智慧的结晶。在古代科学技术和各个领域，都曾普遍地加以运用。打开中国古代科技史，不难发现：天文学家，借用《周易》象数显示星移斗转的周期；历法学家，借用象数描绘阴阳消长，物候变化的节律；中医学家，借用象数总括人天统一的节度；乐律学家，借用象数表志律吕损益的法则。古代治河水利专家，在统筹治理黄河、淮河、运河这样浩大的工程时，若无《周易》象数思维的锻炼，要使工程指挥若定，万无一失，简直不堪设想。难怪历史上一些著名的治河专家，多是修养有素的易学家。所以称《周易》哲学是古代科学家打开宇宙迷宫之门的一把金钥匙，绝非夸张之词。至于《周易》对现代科学方法论有何种启迪作用，倒是一个很值得探讨的新课题。

张志春：我认为，中国封建社会的统治者大多都对科学技术不太重视，因此《周易》在自然科学方面的价值并没有得到很大发挥，相反，历代统治者几乎都把《周易》作为一种政治哲学、伦理哲学来使用。

唐明邦：是的。《周易》实际上成了古代经邦济世的宝典。

中国封建时期，《周易》一直被列为五经、九经或十三经之首，作为官方颁布的法定教材广泛流传，求知者人人必读。封建统治者看重《周易》，主要是推崇其中经邦济世的政治、伦理思想。古代政治家、军事家、理财家，所有贤明的君主与大臣，无不认真研读它，从中汲取治理国家、安定社会、发展经济、建设国防、提高社会道德水平的思想原则。

《周易》作为一部哲学典籍，有一个重大特点，即具有鲜明的实用性。《周易》哲学将“正德、利用、厚生”奉为价值取向标准。要求哲学思想能够维护国家的统一，增进民族的团结，推进经济的发展，促成社会的进步。《周易》中不少社会政治观点，至今有着现实意义。

《易传》从加强中央集权制的政治目的出发，提出“建万国、亲诸侯”的主张；《文言》宣扬“万国咸宁”的政治理想，要求中央国家同诸侯国之间始终保持安定和睦的政治关系。为了保卫宗庙社稷，《象传》提出了“设险以守其国”的国防建设思想。

《周易》的社会政治思想，坚持“崇德广业”的原则。要求以高尚道德原则指导政治，推行“仁政”。主张“君子体仁，足以长人”，缺乏仁爱之心的人，不足以充当人民官长。“长人”者，还要善于“理财”，整理财政，广辟财源，管理好财物，量入为出，节约开支。“节以制度，不伤财，不害民”。

《周易》坚持“民为邦本”的民本主义思想。执政者要爱护人民，使之过安居乐业的生活，《系辞》说：“安土敦乎仁，故能爱。”执政者充满爱心，使社会安定和睦。民本思想还要求执政者能“与民同患”，和百姓同甘共苦，深体民瘼，洞察时艰；外患当头，能与人民共赴国难，而不是置人民于水深火热之中而不顾。

《周易》强调治理社会必须“隆礼重法”。《易传》主张“非礼弗履”。人们的行为要受礼的约束，不可越礼。“父父，子子，兄兄，弟弟，夫夫，妇妇而家道正，正家而天下定矣”。除了重礼，还要重法。《象传》提出“明罚敕法”主张。刑罚要明，法令要清楚，使人人遵守，“刑罚清而民服”，才能“遏恶扬善”。礼治精神与法制精神相结合，是古代安定社会行之有效的政治原则。

《周易》所阐扬的“自强不息”的奋发精神，“惧以终给”的忧患意识，“革故鼎新”的创新思想，“厚下安宅”的社会管理原则，教育了一代又一代雄才大略的政治家、社会革新家。许多经邦济世的哲理格言，至今值得深入体会。

张志春：唐先生在前边讲过《周易》包括“经”和“传”两部分，易传主要成书于战国中后期，反映了新兴封建阶级的世界观。所以，我个人认为，《周易》作为一部政治哲学和伦理哲学，在今天的借鉴价值已经不是很大了，主要价值应该是在自然哲学和文化学方面。唐先生再谈谈《周易》在文化方面的价值好吗？

唐明邦：好。《周易》可称之为上古巫史文化的“百科全书”。

《周易》古经，是上古巫史文化的遗存，是中国最古老的文化纪念品。无可讳言，它最初是一占卜之书，战国时期一批易学家对它作了哲学、政治学方面的新诠释，写成《易传》，经传结合，使它焕然一新，成为一部政治、哲学著作，流传至今。

《周易》卦辞、爻辞，传说是周文王或周公写成的。实际上并非出自一人之手，它是殷周之际一批巫师和史官，根据逐年累积的占筮资料，予以筛选，加上当时巫史掌握的一些自然知识，社会知识，民歌民谣，哲理格言，混合组编而成。古代的巫师和史官是一批有社会影响的人，他们广泛接近社会上各类人物，对于各地风土人情，礼俗习惯，颇为了解。这些人多才多艺，掌握占卜法、占星术、占梦术，知医药砭石，会唱歌、舞蹈、善绘画、文身，也会打仗，熟悉气象知识，了解各种生产技术，这批巫师所集体编撰的《周易》古经，包含的知识十分广泛，涉及天文、气象、山川，草木、鸟兽、历史知识、哲理格言，生产经验，民歌民谣，这是很自然的。有人称《周易》为上古巫史文化的“百科全书”，是有道理的。

剥去《周易》占卜体系的外壳，可以发现其经文中蕴涵着多方面的文化知识。历史学家从中可以考证殷先祖王亥“丧牛于易”的事迹（旅·上九），和古代奴隶集体逃亡的记载（讼·九二）；民俗学家从中可以发现古代姊妹同嫁一夫和抢婚的习俗（归妹·六五、屯·六二）；天文学家从中找到世界上最早的太阳黑子记载（丰·六二）；哲学家更可以从中发掘古代独特的哲学思维。

张志春：《周易》一书对中国文化影响深远；几千年来研究周易者代不乏人。著作汗牛充栋，形成了庞大的易学文化体系。清代《四库全书总目提要》把它概括为象数、义理两派，象数、禨祥、图书、义理、儒理、考史六个宗系，又说“易道广大，无所不包，旁及天文、地理、历法、乐律、兵法、韵学、算术，以逮方外之炉火，皆可援易以为说，而好异者又援以入易，故易说至繁”。有人把易学分为经学与纬学两派，或者说易理与数术两派，有人又把数术等统称之为神秘文化。《周易》与这些神秘文化是什么关系呢？

唐明邦：《周易》是中国神秘文化的思想基础。

神秘文化，是古代数术的组成部分，在我国文化史上源远流长，有几千年传承历史，是炎黄文化百花园中最富神秘色彩的奇葩。历代玄思宇宙、好探神奇之士，无不为之倾倒。《史记》的《龟策列传》、《日者列传》，其他正史的《五行志》、《方技列传》等，都记载了古代术士及数术学的神秘事迹。《汉书·艺文志》将数术分为天文、历谱、五行、蓍龟、杂占、形法六类，《四库全书总目》分为数学（与算数不同）、占候、相宅相墓、占卜、命书相书、阴阳五行。史书所列数术图书，其子目有风角、九宫、太乙、奇门遁甲、六壬、易占、堪舆、阵图之类，不一而足。至于道教方术中的内丹、房中亦属神秘文化的分支。所有这些神秘文化，未有不与《周易》太极、阴阳、五行、河图、洛书相攀附的。《周易》思想实际上成了一切神秘文化的理论基础。

易学对数术的影响大体有三个方面。首先，为之提供“一阴一阳之谓道”、天道地道人道相统一的宇宙观；其次提供河图、洛书、太极图、先天八卦、后天八卦等象数思维模式；再次为之提供一套可以利用的范畴、概念，如太极、阴阳、八卦、九宫、卦气、纳甲、爻辰、大衍之数、天地之数等。如果没有代表封建社会官方哲学的《周易》思想为指导，神秘文化就难以建立一套具有神秘诱惑力的思想体系和实用操作程序。若非神秘文化的广泛传播，《易》学思想难以走下学院殿堂而深入千家万户，以显示《易》道之广大。神秘文化正是由于借用了《周易》象数，使之同五行、天干、地支、二十八宿等相结合，构筑了一套非理性思维的符号信息系统，这一系统一旦同神秘的文字信息系统相结合，加上数术家的主观悟性，可以推导出种种不是理性思维所能作出的灵异判断，引导人们趋吉避凶。数术所应用的这一套特殊的象数思维模式，以神秘直觉为特征，故难以用理性思维方法加以诠释。有人认为神秘文化所具有的灵异效验，是《周易》所赋予的。甚至认为乃《周易》固有的文化价值，这是不符合实际的。《周易》的哲学世界观，和它的象数符号、象数思维方式，不但可为人文科学和自然科学所利用，也可为多种神秘文化所利用或借用，这是事实，无可否认。这正是《周易》思想的一大特征。

张志春：的确如此，八十年代周易研究的复兴或叫“周易热”绝不是孤立的，它与人体科学的兴起，社会各界对特异功能和中医研究的重视密不可分。周易研究推动了人体科学、特异功能、中医研究的发展，反过来，后者又促进了周易研究的深入。“周易热”与“人体科学”等其他热点事物一样，只要一旦热起来，就难免鱼龙混杂、泥沙俱下，尤其是在商品经济的驱动下，假冒伪劣乘机滋生，以假乱真，混淆视听，使人真假难辨，甚至“假作真来真亦假”，妨碍了人们对周易和易学研究价值的正确认识。这一点应该提醒广大读者注意。

唐明邦：所以我提出，《周易》研究应走上健康轨道。

《周易》的思想文化内容，异常丰富。无可讳言，它显然是精华与糟粕浑然一体的。它既提倡崇德广业，“经邦济世”；又主张“神道设教”，宣扬神秘主义。因此需要我们在马克思主义指导下，花大力气做好细心剥离工作，取其精华，弃其糟粕，进行多学科，多侧面交叉综合研究，批判地继承这一份珍贵的文化遗产，防止或抵制对待传统文化的民族虚无主义态度。

目前的“《周易》热”中，有些所谓《周易》爱好者，并未正确认识《周易》的文化价值，单纯把它看作占卜书，妄图凭它定休咎，断吉凶。江湖术士更以之为幌子，进行封建迷信活动，对此，理应予以抵制、批判。尽管这不是当前《周易》研究的主流，却容易贬低或歪曲《周易》的学术价值，有损《周易》研究的名誉，玷污为弘扬传统文化、建立社会主义新文化而研究《周易》的光荣任务。因此，我们有责任对《周易》研究予以正确导向，使之走上健康发展的轨道。应当科学地、全面地阐明《周易》的思想精华，使其与现代社会需要结合起来，本着“古为今用”的方针，为我国社会主义现代化事业提供有益的借鉴。因此，提出研究《周易》的几条原则，向海内外专家讨教：阐发《易》理而不要牵附，探讨象数而不神秘，注重应用而不迷信，弘扬易学而不要禁锢。

张志春：唐先生提出的这四条原则太重要了，我完全赞同。一、阐发《易》理而不要牵强附会，要坚持历史唯物主义的态度；二、探讨象数而不搞神秘化，要以现代科学观点研究其中的合理内核；三、注重应用而不迷信，不能光搞空头理论、经院哲学，要以实践是检验真理的惟一标准为指导，使易学古为今用，与封建迷信严格区分开来；四、弘扬易学而不要禁锢，不能因为鱼龙混杂、假冒伪劣滋生，就采取禁锢的态度，打假把真的也扫掉。事实证明，易学文化有顽强的生命力，禁是禁不住的，只有正确引导，让它逐步与现代科学接轨，才是正确的方针。唐先生，不知我对您这四条原则，理解得对不对？

唐明邦：对，对。知我者，春君乎！

（原载《名家》杂志1998年第一期）

（二）
河北省周易研究会成立暨首届学术研讨会上的讲话

（一九九四年一月七日）

各位领导、各位来宾、诸位易学同仁：

在中国人体科学研究会、中华炎黄文化研究会、中国周易研究会的指导下，在省委、省政府、省人大、省政协有关领导的关怀支持下，河北省周易研究会经过三年多的筹备，通过省社科联和民政厅审核批准，今天正式成立了！

首先，我代表研究会全体成员，对光临大会的各级领导、各位来宾表示最热烈的欢迎！

对给予研究会大力支持和帮助的各级领导、各个厂家、各位朋友表示最诚挚的谢意！

《周易》是我国古代一部极为重要的文化典籍，历史上尊为众经之首、“大道之源”，今天，被学术界誉为“宇宙代数学”、“古代抽象科学理论总汇”、“中华文化的源头活水”。它在思维科学和认识论方面的价值及其对现代自然科学和人文科学广泛的启迪和影响，已经日益被国内外学者所肯定，它在信息科学、人体科学、预测学和未来学方面的价值，近年来也逐步受到国内外学者的关注和研究。

自从 20 世纪七十年代，西方科学界发现许多现代尖端科学理论同中国古老易经有奇妙的吻合、对应之处，周易的思维模式和理论构架对未来科学有极大的启迪意义以来，国际上掀起了研究中国易经的热潮。截止目前，世界上已有六十多个国家和地区成立了周易研究机构，仅美国就有三个研究周易的国际性组织。1984 年在武汉召开了国内第一次周易研讨会，1987 年由山东大学周易研究中心发起，在济南召开了第四届国际周易学术讨论会；1989年中国周易研究会宣告成立，并创办了《周易研究》杂志。在此前后，全国许多省市，如北京、上海、西安、开封、安阳、苏州、广州、江苏、吉林、贵州、陕西、山西等省市都成立了周易研究会，台湾省每个县都有周易研究会，并开展了各种形式的学术研讨和交流活动。特别是周易的发源地——河南省安阳市，不仅很早就成立了周易研究会，而且从1989年以来，他们同国际易经学会、中华炎黄文化研究会、中国周易研究会、中国自然辩证法研究会等单位，联合在安阳一年一届召开了周易与现代自然科学、周易与现代管理科学、周易与现代化等专题性的国际学术讨论会，出版学术论文集，使周易研究取得了长足的进展；去年春天，经过河南省教委批准，又成立了世界上第一所周易大学——中国安阳周易学院，目前在同中国人民大学合作，正在举办函授班。另外，1992年10月上海成立了国际康复气功研修学院，内设周易应用系，已开始招收大专班学员。1992年，中央电视台历时三年完成了八集电视系列片《中华周易》的摄制工作，12月5日在全国政协礼堂举行了首映式，当晚新闻联播节目中进行了报道，之后，由太原音像出版社向国内外发行。今年一月三日、五日、六日、八日每天中午13：20中央电视台在第一套节目中开始播出。与此同时，国内第一张《周易报》去年也在广东省阳江市创办问世。

我省在周易研究方面起步较晚，但是，自从1989年河北人民出版社出版了《周易通论》，1990年花山文艺出版社出版了《周易与预测学》、《八卦探谜》、《太极思维与预测》、河北科技出版社出版了《袖珍易学入门图解》等书以后，河北学术界关注和研究周易的人越来越多，已经初步涌现出一批热心和研究周易的人才，有的并取得一定学术成果。比如河北煤炭建筑工程学院教授殷祯祥先生，用系统论、信息论、控制论等现代科学研究周易及其预测理论，其论文在国际研讨会上受到专家学者的一致好评。清河县卫生局局长杨景磐同志继承家学，近年来在六壬预测、太乙数术方面进行研究，已写出两部书稿，其中《太乙通解》一书已由甘肃人民出版社出版，《大六壬预测学》也将由中州古籍出版社出版。又如河北丛林景观有限公司总设计师丛瑾滋同志研制出“周易预测仪”，在中国专利局取得专利，又设计了大型旅游景观“中华易经馆”，引起外商和国内旅游界的兴趣，正洽谈在深圳或内地旅游热点地带建筑易经馆的事宜；同时，介绍他研制的“周易预测仪”及易学立体模式论的学术专著《易经形象预测学》一书也由万国学术出版社出版。另外，在民间也发现了一批继承古典预测学不同分支的高人，比如邢台县农民张岩客，从师学习奇门遁甲和六壬金口诀，1990年被中国管理科学研究院传统医学研究所聘为数术测病室主任，将数术测病与中医诊断疾病相结合。1993年12月25日晚首都举行部分著名人士座谈会，到会有杨成武等一百多人，其中就有张岩客，主持人新华社记者、作家、教授包佳俊在祝酒辞中，特地将张岩客加以介绍，称他是一位奇人，会让在座诸位相信有很多尚待探索的奥秘。

我本人自从1990年编辑出版了国际易经学会会员、陕西省周易研究会副理事长邵伟华先生的学术论著《周易与预测学》、重庆大学教授、中国思维科学研究员蓝允恭先生的论著《太极思维与预测》二书以后，阴差阳错，也被卷进周易研究的浪潮中。1991年写作了长篇学术性报告文学《未知之门——邵伟华与周易预测索秘》一书，经过二年周折，去年春天由作家出版社出版；6月香港皇冠出版社又出版了我与蔡敦祺合著的《预测大师邵伟华》一书。以上两书既是报告文学，又是研究周易预测学的学术著作，出版后，受到前国防科工委副主任、中国人体科学研究会理事长张震寰将军及广大易学界同仁的肯定。去年9月在第五届周易与现代化国际学术讨论会上，我又发表了探讨周易预测机制的论文《宇宙全息思维与人体感应能力》，受到与会学者的认可。

以上仅是挂一漏万的举例。即使如此，也可看出，在传统文化积淀很深的燕赵大地上，周易研究是不乏其人的，是有深厚的群众基础的。河北省周易研究会的成立是适时的，也是十分必要的。作为法人代表，我既感到欣慰，也感到肩上担子的沉重。

国际易经学会主席成中英教授在第九届国际易学大会（在美国召开）的讲话中，综合归纳了当代世界易学研究的四种基本方式：一、《易经》的文本研究，就是主要针对《易经》经文的符号、象数、义理、卦爻结构及整个经文体系等问题进行注解、疏理和诠释，这是一项基础性的工作。二、《易经》的哲学研究，即深入其基本思想架构、进而发现和阐释其内涵的本体论、宇宙观、人生观、价值观和方法论等，以充实现代哲学。三、《易经》的科学研究，即运用易经独创的思维模式，提供经验思维、形式思维、数理思维、辩证思维和多层次思维方法，探讨易经与现代自然科学、社会科学、管理科学等学科的关系，探讨其启迪价值，推动现代科学的发展。四、《易经》的生活实用研究，即运用于预测、决策、心理咨询、信息服务等实用价值的研究。

河北省周易研究会成立以后，如何开展学术研究活动呢？在这里我谈一下个人的初步想法，供大家讨论和参考。

一、正确宣传周易，普及与提高相结合

周易这部书虽然是我们的国宝，被海外有识之士称为世界两大奇书之一，但解放后，相当长的时间内其研究工作只限于高等学府和研究所的少数专家，广大干部和人民群众对其了解甚少；同时，民间一些江湖术士和谋生者又借助周易一些皮毛，像假冒伪劣产品一样，一直在败坏周易的名誉，使一般群众在认识上产生了很大偏差，往往把它同封建迷信等同起来。近几年随着改革开放和市场经济的发展，由于经济杠杆等因素在起作用，在“周易热”中又出现了鱼龙混杂的现象，不少迷信读物也打着“周易研究”的幌子非法出版，进入流通领域；同时，像“追星族”“发烧族”一样，也出现了对“周易”盲目发烧迷信的现象，把周易称为“超科学”，似乎周易比现代科学还先进，有了《周易》，什么问题都解决了，等等。

这两种认识上的偏差都是错误的。我们研究会成立以后，首先应该做一些普及工作，做一些正本清源工作，可以通过办讲习班、报告会、放录像、座谈讨论等方式，向广大干部和人民群众正确宣传讲解周易这部书的价值，实事求是地说明研究它的理论意义和实用意义，使广大群众对周易研究有一个正确的认识，对当前出现的“周易热”有一个正确的态度。同时，在正确普及易学知识的基础上，开展深层次的学术研究。

二、坚持科学态度，义理与象数相结合

在中国易学研究史上，一直存在着义理派和象数派。大约在汉代，象数派第一次达到高峰，但与谶纬纠合在一起，产生了偏差，于是到魏晋，出现了王弼扫象。由于儒家伦理思想长期是中国封建社会的统治思想，因而被儒家奉为五经之首的《易经》，自然以义理为主导，为“大道”，象数则被视为“术数”，视为“小道”，这也恐怕是中国封建社会自然科学不发达的原因之一。

其实，义理离不开象数，象数也离不开义理。正如任何学问、学说、学科一样，如果没有理论，就不成其为科学和学问；同样，如果没有实用价值，对人类实际生活没有什么用途，那么这种理论再好，也只是一句空话，也绝不会有什么生命力。同时，从现代科学观点来看，所谓义理，更接近哲学、社会科学；所谓象数，更接近自然科学（李树菁著名论文《自然科学第三次浪潮条条道路通象数》中有充分论述）。因此，我们更应该将两者结合起来，从社会科学、自然科学以及边缘科学等众多角度，多渠道、多层次、多方位地进行综合研究，以便继承我们祖先的聪明才智，促进现代人文科学和自然科学的发展。

三、将周易研究同生命科学研究相结合，推动人体科学的发展

人类对客观世界，包括宏观世界、微观世界的研究，都取得了长足的进展，但对自身的研究还远远不够。学术界许多人预言，二十一世纪将是人体科学大发展的世纪，而周易可能是打开人体科学的一把金钥匙，因此，我们应该把周易研究同生命科学、中医等有关人体科学的研究结合起来，以促进人体科学的发展。

四、大胆进行应用研究，繁荣科学文化与振兴经济相结合

今天的周易研究，不能再局限于经院哲学的范畴，应该同人类现实生活结合起来。马克思主义认为科学技术本身就是一种生产力。周易既然是一门

科学，周易研究就要努力使它转变为生产力，为经济振兴、社会发展、人类文明进步服务。有人把周易的应用理解得十分狭窄，似乎周易只能用于预测，甚至认为周易就等于算卦，算卦就等于迷信，所以持否定或怀疑态度。诚然，从本体意义上讲，周易开始就是一部预测学，而且经过今人大量验证，确实可以用于预测。但今天的周易研究和应用，绝不仅限于预测，它的用武天地广阔得很。因为从思维科学角度，周易是一种宇宙全息思维模式；从符号学角度，它是一种宇宙编码系统；从物理学角度，它符合基本粒子的波粒二象性原理；从数学角度，它符合模糊数学的原理；从生物学角度，六十四卦与生物遗传密码有对应关系；等等。所以，它既可以用于新技术开发（比如最近出现的一种太极码 [两笔字型] 汉字输入法，就是利用周易太极思维的原理，成功地解决了电脑汉字输入的高效性和简易性的矛盾，它的记忆量只有传统形码的几十分之一，可大大提高工作效率，每分钟输入汉字可达 200 多个），又可用于企业经营管理（国外在这方面实例很多）；既可以用于人才选拔和使用，又可以用以经济决策、信息服务；既可以用于改善人类生存环境，又可以用于医疗保健；既可以用于刑事侦破，又可以用于意外事故的防范；等等。

总之，周易研究既是一门深层次的专业性很强的学术研究，又是一门非常广泛、与各行各业都有联系、与每个人生存发展息息相关的群众性普及性的文化研究。

河北省周易研究会成立以后，要广开大门，热情真诚地团结、组织各行各业的易学爱好者和研究人才，坚持用现代科学观点深入开展易学研究，努力为繁荣科学文化事业，振兴河北经济，建设有中国特色的社会主义，贡献自己的一份力量。

我们要努力把河北省周易研究会建成全省的周易研究中心、学术资料中心、人才汇集中心、培训学习中心、咨询服务中心。

与成立大会接踵举行的首届学术研讨会，将是对我省周易研究的第一次检阅，希望大家摒弃保守观念和过分谦虚的态度，把自己的研究成果毫无保留地拿出来，交流、研讨，以便互相启发，共同进步，把我省周易研究提到一个新的水平、新的高度。

河北历史悠久，人杰地灵，历史上曾经产生过邵雍、纪晓岚、尚秉和等大易学家、思想家、学问家。今天，有党的英明领导，有优越的社会主义制度，有改革开放、文明祥和的政治环境和经济环境，周易研究一定会同其他学科一样，不仅会不断产生新的研究成果，而且必将造就一批杰出的研究人才。

预祝大会圆满成功！

(原载会刊《易学传真》1994 年第一辑)

（三）

宇宙全息思维与人体感应能力

——周易预测原理漫议

由《周易》开始，经过几千年发展、繁衍的古代数术学，经过今人验证，证明确实可以用于预测，而且有一定准确率。它的奥秘到底是什么呢？为什么能够测准呢？大家都在进行研究。

柯云路在其著作《人类神秘现象破译》中，说他已经破译了易经预测的奥秘，这就是“请神灵”，即调动人的潜意识。他认为，人的潜意识是无所不知的。通过起卦、烧香或其他方式，使人体进入功能态，调动出自身的潜意识，就能预测、预知。

我认为，这是从人类深层心理学，从生命科学的角度，破译了易经预测的奥秘，这确实是一大创见。但是，还不能说是破译了易经预测的全部奥秘，只能说是一部分，一个方面。

易经预测，特别是古典式测法和梅花易数，还有奇门外应等等，要预测准确，其中预测者本身的感应能力起相当大的作用。一个预测者的感悟、感应能力强，又来得快，他就预测得准确；反之，准确率就大大下降。

为什么一些世外高人，和尚、老道，或长期修炼者或其他佛道功法的人，预测准确率高，甚至不借助任何预测方法，就可以准确地进行预测，就是因为他们对外界事物的感应能力强，或者说预测功能强。

但是，没有修练，没有预测功能的人，运用周易预测方法，是否也能预测，并达到相当的准确率呢？我认为是可以的。

当代著名预测学家邵伟华，根据我的了解，他既没有修练什么，也没有特异功能，但他通过刻苦学习和反复实践，掌握了周易预测方法之后，就像他运用马列主义辩证唯物主义哲学指导金属化学分析一样，取得了引人注目的成绩，成功地预测了许多事件，最著名的例子当然就是对前苏共中央总书记契尔年科去世的预测。

我个人平时既不练功，更没有特异功能，而且是一个对事物反应比较迟钝的人，对于周易预测的学习，也只是近两三年的事，尽管如此，在预测实践中，也取得相当的准确率。

1993 年 4 月，我写邵伟华的长篇学术性报告文学《未知之门——邵伟华与周易预测索秘》一书由作家出版社出版之后（6 月，香港皇冠出版社也出版了，书题为《预测大师邵伟华》），原国防科工委副主任，现中国人体科学研究会理事长张震寰将军来信说：

经过许多周折，你的书终于出版，可见事实的重要性。当然，还会引起争论。祝贺你！

看了你的书，再同邵伟华同志的书对照起来。就更容易理解了，对他的书，我所以支持，就是有点准头，很值得研究，能否派上用场。他有两类（一是工伤事故，一是牢役之灾）比较有系统，有大量的事实，是有用的。

看来，你也掌握了规律，希望深入研究下去，把准的和不准的都分析一下，精益求精，显出特色。陈林峰同志用功能测澳星发射事很轰动，用八卦能否起同样作用，可试试。

张震寰将军在信中，一是肯定了邵伟华和我的书，肯定了周易预测是有规律的，是有准头的，是有用的；二是给我出了个题目，即陈林峰同志用功能测去年两次澳星发射事很成功、很轰动，用八卦能否起同样作用，即用有规律可寻的八卦预测方法，能否也测准。

这一点，我的回答是肯定的。我在五月份已经写信告诉了张震寰，第一、北武当山周易气功研究会理事、清河县卫生局长杨景磐同志在去年参加第四届周易与现代化国际学术讨论会的论文《六壬预测初探》中，已经讲述了他用六壬起课方法对两次澳星发射的预测，完全同陈林峰用功能预测的结果一致；第二、我用六爻预测法，即按两次澳星发射的时间起卦，对澳星发射进行补测验证，结果与陈林峰也是一致的。澳星第一次预定发射时间为1992年3月22日下午6点40分，即农历壬申年二月（癸卯）十九日（丁酉）酉时，起得水地比变泽地萃卦，无论按体用生克断、按世应断、按用神断，都表明澳星会出故障，不能发射成功。第二次发射时间为1992年8月14日早晨7时，农历为壬申年七月（戊申）十六日（壬戌）辰时，起得地风升变地天泰卦，无论按体用生克断、按世应断、按用神断、按卦象卦义断，都表明澳星能够发射成功。同时，我在信中还告知，我根据1993年3月7日晚7：30中央电视台播出《开放的北京盼奥运》以及报载1993年9月23日上午9点将举行国际奥委会第101届年会和1993年9月24日凌晨2：30将公布投票结果这三个时间分别起卦，预测北京申办2000年奥运会一事不会成功，将败于悉尼。

从这件事中又一次说明，人体确有预测功能，周易预测中绝不排斥人体感应能力的运用和发挥，但没有预测功能的人，不借助人体感应能力，而只靠我们祖先从周易以来所创造的预测方法，也同样可以进行预测，并取得相当高的准确率。

那么周易预测学的基本原理是什么呢？有的学者称其为“天人合一学说”，有的称为“古代系统论”，有的叫“宇宙统一信息场”，有的叫“宇宙万有相似论”，有的叫“太极思维”，等等，说法虽然不一，但核心意思是一致的。

我个人体会，从思维科学的角度来概括，似乎更为确切、更为明晰、更容易为多数人所理解。所以，我把它叫做“宇宙全息思维”。

它的思维模式，大致可归纳为下列图表：

一生二 (太极)(阴阳) 二生三 (阴阳)(天地人) 三生万物 (三才)(八卦)	形态全息思维系统： 四象—八卦—六十四卦—384爻 关系全息思维系统： 五类—五行—相生—相克—六亲 时间全息思维系统： 天干、地支；年、月、日、时；过去、现在、未来 空间全息思维系统： 河图、洛书；先天八卦图、后天八卦图，立体空间、万向轮	象、数、理贯穿其中

这种思维模式，大致有以下几个特点：

一、把天、地、人，自然、社会、人生，时间和空间，看成是一体的，互相紧密联系在一起，具有系统思维的特征。

二、把宏观宇宙和物质微观结构看成是一体的，物质每个局部都反映全体，每个微小的单元，都具有全息的特征。

三、采取比类取象的思维方法，万物有象、有数、有理，象中有数、有理，数中有象、有理，理中有象、有数；即有逻辑思维，又有形象思维，还有灵感思维，必须综合运用多种思维方式，才能准确进行预测。

四、用八卦、六十四卦概括了万事万物的基本形态。无限的宇宙（无极）生出太阳系和地球（太极）；地球有白天、黑夜，万物都有阴阳两种属性（太极生两仪）；地球绕着太阳转一圈，分出春夏秋冬四季（两仪生四象）；人生活在太阳系内的地球上（二生三，天、地、人三才），天地之间产生了人，同时阴阳相交也产生了万物（四象生八卦，$2^3=8$，八卦代表了万物）；万物有六十四种基本形态（$2^6=64$）。这是有科学根据的。一个是中世纪意大利数学家列奥多·斐波那契，从计算兔子繁殖的数学题中推导出著名的“斐波那契数列”，证明万物繁殖到第六代时，原来似乎没有关联的事物的内在对应性就都显示出来了。六十四卦正是阴阳二爻相配六次，即二数的六次幂，而且每一卦又正好是六个爻，反映了事物发展的六个层次或六个方面。另一个是现代遗传学发现，生物遗传密码排列起来与六十四卦是对应的。这说明，六十四卦的形态，也符合生物的微观结构。另外，六十四卦有方图、圆图等各种排列方式，可以从不同的角度反映事物存在的形态规律。汉代京房以八纯卦为首，组成八宫世系，这种排列组合，不仅保留了六十四卦概括万事万物基本形态的根本特点，而且进一步发掘出六十四卦相互之间的发展变化规律，即描绘出事物由量变到质变（由一世到六世）、由一种形态转化为另一种形态（由某一宫变到另一宫）的发展变化规律，使八宫六十四卦更具有了宇宙、社会、人生全息信息（天易、地易、人易、鬼易）的特征。

五、用阴阳、五行、六亲概括了万事万物之间的关系。万事万物相互之间的关系，绝不仅仅是阴阳对立统一、互根、消长、转化的关系，绝不仅仅是一分为二，或者一生二、二生三的关系。古人依靠“仰观天文，俯察地理，远取诸物，近取诸身”的思维方法，发现万事万物按性质、特征可以分为五大类别，即木、火、土、金、水五行。而且五行之间有着生克制化关系，即有正常的一般情况下的相生相克，又有反常、特殊情况下的相生相克，充满了辩证法。不仅如此，古人到后来，又把六亲纳入五行之中，即用人际关系来描述万物分为五行之后的相互关系，这是对关系全息思维系统的一个重大的突破性发展。这一发展，可以说，几乎穷尽了宇宙间万物相互之间的关系。试想一下，一事物与他事物之间的关系。除了生我、我生、克我、我克和与我同类者之外，还有什么关系呢？没有了。因此，五行，就不仅是万事万物的五个类别，五种性质，而且是事物的五个行走、运动的方向，全息反映了事物之间的动态相互关系。上为生我的父母，下为我生的子孙，左为克我的官鬼，右为我克的妻财，中间是与我同类的兄弟；而以父母、子孙、官鬼、妻财、兄弟为核心，又各有一个五向性的动态相互关系。万物就如此相互纠缠在一起，动态地构成家庭、社会、人生、自然界乃至整个宇宙。把六亲广象之后，成为六爻预测法取用神、能够预测万事万物的重要依据之一。

六、把最初用来记录时间的天干、地支、六十甲子赋予阴阳、五行、天象、地理、八卦等宇宙全息符号的意义，从而使十天干、十二地支，特别是它们之间配合起来形成的刑、冲、克、害、化、合、空亡、会局等等，成为六爻预测和四柱预测等预测方法的重要依据。

七、以河图、洛书、先天八卦图和后天八卦图相结合，构成一个立体空间，将八卦、五行、天干、地支等形态、关系、时间全息思维符号均纳入其中，形成一个实用八卦图，用于预测，经过上千年的实践验证，证明准确率相当高。邵伟华在《周易与预测学》一书中说，实用八卦图据说是宋朝天文学家、八卦大师邵康节所作，邵康节进行预测时，用的后天八卦图，先天八卦数，实为奇妙。但邵康节为何用后天八卦图、先天数，现还不知其因。珊泉先生在电视系列片《中华周易》中说，先天八卦图应当竖着看，后天八卦图应当横着看，这样表述的是“法相自然之妙”，即日月循环，阴阳交汇，组成了一个完整的立体宇宙模型。珊泉先生还把后天八卦图与我国以西安为中心的周围地理形势作了对照，发现后天八卦的方位符合这周围的地理形势特征。而且，八卦这样一排列，不仅有了空间的意义，而且有了时间的意义，即坎、震、离、兑不仅代表了北、东、南、西四个方位，而且代表了冬、春、夏、秋四季和十二月的运行，又代表了夜、晨、午、昏一天之中气象变化，阴阳交替的循环过程。乾、坤二卦所处的位置不仅代表了日落、月升的方位，而且分别代表了阳气和阴气的发生地，阳气从乾按顺时针方向运行到离，达到极盛，阴气从坤按逆时针方向运行到坎，达到极盛。我认为，伏羲先天八卦图不仅是一个竖着看，在九宫八卦后天方位图上立着旋转的“风火轮”“乾坤圈”，而且它体现了“河图”立体球形的特征，它是一个圆形球体，是一个可以向任何方向转动的“万向轮”。乾一、兑二、离三、震四、巽五、坎六、艮七、坤八，是一个上下左右，正转反转的动态球体，描述了天地轮回、日月出没、阳消阴长、阳长阴消、天高地卑、山泽通气、风雷相薄、水火不相容的动态结构。将先天八卦之数与后天八卦方位结合起来，造成一个多维的具有宇宙全息的动态结构，像万向轮一样可以在天地上任意转动，于是这个宇宙全息思维模型就可以用于预测万事万物。

八、利用上述宇宙全息思维模型进行预测的过程，就像现代控制技术一样，首先进行信息提取，最常用的有二种，一是让当事人用铜钱或钢币摇卦，提取动态信息，二是用事发或问卦时间起卦，提取静态信息（也可以用方位、声音、颜色、形象等提取信息），然后进行系统辨识。由于所提取的信息，都具有宇宙全息的特征，因而通过形态、关系、时间、空间多维的辨识，就能测出你要问的事物的来龙去脉、吉凶悔吝，并大致确定应验的时间、方位、数量、程度等。

有人说，发轫于周易的古代预测学这套完整的理论和方法，是给没有特异功能的大多数人准备的思维依据和特异工具，此说颇有道理。

科学最大的特征是其重复性，周易预测无疑也具备这个特征，因而我们说它是科学的。但它既来源于人体的感应能力，有时又借助于人体感应能力，几千年来它又一直与人体感应能力这些神秘现象纠缠在一起，所以往往被大多数没有功能的人所不理解，所困惑，甚至视为迷信。

今天，随着社会生产力和科学技术的发展，人类原本具有的各种功能越来越多地“外化”为各种科学技术手段，对于源于人体预测功能，后来又常与人体感应能力纠缠在一起的周易预测学，也应该把它与人体功能剥离开来，用现代科学观点将其宇宙全息思维的理论模型完善化、科学化，将其信息提取与系统辨识的方法规范化、自动化，使它也逐步“外化”为一种科学技术手段，这样就能被社会所接受，更大规模地为人类服务。

（原载中州古籍出版社《羑里易学》1994 年 9 月第一卷第一辑）

（四）

解开诸葛亮借东风之谜

长篇历史小说《三国演义》被毛宗岗、金圣叹评为天下第一才子书。经中央电视台将其搬上荧屏之后，更是家喻户晓，脍炙人口，妇孺皆知，人人争看。

三国人物成千上万，其中写得最精彩的，莫过于诸葛亮。写诸葛亮最精彩最引人入胜的故事，莫过于赤壁大战中的借东风、草船借箭。特别是诸葛亮在南屏山七星坛上披发仗剑、踏罡步斗，施法术借东风的场面，使读者和观众几乎无法分辨诸葛亮到底是人还是神仙妖怪。难怪鲁迅先生在《中国小说史略》中批评作者罗贯中“至于写人，亦颇有失，以致欲显刘备之长厚而似伪，状诸葛亮之多智而近妖”。

《三国演义》对诸葛亮借东风的描写，到底是得是失，是凭空杜撰、神化夸张之辞，还是事有所本、言之有据，这一千古之谜无人解说。笔者不揣浅陋，试解这一千古疑案。

先让我们看一看《三国演义》第48、49回对这一事件的描写。曹操北军不习惯水战，得庞统献连环计，将战船尽皆连在一起，周瑜欲用火攻破曹。

建安十三年冬十一月十五日晚上，月明星稀，曹操在战船上横槊赋诗、踌躇满志。升帐谓众谋士曰：“若非天命助吾，安得凤雏妙计。铁索连舟，果然渡江如履平地。”程昱曰：“船皆连锁，固是平稳。但彼若用火攻，难以回避，不可不防。”操大笑曰：“程仲德虽有远虑，却还有见不到处。”荀攸曰：“仲德之言甚是，丞相何故笑之？”操曰：“凡用火攻，必藉风力。方今隆冬之际，但有西风北风，安有东风南风耶？吾居于西北之上，彼兵皆在南岸，彼若用火，是烧自己之兵也，吾何惧哉！若是十月小春之时，吾早提备矣！”

可见曹操对天时、地利是做了充分考虑的。

周瑜利用庞统向曹操献连环计，起初认为用火攻不存在问题，但当他站在南岸山顶上观看曹营水寨，忽然狂风大作，江中浪涛拍岸，一阵风过，刮得旗角于周瑜脸上拂过，使他猛然醒悟：此季节只有西风、北风，没有南风、东风，怎么能用火攻呢？于是突然往后一倒，口吐鲜血，不省人事。从此卧病在床，着实发起愁来。

诸葛亮前去探望，屏退左右，密书十六个字曰：“欲破曹公，宜用火攻，万事俱备，只欠东风。”写毕，递与周瑜曰：“此都督病源也。”瑜见了大惊，暗思孔明真神人也，早已知我心事，只索以实情告之。乃笑曰：“先生已知我病源，将用何药治之？事在危急，望即赐教。”孔明曰：“亮虽不才，曾遇异人，传授八门遁甲天书，可以呼风唤雨。都督若要东南风时，可于南屏山建一台，名曰七星坛。高九丈，作三层，用一百二十人，手执旗幡围绕。亮于台上作法，借三日三夜东南大风，助都督用兵何如？”瑜曰：“休道三日三夜，只一夜大风，大事可成矣！只是事在目前，不可迟缓。”孔明曰：“十一月二十日甲子祭风，至二十二日丙寅风息如何？”瑜闻言大喜，矍然而起。便传令差五百精壮军士，往南屏山筑坛，拨一百二十人执旗守坛，听候使令。

孔明于是在十一月二十日甲子吉辰，沐浴斋戒，身披道衣，跣足散发，上到坛上开始作法祭风。孔明一日上坛三次，下坛三次，却并不见有东南风。是日看看近夜，天色晴明，微风不动。一直到将近三更时分，忽然风声响，旗幡转动。周瑜出帐看时，旗带竟飘西北。霎时间东南风大起。待东南风大起之后，诸葛亮早已下坛来到江边，乘赵云前来接应的小船，离开周瑜营寨，回刘备所在夏口去了。

书中写得明白，诸葛亮曾遇异人，传授八门遁甲天书，可以呼风唤雨。所谓八门遁甲天书，就是古代预测学中最高层次的“三式”之一“奇门遁甲”术。据今天学术界专家研究，奇门遁甲分两类，一类叫数理奇门遁甲，一类叫法术奇门遁甲。前者就是利用《周易》八卦、洛书九宫和六十甲子等天文历法知识，将时间空间、天地人结合在一起进行预测和选择有利时间方位的一种方法，主要用于军事上行兵打仗，选择天时、地利、人和，帮助决策。后者与道家的种种法术比如符咒等纠缠在一起，迷信成分较重。

我们不妨用数理奇门遁甲的方法，对诸葛亮借东风一事进行剖析。幸运的是，作者在这里将东南风大起的具体年、月、日、时写得很清楚，这就为后人进行验证提供了必备条件，因为奇门遁甲就是提取时间信息、纳入式盘中、通过系统辨识、五行生克、象数理的推导来进行预测的。

让我们根据东南风大起的年、月、日、时，利用奇门遁甲的方法，补测验证一下这时候长江两岸的天气状况吧！

查万年历，建安十三年为公元 208 年，年干支为戊子，冬十一月为甲子月，二十日为甲子日，二十一日为乙丑日，二十二日为丙寅日。

第一天甲子日无风，第二天乙丑日，从丙子时末开始有风，到丁丑时即二十一日凌晨一点以后东南风大起。

按冬十一月二十一日乙丑，已在冬至节以后，符头为甲子，属冬至上元，应用阳遁一局来测算。丁丑时属甲戌旬，天芮星为值符，死门为值使。到丁丑时，值符天芮星运转到七宫，值使死门运转到三宫；天辅星到九宫，天英星到二宫；八将盘上白虎落三宫。

测天气，以天辅星为风，以天英星为火，二者旺相主风晴。此时天辅星落九宫，为旺相，主要东南风；天英星落二宫，为旺相，主晴天；离九宫又呈现出辛+乙的格局，这叫白虎猖狂，主有大风；八将盘上白虎落三宫，也主有东风。总之，综合这几点，此时应出现晴天、东南风大起的天气。

同时，甲子旬中戌、亥空，西北方落空亡，为孤地。西北乾位所在六宫又出现丁+癸即雀投江的凶格，很不利曹操一方。

再者，按阳时利客的原则，丁丑时为阳时，先动者有利，所以周瑜首先发起进攻，借助东南风，采取火攻，终于取得赤壁大战的胜利。

由此可见，诸葛亮筑七星坛施法术借东风，只是个掩人耳目的形式，实际上他运用奇门遁甲的方法，早已预测出十一月二十一日凌晨起，必然要大刮东南风的天气状况。当然，也不排除，诸葛亮是将数理奇门与法术奇门综合运用，他本人确信法术奇门也是有效的。这一点，我们不可苛求古人，因为当时并没有预测天气的现代科技手段，他只能靠传统的天文历法知识甚至包括法术来行事。

为了验证一下建安十三年（戊子）、冬十一月（甲子）二十一日（乙丑）、丁丑时，赤壁一带到底天气如何，我们不妨再用直接源于《周易》的纳甲筮法测一测。

按邵康节创造的时间起卦法，得出雷水解变地水师卦：

雷水解（震宫）	地水师（坎宫）	六兽
— — 妻财戌土	— — 官鬼酉金　应	玄武
— — 官鬼申金　应	— — 父母亥水	白虎
—— 子孙午火　○	— — 妻财丑土	螣蛇
— — 子孙午火	— — 子孙午火　世	勾陈
—— 妻财辰上　世	—— 妻财辰土	朱雀
— — 兄弟寅木	— — 兄弟寅木	青龙

从此卦看，①妻财辰土持世，虽囚于月令，但得日辰丑土、时辰丑土拱扶，为旺相，主晴天；②四爻子孙午火，虽逢月破，但动而化生妻财丑土，也主晴天；③应爻官鬼申金主雷霆，但它处休地，虽得日辰生助，但化空泄气，所以不会有雷霆；④初爻兄弟寅木主风，它得月建子水生助，丑日丑时又为冠带之地，兄化兄，又临东方青龙，在震宫本位，可谓旺上加旺，所以必有强劲东风；而且随着时间推移，到寅时为临官，卯时为帝旺，必然风越刮越大；⑤朱雀持世，青龙旺相，大利东南；西北戌、亥逢空，白虎、玄武空亡无力。

总之，用六爻按时间起卦预测，也是晴天，大刮东南风。

这说明，在隆冬十一月，长江赤壁一带，一般规律是刮西风、北风，没有东风、南风，而在二十一日凌晨到上午这一段时间却出现了特殊情况，即大刮东南风的天气。精通天文地理和传统预测学的诸葛亮就抓住了这一有利天时，协助周瑜取得了赤壁大战的胜利。

由此，也可明白所谓草船借箭，也是诸葛亮事先预测出那夜江上必有大雾，所以才采取这一措施的。只是《三国演义》中没有写明具体时间，故而难以验证之。

这时，有读者会提出质疑，《三国演义》只是历史小说，并非信史。考诸历史，究竟如何？

查陈寿所撰《三国志》等史料，所记赤壁之战的大体时间和主要情节，均与《三国演义》一致，在《周瑜传》中不仅有黄盖诈降的情节，而且说："盖放诸船，同时发火。时风盛猛，悉延烧岸上营落。"明确记载有东南大风相助。只可惜没有具体月、日、时辰，也没有诸葛亮借东风的细节。

古人评价罗贯中的《三国演义》写历史是"七分实三分虚"，即七分是事实，三分是虚构。火烧战船的时间写得如此具体详尽，而且与实际天气气象相符合，因此，我认为，单就时间和天气气象这一点上，罗贯中肯定是经过考证，言之有据的，并非凭空杜撰。至于诸葛亮借东风的细节描写，读者认为是虚构或是写实，那只好悉听尊便了。

1995.1.7 于石家庄慈圣斋

(原载《神州传奇》杂志 1995 年第 1 期)

（五）
奇门预测北京抢银行大案

1995 年 6 月 18 日，我在河北省周易研究会内第一次举办了奇门遁甲研讨班，参加的有 50 多人。讲解了我对奇门遁甲研究的突破，讲了奇门遁甲的来源、原理，预测模型构成的机制，特别是九宫八卦阵、三奇六仪的排布规律，创造了纸上快速起局法，提出如何取用神和分析判断的基本思路。研讨班结束后，我又找了杜新会、王瑞民、王建国等几个学习好的会员，组成一个研讨小组，带领他们，利用节假日一起对奇门遁甲在现实生活各个领域的应用进行研讨和检验，取得了比较丰富的实践预测经验。

事有缘巧。一年以后，即 1996 年 6 月 18 日，我们对奇门遁甲的研究，接受了一次重大的考验。

事情是这样的，随着改革开放和市场经济的发展，近两年社会治安比较混乱，犯罪率有些上升。中央有关部门决定，在 1996 年 4 月、5 月、6 月份开展全国性的“严打”行动，集中严厉打击各种刑事犯罪活动。从 4 月份开始，报纸、电视等新闻媒体上几乎天天都有某地侦破重大犯罪案件的消息报道。北京作为首都，应该为首善之区，但在 1996 年 2 月 8 日就曾发生一起公开抢劫银行运钞车的案件，被劫人民币 116 万元。6 月 3 日上午 8 点多在海淀区知春里银行又发生一起公开抢劫运钞车的案件，劫走人民币 74 万元。截止 6 月 18 日，这两起抢银行案件均未侦破，北京市公安部门的压力十分大。特别是 6 月 3 日这起抢银行大案，发生在当时还比较敏感的“六·四”事件七周年前夕，而在此之前，3 月上旬全国人大和政协两会召开期间，北京还发生过在公共汽车上搞爆炸的事件。所以，如何侦破 6 月 3 日这起在全国“严打”活动期间公开抢劫运钞车的案件就显得十分重要和迫切。但是，当时媒体尚未十分开放，互联网也未普及，所以绝大多数人并不知道北京发生过这些恶性案件，只有公安部门及有关人员才知道这些消息。按当时的说法，北京的治安保卫工作处于“内紧外松”的状态。

这期间，国家人体科学领导小组办公室人员为了帮助北京市公安部门早日侦破这一大案，同时也为了进行科研实验和研究，先后找了一些具有特异功能的人和对周易预测学有研究的人，请这些人为侦破“六·三”抢银行大案提供侦破方向和思路。在有关人员的推荐下，6 月 17 日下午 5 点办公室张炳路局长给我的学生杜新会打电话，讲了北京 6 月 3 日上午 8 点多发生抢银行案件的大致情况，希望河北省周易研究会能帮助提供侦破方向和思路。杜新会马上把这一情况电话告知我，并征询我们去不去。我当即表示，我们研究奇门预测的目的就是为社会服务、为民造福，现在国家有关部门主动找我们，我们当然要去，同时这也是对我们研究成果的一次检验。张炳路局长要派车来接我们，我们不能麻烦他，我们明天上午自己坐火车去。然后，我又在电话中告诉杜新会，今天晚上我们俩分别把张炳路局长打电话求问的时间和 6 月 3 日抢银行的案发时间两个奇门格局起出来，并写出分析判断的意见，明天到火车上我们再交换意见，准备接受公安部门的咨询。

现在我把当时起的两个奇门格局列在下边：

(一) 1996 年 6 月 17 日下午 5 点（问时局）

丙子年甲午月乙酉日乙酉时，阳遁三局，甲申旬，天禽星为值符落 2 宫，死门为值使落6 宫。

地 生 己 辅 己	天 伤 丁 英 丁	符 庚 杜 乙 禽 芮 乙
武 休 戊 冲 戊	庚	蛇 景 壬 柱 壬
虎 开 癸 任 癸	合 惊 丙 蓬 丙	阴 死 辛 心 辛

（二）1996年6月3日上午8点多（案发时间局）

丙子年癸巳月辛未日壬辰时，阳遁三局（置闰局），甲申旬，天禽星为值符落7宫，死门为值使落4宫。

第二天，即6月18日，我和杜新会乘石家庄至北京的97次早班快车，在车上交换了各自分析判断的思路，取得了一致意见。中午12点左右，列车到达北京西站，张炳路局长的汽车已经在月台上等着我们。我们乘上车，张炳路局长先领我们到一个地方吃了午饭，然后就将我们拉到海淀区公安局。

武 死 戊 冲 己	地 惊 己 辅 丁	天 开 丁 庚 英 乙
虎 景 癸 任 戊	 庚	符 庚 休 乙 禽 芮 壬
合 杜 丙 蓬 癸	阴 伤 辛 心 丙	蛇 生 壬 柱 辛

在公安人员的问询下，我和杜新会根据奇门格局上提供的信息，主要讲述了这样几条意见：

（1）作案人是北京市人不是外地人，案犯有前科，过去犯过罪。案犯可能参过军，会打枪，会开车。主犯为青壮年，年龄大约在28~35岁之间，个子不太高，大约1.68~1.78米，肤色比较白，人长得比较漂亮。不是一人作案，案犯为2~3人。

（2）作案手段为开车，持枪，蒙面，曾撬坏三把锁，留有右脚足迹。

（3）作案后逃走藏匿在发案地点的东北方向，大约8里~18里的范围内，并未逃往外省市。

（4）案犯阴险狡诈，此案比较难破，短期内难以侦破。6月24日和7月4日可能是获得线索或侦破的日子，这两个日期破不了，就往后拖了（详细分析判断依据，可参看花山文艺出版社 1999 年出版的《神奇之门》一书 328~330 页，新疆人民出版社 2004 年版《神奇之门》一书 339~342 页）。

我与杜新会从北京回来不久，我曾接到张炳路局长一个电话。他说，又有人向他们推荐一位享受国务院特殊津贴的专家，这位专家用现代科学、拓朴学等方法进行了预测，并将预测结果送给了他们。这位专家预测的结果是：案犯是天津市红桥区人，小名叫张小明，作案后逃往广西壮族自治区柳州市躲藏。张局长问我的看法。我说，中国传统的易学预测，无论哪种方法，都是一种预测思维模型，利用这些具有全息信息的哲学符号，通过阴阳五行生克制化的逻辑推理和比类取象的形象思维，再加上预测师的灵感思维，进行模拟性推演。这些传统的预测方法，绝对测不出案犯具体叫什么名字，具体住在或藏匿在哪座楼房哪间屋里。如果那样的话，公安人员直接去抓捕案犯就可以了，不必再费力去侦察了。既然这位专家测得这么具体，你们公安部门一个电话打到天津市有关部门，马上就知道有没有张小明这个人了。

结果："六·三"抢银行大案，经过公安人员几个月的辛苦侦察，到 9 月 9 日（丁酉月己酉日），主犯鹿宪周在北京市亮马河大厦前被蹲守的公安干警击伤擒获，9 月 10 日另一名案犯郭松也被抓获。

不久，中央电视台《焦点访谈》栏目专门作为一期内容，报道了北京市公安干警侦破这起抢银行大案的消息。9 月 21 日《人民公安报》在头版头条刊出侦破抢银行运款车特大案件的消息，9 月 23 日《法律日报》在头版头条又以《劫钞恶魔落网记》为题，详细报道了侦破此案的过程。

主犯鹿宪周，33 岁，曾参过军，开过出租，后因抢劫汽车罪被判死刑，缓期执行，1994 年 2 月 18 日越狱潜逃；主犯郭松，32 岁，曾因强奸罪被判刑 4 年，1993 年 5 月释放。二犯均为北京市人，1996 年 2 月 8 日上午 9 点 50 分，在某银行分理处抢劫运钞车，劫款 116 万元，打死银行工作人员 2 名，打伤 1 名；1996 年 6 月 3 日上午 8 点零 5 分，二人又在另一银行（即海淀区知春里银行），抢劫运钞车，劫款 74 万元；1996 年 8 月 27 日上午 8 点 50 分，二人又持枪拦截某支行运钞车未遂，打死银行职工 1 人，打伤 2 人。1996 年 9 月 2 日晚上，二人又偷盗一辆黄色尼桑轿车，准备再次作案，被公安人员发现，终被擒获。

案件侦破后，国家人体科学领导小组办公室另一名工作人员张连顺主任给我打电话，对我们的研究表示肯定和支持。他说，你们提供的侦破方向和思路，除了破案时间这一条不准以外，大部分意见证明是比较准确的。其他一些人用其他方法提供的意见，看来差距都太大。办公室另一名工作人员叶梓铨教授甚至说，看来奇门遁甲是国宝，你们应该好好研究和发扬光大。

1996 年 12 月上旬，国家人体科学领导小组办公室的张炳路局长和叶梓铨教授，应我的邀请，出席了邵伟华在湖北鄂州召开的中国首届周易应用研讨会。1998 年 9 月叶梓铨教授亲自为我 1999 年 4 月由花山文艺出版社出版的《神奇之门》一书写序。

1999 年 10 月叶教授和夫人（二人均为中国科学院研究员）又专程到石家庄旁听我主讲的奇门遁甲学术研讨班课程。课后，又到石家庄西郊的风景名胜地抱犊寨旅游，参观了河北省周易研究会设在抱犊寨山上的研究基地周易文化园。回京后，寄来一首诗赠给我，以表达他们夫妇二人的感受：

奇门合道天地宽，
神机妙算一掌间。
抱犊开门亦潇洒，
耕耘九宫尽艰难。
硕果累累做奉献，
桃李八门赛神仙。
功过是非任评说，
独树一帜照九天。

2001 年之后，国家人体科学领导小组办公室的张连顺主任又受聘担任河北省周易研究会的顾问。2004 年 3 月 6 日参加了我会成立十周年庆祝大会。

（奇门预测北京抢银行案例曾在 1996 年 12 月邵伟华在湖北鄂州举办的中国首届周易应用学术研讨会上加以介绍）

（六）
奇门两次预测美国与伊拉克之战

（A）奇门预测第二次海湾危机，美国与伊拉克会再次打起来吗？

1998 年元旦刚过，联合国武器核查小组的工作在伊拉克受阻，美国开始准备对伊拉克实施第二次打击。特别是 1 月末 2 月初，美、英等国完成了对海湾战争的军事部署，美国总统克林顿一再宣称对伊拉克动武。俄罗斯总统叶利钦则宣称，如果美国对伊拉克动武，俄国不会袖手旁观，将会引发第三次世界大战。为了及时报导海湾的紧张局势，中国中央电视台也派出特别报导小组进驻伊拉克首都巴格达，天天通过卫星往回传播消息。一时间，战争阴云密布，大有剑拔弩张，一触即发之势。

在这期间，我们用奇门遁甲对海湾危机进行过几次预测，事实证明：这种源于战争需要而产生的古代预测术对战争形势的预测还是十分灵验的。

（一）1998 年 1 月 29 日（农历正月初二）晚上 10 点 15 分，安徽省泗县供销社孙振程同志看电视上讲到海湾紧张局势，于是用刚刚学到的奇门遁甲，起局预测美国与伊拉克会不会再次打起来。

孙振程是我举办的奇门遁甲学术研讨班的学员，1997 年 12 月下旬刚刚来石家庄参加过研讨，但研讨班上没有讲到用奇门如何预测战争，所以他起出局来，不知怎么判断，于是把格局写在信中，向我请教。

今将 1998 年 1 月 29 日晚 10 点 15 分奇门格局列在下边：

干支历为丁丑年癸丑月丙子日己亥时。

阳遁 6 局，甲午旬（空辰、巳），值符天英星落 7 宫，值使景门落 5 宫寄2 宫。

武 伤 庚 任 丙	地 杜 丁 冲 辛	天 景 丙 辅 癸
虎 生 壬 蓬 丁	 乙	符 死 辛 英 己
合 休 戊 心 庚	阴 开 己 柱 壬	蛇 乙 惊 癸 芮 戊

我是这样判断的：

①由于遁甲术来源于战争，以甲代表元帅，遁在六仪之下，而其最大敌人是庚（因庚金克甲木，为七煞，最凶），所以古籍中以值符为战争一方，一般代表为守方；以庚为战争另一方，一般代表攻方。

②按此原则取用，则此格局中，值符落兑7宫，代表伊拉克，天盘甲午辛为罪人，辛+己为入狱自刑，奴仆背主，有苦诉讼难伸；死+惊主因官司不结，忧疑患病，凶。这些正符合伊拉克的状况，正是由于它侵略科威特而遭到美国等国的打击，并受到联合国的经济制裁，至今武器核查工作尚未结束。临死门，至今处于死困之地。

③以庚代表美国一方，庚落巽4宫，临伤门，主好斗；庚+丙为白入荧，主贼必来；伤+杜主官司，变动，凶；上乘玄武，也是动武之象。但巽宫逢空亡，玄武也主虚假之象，说明美国摆出一副要动武的架式，但并非真要动武。

④值符落宫属金，庚落宫属木，虽然立春以后木旺金囚，但毕竟木难以克金；况且代表联合国的六合落8宫为土，生助兑宫之金；月干癸为兄弟为伊拉克的朋友之国，落乾宫为金，与值符宫比和，据此断，美国也不敢轻易动武。

⑤还可以从主客关系来看，先动者为客，后动者为主，天盘六仪为客，地盘六仪为主。

⑥按此原则取用，美国一直扬言要动武，自然应以天盘日干丙代表美国，地盘六仪癸代表伊拉克，癸水克丙火，主克客，显然打不起来；可又取天盘时干己代表美国，地盘六仪壬代表伊拉克，己土克壬水，客克主，似乎美国要打伊拉克。但此时已是丑月之末，再过六天，就立春进入寅月了，寅、卯月木旺土死，也难以克壬水。据此，也说明打不起来。

（二）1998 年 2 月 7 日下午 1 点 20 分，浙江省乐清市在石家庄做生意的林守清兄弟俩找我会理事杜新会（中国联通河北分公司人保部副部长）预测生意，测完后，又突然提出：昨晚听广播，美国又要与伊拉克打仗，这事能不能测？杜新会当即回答：能测。并且就在测他们生意的奇门格局上看了一下，果断地回答：打不起来。

现在看一下这个奇门格局：

戊寅年甲寅月乙酉日癸未时，阳遁 5 局，甲戌旬（空申、酉），天心星为值符落 1 宫，开门为值使落 6 宫伏吟。

合 杜 丙 冲 乙	虎 景 乙 辅 壬	武 死 壬 英 丁
阴 伤 辛 任 丙	 戊	地 戊 惊 丁 芮 庚
蛇 生 癸 生 癸	符 休 己 心 癸	天 开 庚 柱 己

根据我在上一例中讲的判断战争双方的原则，看一下这个奇门格局：

①以值符为守方，代表伊拉克，落坎 1 宫，临休门伏吟，不动之象，己+癸为“地刑玄武”，主男女疾病垂危，有囚狱词松之灾，正符合伊拉克被施行经济制裁，全国食品药物短缺，许多儿童患病死亡的困难境地。

②以庚为攻方，代表美国，落乾 6 宫，乾为头，又上乘九天，九天之上好扬兵，庚+己为“官符刑格”，正符合美国充当世界警察角色的情况。

③但是，庚落乾6宫属金，值符落坎1宫属水，金生水，二者处于相生关系，又八门伏吟，不动之象，怎么会打起来呢？

④以六合为联合国，落巽4宫，值符生六合，伊拉克必然求联合国从中调解。寅月，木旺金囚，庚落6宫之金虽克六合宫之木，但克不动，美国最终必然会听从联合国的调解。

⑤再看主客关系，以日干乙为先动者为客为美国，天盘乙在9宫，下临地盘壬为伊拉克，壬水生乙木，主生客；以时干癸为客为美国，天盘癸在8宫，下临地盘辛为伊拉克，辛金生癸水，主生客；主客相生，怎么会打起来呢？

（三）到2月中下旬，果然联合国秘书长安南亲自出马，前往伊拉克从中调解斡旋，美国国会也通过决议，支持克林顿对伊拉克动武，伊拉克处于紧急备战状态。2月22日晚中央电视台新闻联播中报导，联合国秘书长安南与伊拉克总理的秘密会谈已经结束，是否达成协议尚且不知，全世界人民都在担心，一旦调解不成，美国会立即对伊拉克动武，海湾战争会一触即发。

7点半，看完新闻联播，我对儿子说，你再按现在时间起一个奇门局，看看安南是否调解成功，美、伊是否会立即打起来。

我儿子所起奇门格局如下：

戊寅年甲寅月庚子日丙戌时，阳遁6局，甲申旬（空午、未），天任星为值符落4宫，生门为值使落1宫。

符 景 庚 任 丙	蛇 死 丁 冲 辛	阴 惊 丙 辅 癸
天 杜 壬 蓬 丁	乙	合 开 辛 英 己
地 伤 戊 心 庚	武 生 己 柱 壬	虎 乙 休 癸 芮 戊

根据我上边讲的测战争双方的原则，这个格局就更为清楚了：

①值符为伊担克，庚为美国，同落巽 4 宫，同宫比和，怎么还能打起来呢？六合为联合国调解人安南，落兑 7 宫，正主口舌，7 宫之金克 4 宫之木，说明安南已经说服美、伊双方，达成了协议。以景门为文书，为协议，受值符和庚同落 4 宫之生，说明协议已经达成。

②再看主客：日干庚下临丙，丙火克庚金，主克客；时干丙下临癸，癸水克丙火，主克客。形势对主方，伊担克一方有利。

总之，根据奇门的时空象数理格局来看，美国不会对伊拉克动武，第二次海湾战争打不起来。

后来，事实证明，这次海湾战争没有打起来。

（此文发表在 1998 年 6 月出版的《应用易学》杂志第一期）

（B）美国对伊拉克战争需打多久？能不能速战速决？

自从 2001 年 9 月 11 日在美国本土发生“9·11”恐怖袭击事件之后，以布什为总统的新一届美国政府制定了“先发制人”的军事战略，2001 年 10 月首先在阿富汗发动了对塔利班基地组织的大规模空袭和清剿行动，摧毁了塔利班控制的阿富汗政府，在阿富汗建立了新的亲美政权。继而，将下一个目标锁定为伊拉克的萨达姆政权。从 2002 年 11 月联合国恢复对伊拉克的武器核查以后，美国政府一方面加紧向海湾地区调兵遣将，一方面通过外交努力，企图在联合国通过对伊拉克动武的协议，但遭到俄罗斯、法国、德国和中国等国家的反对。到 2003 年 3 月份，美国（包括其盟友英国）逐步完成了对伊拉克战争的军事部署以后，在外交努力失败，联合国不可能通过对伊动武协议的情况下，美英政府竟然绕开联合国，悍然发动了对伊拉克的军事打击。

2003 年 3 月 20 日中午，当我从电视新闻中得知，美国对伊拉克的战争已经在巴格达当地时间早上 5 点 35 分打响之后，突然想到，美国“倒萨”的喊声已经喊了半年多，而且在海湾地区的军事部署已经进行了数月之久，不仅空袭的力量十分强大，连地面部队都已部署了近 30 万人，这次对伊战争能不能速战速决？到底需要打多久？于是就按战争爆发时间起奇门局预测。

2003 年 3 月 20 日早上 5 点 35 分

干支历：癸未年乙卯月壬辰日癸卯时，惊蛰下元阳 4 局，甲午旬，天柱星为值符落 9 宫，惊门为值使落 7 宫。

格局如下：

天 己 杜 丙 芮 戊	符 景 辛 柱 癸	蛇 死 庚 己 心 丙
地 伤 癸 英 乙	 己	阴 惊 丁 蓬 辛
武 生 戊 辅 壬	虎 休 乙 冲 丁	合 开 壬 任 庚

分析：

①测战争，以庚为客为主动进攻一方，以甲（即值符）为主为防守一方。

②按此原则，自然应以 2 宫天盘之庚代表美国，庚落 2 宫为冠带、临官之地，说明美国在伊拉克周围的军事基地都已部署好，占据了地利。临天心星吉星，说明美国有心计，早已将战争部署好；天心星又代表天时，天心星入父母宫为废，说明天时不利，美国对伊战争违背天意民心，遭到许多国家反对。庚临死门，一方面表明美国死心塌地早就下决心要打这场战争；另一方面八门又代表人和，临死门凶门，显然不得人和，全世界大多数国家和人民反对这场战争。庚+丙、庚+己代表主客关系，地盘丙虽然为主，代表伊拉克能够也敢于克庚。但庚+丙为“白入荧”“贼必来”格，为客有利，为主破财：庚+己为官符刑格，也是对主不利。上乘螣蛇为凶神，一方面说明美国要发动闪电式战争，以大规模空袭为主，同时螣蛇又主缠绕，这场战争

可能会将美国缠在伊拉克，美国想在短期内从伊拉克拔出腿来恐怕不可能。

③以甲（值符）代表伊拉克，今值符落9宫，临甲午辛，甲午辛为罪人，正符合萨达姆政权的情况，因他曾侵略科威特而受到以美国为首的多国部队的打击，并受到联合国经济制裁和武器核查。辛落9宫为病地，说明他现在不占地利。临天柱凶星，一方面说明萨达姆专制残暴；另一方面天柱星又代表天时，天柱星受离宫之克为囚，说明他不得天时，全世界大多数国家和人民也不赞赏他。辛临景门，景门为平门或小凶之门，一方面表明伊拉克人民要受到血光之灾，另一方面也表明萨达姆政权在本国也不太得民心，不得人和。天地盘格局为辛+癸，此为天牢华盖凶格，主日月失明，误入天网，动止乖张。这表明伊拉克将陷入美国的侵占之中，日月失明，怎么着也不好办。

④值符在9宫生庚所在2宫，显然美国会胜，伊拉克必败。

⑤又可以日干代表美国，以时干代表伊拉克。今日干壬落6宫克时干癸所落3宫，日干临开门吉门，时干临伤门凶门，显然也是美国胜，伊拉克败。

⑥战争会打多久？日干、时干一内一外主迟，值符和庚也均在外盘主迟。值使门落宫主期限。今值使惊门落兑7宫，兑7宫先天八卦为二数，后天八卦为七数，兑宫属金，金主四、九数。具体断多少，以月令为纲，今月令为卯月，木旺金囚，故应断小数，即断二数或四数。据此，我断：美对伊战争少则20天，多则40天结束。

结果：4月9日即开战后20天，美军攻占伊拉克首都巴格达，萨达姆政权的主要领导人一下子从首都消失了。许多军事专家预言，萨达姆政权主要领导人和共和国卫队可能退居到伊拉克北部萨达姆的故乡提克里特一带了，美、伊决战可能会在这一带打响。但事实是，美军很快又攻克了包括提克里特在内的北部大片领土，几乎没有遭到伊拉克军队的什么抵抗。于是到40天左右的5月1日，美国总统布什在讲话中郑重宣布：美国在伊拉克的重大军事行动基本结束。

（此文原载《奇门应用实例评析》第七集）

（七）
易学思维中的科学性精华

无庸讳言，在几千年易学思维体系中，无论义理派，还是象数派，无论是“学”的方面，还是“术”的方面，都是精华与糟粕共存，既有精到的中国人独特的宇宙观、认识论，也有主观臆断、牵强附会、浅薄庸俗之见，甚至还有故弄玄虚、封建迷信的东西。

今天，我们以马克思主义辩证唯物主义认识论为指导，借鉴现代思维科学的成果，对古代易学思维模式进行去粗取精、去伪存真的分析批判，我认为，其精华起码可以归纳为六大论。

（一）天人合一论

这是我们祖先对主观与客观关系的一种哲学概括。孔子在《系辞传》中传：“《易》之为书也，广大悉备；有天道焉，有人道焉，有地道焉。兼三才而两之，故六。六爻非它也，三材之道也。”在《说卦传》中又讲：“昔者圣人之作《易》也，将以顺性命之理。是以立天之道曰阴曰阳，立地之道曰柔曰刚，立人之道曰仁曰义。兼三才而两之，故《易》六画而成卦，分阴分阳，迭用柔刚，故《易》六位而成章。”

这说明，易学思维，从一开始就把人类自身放在天地宇宙大自然之中统一考察，是一种最早的朴素的系统论哲学。它认为，每个人的存在绝不是孤立的，他一刻也离不开周围的自然环境，一刻也离不开人类社会。

道家修炼者有一句话，叫跳出三界（天、地、人）外，不在五行（木、火、土、金、水）中，实际上这只是道家“求仙”的一种幻想，任何人也跳不出三界之外（就是今天的宇宙飞船，载人离开地球，也离不开宇宙），谁也离不开五行这个大系统。

我们的祖先既充分认识到天人统一性的一面，强调人一刻也离不开天地自然，人类社会的发生发展兴与衰都同天体运行、地球运转有密不可分的关系，同时也早已认识到人类社会相对独立性的一面。战国后期儒家的代表人物荀子就曾明确指出："天行有常，不为尧存，不为纣亡。"说明天体运行与人类社会又有各自相对独立的规律。

在人与天的关系上，在人类社会与天体运行的关系上，在人的主观能动性与客观规律性的关系上，从古至今，一直存在着两种偏差。

一种是忽视人与天、人类社会与天体运行各有相对独立性的一面，把人天统一性强调过了头，认为天体、地球运行中即自然界中一切异常现象，都与人类社会、政治上的得失有关，例如汉代象数派易学中出现的机祥、谶纬派，董仲舒的"天人感应"说、"五德终始说"等等，都不免堕入封建迷信的泥潭。还有在人的主观能动性与客观规律性的关系上，过分强调客观规律性的决定作用，忽视人的主观能动性，比如孔子讲的"生死有命，富贵在天"等，必然陷入宿命论的悲观境地。

另一种偏差则是将人的独立性、人的主观能动性强调过了头，出现人天分离的现象，则容易走入唯意志论。比如，自古至今，种种违背客观规律的"人定胜天"，随意盲目性地"改造自然"，以致于破坏了人类居住的客观环境，使得地球上的生存环境日趋恶劣，使今天地球上的人类日益尝到了人天分离的苦果。

（二）太极阴阳论

这是我们祖先对宇宙起源和万物内部结构的认识。《周易·系辞传》中说："《易》与天地准，故能弥纶天地之道。"又说："《易》有太极，是生两仪，两仪生四象，四象生八卦，八卦定吉凶，吉凶生大业。"在以老子为代表的道家学派（亦将《周易》奉为三玄之一）中，讲得更加明白，认为无极生太极，太极生两仪，"一生二、二生三、三生万物"，又认为宇宙万物，无论宏观，还是微观，"其大无外，其小无内，物物一太极。"

到宋代陈抟、邵雍等人弄出个太极图，还有先天八卦图、后天八卦图等，将这种宇宙起源和万物内部结构的认识，表达得更为直观形象，不仅物物一太极，内部结构都是一阴一阳，而且阳中有一点真阴，阴中有一点真阳，阴阳处在对立、统一、消长、转化、平衡等状态。

这种对万事万物内部结构的朴素辩证法认识，既符合现代物理学中基本粒子的波粒二象性原理，又与现代电子计算机的技术基础二进制数学，有异曲同工之妙。

太极阴阳论的代表性图像就是太极图，它的符号就是阴阳二爻组成的八卦和六十四卦。

八卦是由初爻、中爻、上爻组成的三段式结构（$2^3=8$），分别代表地、人、天三材之道，反映了古人对宏观宇宙中天、地、人三者关系和万事万物自身都具有初级、中级、高级三阶段以及开始、中间、结束三个发展层次的描述。是对宏观和微观事物的一种粗线条概括。

至于由阴阳二爻组成的六十四卦（$2^6=64$），则反映了古人对事物发展六个层次（天有阴阳、人有阴阳、地有阴阳）的认识以及对万物具有六十四种形态的概括。这一点与后来科学发展中一些认识相吻合。例如，中世纪意大利数学家列奥多·斐波那契，从计算兔子繁殖到第六代时，原来似乎没有关联的事物内在对应性就都显示出来了。六十四卦正是阴阳二爻相配六次，即二的六次幂，而且每一卦又正好是六个爻，反映了事物发展的六个层次或六个方面。又例如：现代遗传学发现，生物遗传密码排列起来与六十四卦是对应的。这说明，六十四卦的形态，也符合生物的微观结构。另外，六十四卦还有方图、圆图等各种排列形式，可以从不同的角度反映事物存在的形态规律。汉代京房以八纯卦为首，将六十四卦根据爻变的原理重新排列，组成八宫世系，这种组合，不仅保留了六十四卦概括万事万物基本形态的根本特点，而且进一步发掘出六十四卦相互之间的发展变化规律，即描绘出事物由量变到质变（由一世到六世），由一种形态转化为另一种形态（由某一宫变到另一宫）的发展变化规律，使八宫六十四卦更具有了宇宙、社会、人生全息信息的特征。

（三）五行关系论

这是我们祖先对世界万事万物之间关系的一种哲学概括。反映了华夏先民对宇宙自然、社会人生、万事万物之间相互存在的辩证关系的独特探索。

《周易》本经中尚没有明确的五行概念，但在孔子及其弟子写的《易大传》中已经在运用五行的概念。比如《说卦传》中已经将八卦的五行属性讲得很清楚，什么“乾为天、为金”，“坤为地、为母”，“巽为木、为风”，“坎为水”“离为火”等。

五行的概念可能比阴阳的概念产生和成熟得稍晚一些。《尚书·洪范》中已经有完整的五行概念。我认为，五行概念的成熟并被广泛用于解释万事万物，也是在春秋战国时期。后经几千年延续而不衰。

纵观古人在易学领域和医学领域对木、火、土、金、水五行学说的阐述和应用，我认为，古人讲的五行学说，不是讲的物质内部结构，并不是讲世界上万事万物都由木、火、土、金、水这五种元素所组成，而是根据仰观俯察，远取诸物，近取诸身，将世界上万事万物按性质归纳为五大类别，即具有金属性质的一类，草木性质的一类，水的性质的一类，火的性质的一类，土的性质的一类（《尚书·洪范》中云：“水曰润下，火曰炎上，木曰曲直，金曰从革，土爰稼墙。”）。这五类事物之间有着生克制化关系，既有正常的一般情况下的相生相克，又有反常特殊情况下的相生、相克，还有相冲、相刑、相害、相合、相化等各种复杂的关系。

这就是说，万事万物相互之间的关系，绝不仅仅是阴阳对立统一、互根、消长、转化的关系，绝不仅仅是一分为二，或者是一生二、二生三的关系。一种事情与周围事物有着五种走向的关系。到汉代以后，古人又把父母、子孙、妻财、官鬼、兄弟与我这种六亲关系纳入五行之中，即用人际关系来描述万物分为五大类别之后的相互关系，使易学思维对事物之间的描述更加具体生动。上有生我的父母（父为阳、母为阴），下有我生的子孙（子为阳、女为阴），左有管制我的官鬼（官为阳、鬼为阴，所为鬼，是指疾病和意外灾难等暗中给我带来不幸的事物），右边是受我支配的妻财（财为阳，妻为阴，这里有重男轻女的传统思想，应予批判)，中间是与我同类的兄弟(兄弟为阳，姐妹为阴)。而以父和母、子和女、官和鬼、妻和财、兄弟和姐妹各自为中心，又各有一个五向性的动态相互关系。万物就如此纠缠在一起，动态地构成家庭、社会、人生、自然界乃至整个宇宙。古人把五行纳入六亲，又把六亲广象（比类取象加以扩大延伸)，以此来全息地描述事物之间的动态关系。

这种对一种事物与周围其他事物之间存在着五种走向关系，即生我、克我、我生、我克、同类，而且相互之间组成一个天然的链条，谁也离不开谁(谁也跳不出五行中）的认识，很有些类似现代科学中的生物链理论，即各种生物都生存在一个相互对立、斗争、竞争、克害，又相互依存、平衡的生物圈、生物链条之中。生物链理论只看到了生物界存在的这种关系，而五行学说，则认为万事万物，包括无生物界也存在着这种链条关系。

以辩证施治为主要特征的中医，是运用阴阳五行学说的典范。各种预测术之所以能够有一定的准确率，其基础理论，逻辑推理的依据，除了八卦六十四卦之外，就是阴阳五行学说。

无庸讳言，古人也有滥用五行学说解释万事万物，以至于牵强附会、主观臆断的地方。但用这种哲学概念来认识万事万物之间的关系，描述一事物与周围其他事物之间的关系，却有着独特的优势。目前，我还没有看到有比此更精到的哲学理论来替代它。

（四）时空统一论

这是我们祖先对时间和空间关系的认识。

我们的祖先很早发现了时间与空间的对应关系。在《周易·说卦传》中已经描绘出一幅以黄河流域为中心的时空对应图：

“帝出乎震，齐乎巽，相见乎离，致役乎坤，说言乎兑，战乎乾，劳乎坎，成言乎艮。万物出乎震，震东方也。齐乎巽，巽东南也；齐也者，言万物之潔齐也。离也者，明也，万物皆相见，南方之卦也；圣人南面而听天下，向明而治，盖取诸此也。坤也者，地也，万物皆致养焉，故曰：致役乎坤。兑，正秋也，万物之所说也，故曰：说言乎兑。战乎乾，乾西北之卦也，言阴阳相薄也。坎者，水也，正北方之卦，劳卦也，万物之所归也，故曰：劳乎坎。艮，东北之卦也，万物之所成终而所成始也，故曰：成言乎艮！”

这就是后来各种预测术的基础——八卦与时间、空间对应的所谓文王后天八卦图。

易学思维中对时空统一性的认识，完全符合现代科学理论。

列宁说过：“世界上除了运动的物质之外，便没有别的东西。而运动的物质若不在时间空间中便无运动的可能。”

现代科学认为，时间是物质存在的连续性，是螺旋式上升的动因，它反映着事物的运动与变化。空间是物质存在的广布性，是坐标定位的静因，它反映着物质的排列与组合。时空是物质存在的两种基本形式。二者既对立又全息。时间是流动的物质空间，空间是凝固的物质时间。二者一实一虚，一纵一横，一动一静，互相交织，构成网络，便形成了显态的信息世界。物质便是这网络上纽结的集合。《宇宙全息统一论》说得更加清楚，“事物在物质结构上的层次与事物演化过程中的层次具有对应关系。或者说：事物在空间上的分布规律是其在时间上分布规律的反映。”

我们祖先在易学思维中不仅早就发现了时间与空间的对应性、全息性，而且时时、处处将人和万物放在时空统一性中进行考察，“广大配天地，变通配四时，阴阳之义配日月”，以便“彰往察来”，“明于天之道，而察于民之故”，“探赜素隐，钩深致远，以定天下之吉凶”，达到“自天佑之，吉无不利”的目的。

这种对人与时空的统一性、全息性认识，不妨以图示之。设空间为 x，+x 为天为上，−x 为地为下，设时间为 y，+y 为未来，−y 为过去；设人为 z，−z 为人的过去状态，z 为人的现在状态，+z 为人的未来状态。（图略，请参照《神奇之门》第 24 页）

这种人与时空的统一性、全息性，就是《周易·系辞传》中讲的天、地、人三材之道。

几千年来的易学思维中，不仅认识到天、地、人的时空统一性、全息性，到后来还发现除天、地这些看得见的阳性物质对人的影响之外，还有一些看不见摸不着的神秘力量在对人起作用，即影响人的生老病死、事业兴衰、吉凶祸福。在周易纳甲法中把它概括为“六神”或叫“六兽”，以与六爻相对应；在奇门遁甲中把它概括为“八神”或“九神”以与八卦或九宫相对应。在六壬中、在堪舆中也都有类似的东西。这些东西既不是神，也不是鬼，只是一些神秘力量的信息符号。在科学发展的今天，如果把它理解为宇宙能量场，宇宙螺旋气场，则不无道理。据说，现代遗传学已经证实，人活着时，遗传物质呈左旋状态，人死后遗传物质呈右旋状态。如此看来，古人在奇门遁甲中讲的阳遁顺行（左旋），阴遁逆行（右旋）也不无道理了。(图略，请参照《神奇之门》第 25 页)

在易学思维中，时间符号是以十天干和十二地支来表示的。以十天干表示阳，象征太阳，以十二地支表示阴，象征月亮，以十天干配十二地支，以表示阴阳交替、日月出没的时间，即年、月、日、时。

空间符号主要是河图、洛书、先天八卦和后天八卦。以后天八卦和洛书九宫相配，表示地面上的九个方位，即东、南、西、北、东南、西北、西南、东北和中央；以先天八卦和河图相配，表示上下左右、正转反转、天高地卑、山泽通气、风雷相薄、水火不相容的立体动态球形空间。

珊泉先生在电视系列片《中华周易》中说，先天八卦图应当竖着看，后天八卦图应当横着看，这样表述的是“法相自然之妙”，即日月循环、阴阳交汇，组成了一个完整的立体宇宙模型。

我认为，先天八卦图不仅是一个竖着看，在九宫八卦后天方位图上立着旋转的“风火轮”“乾坤圈”，它还体现了“河图”立体球形的特征，它应该是一个圆形球体，是一个可以向任何方向转动的“万向轮”。所谓乾一、兑二、离三、震四、巽五、坎六、艮七、坤八，是一个横 8 字的宇宙螺旋气场，是一个上下左右、正转反转，可以向任何方面转动的球体。将先天八卦与后天八卦结合起来，就构成一个具有时空全息特征的动态宇宙模型，因而也就具有了一定的预测功能。邵伟华在《周易与预测学》一书中说，实用八卦图据说是宋朝天文学家、八卦大师邵康节所作，邵康节进行预测时，用的后天八卦图，先天八卦数，实为奇妙。但邵康节为何用后天八卦图、先天数，现还不如其因。我认为，上边我阐述的就是其因，就是它的原理。

（五）宇宙全息论

这是我们祖先对个别与一般、局部与整体、特殊性与普遍性之间关系的一种哲学概括。当然，古人并未明确提出“宇宙全息论”这种明确的现代表达方式，但在易学思维中处处浸透着这种认识。

《周易·系辞传》中说：“《易》与天地准，故能弥纶天地之道。”“八卦成列，象在其中矣；因而重之，爻在其中矣；刚柔相推，变在其中矣；系辞焉而命之，动在其中矣。”“夫《易》彰往而察来，而微显阐幽。”“其称名也小，其取类也大，其旨远，其辞文，其言曲而中，其事肆而隐。”可以说，中国的易学，就是力图通过阴爻阳爻、八卦、六十四卦、天干、地支和金木水火土等这些全息符号来摹拟、描绘、反映宇宙万物的形象、性质及其发展变化的规律的。

与易学同源，体现易学思维特征最突出的中华传统医学，在这方面表现得十分突出。中医诊断学的“望、闻、问、切”，除了“问”之外，其他三种诊断方式，无一不是通过局部或某一表象来探求人体整体健康状况的。通过望面部气色、舌苔的颜色变化，嗅病人呼吸或身体散发的气味，摸左右手腕寸关尺三部位脉搏跳动的情况，从这些局部的表征来推断人体整体、特别是肉眼看不见的内脏各部位的健康状况，这是一种典型的全息思维方式。更为明显的例证，如以耳朵代表全身，以脚部代表全身，通过摸压耳朵或脚底来诊断身体疾病，通过耳针或按摩脚部某些穴位来治疗全身性的疾病，等等。

20 世纪八十年代，山东大学教授张颖清根据中国传统思维与现代科学相结合，发现了生物全息律，认为生物的每一个细胞都是全息胚，生物的每一个局部都可以反映出其整体的信息。

其实，按易学思维的认识来讲，全息律不止存在于生物界中，宇宙万物都存在着全息性，所谓“一滴水可反映出太阳”，就是对这种全息性的概括。

不过易学思维的特点，是以阴阳五行、八卦、六十四卦和天干地支等符号为全息符号，构筑了许多不同用途的象、数、理时空模型，无论你取象或取数，或取理，从哪个角度切入，都能在一定程度上通过个别反映出一般，通过局部反映出整体的信息，通过偶然性反映出一些必然性来。

（六）穷通分合论

这是我们祖先对万事万物发展变化规律的一种哲学概括。易的本质含义就是变化，易学就是讲变化的哲学，讲发展的哲学。

《周易·系辞传》中讲“乾坤，其《易》之蕴邪？”“是故阖户谓之坤，辟户谓之乾，一阖一辟谓之变，往来不穷谓之通。”“《易》穷则变，变则通，通则久，是以‘自天佑之，吉无不利’。”

这就是说，万事万物发展变化的规律，就是“分久必合，合久必分”，“穷则变，变则通，通则久，久则穷”，是一个太极循环格局。当然不是简单地重复过去，而是螺旋式上升，不断向更高层次发展变化，所谓“生生之谓易”，“天行健，君子以自强不息。”

易学思维中认为万事万物的最佳状态，是阴阳相交、刚柔相济，即中和平衡状态。六十四卦中最好一卦是“地天泰”卦，即象征大地、母亲、群众的坤卦在上边，象征上天、父亲、领导的乾卦在下边。按一般粗浅理解，阴在上、阳在下，地在上、天在下，这不是阴阳颠倒、违背客观规律呢？怎么还能叫最好的卦呢？

其实正好相反。因为按照易学思维，阴是重浊向下的，阳是轻清向上的。如果阳在上，阴在下，这就形成了“天地否”卦，造成阴阳不能相交，刚柔不能相济，领导脱离群众，上下分离，阻碍不通。只有阴在上，阳在下，这样阴气重浊向下而行，阳气轻清向上而升，阴阳相交，刚柔相济，领导深入群众之中，民为贵，君为轻，上下团结，官民和谐，自然就会国泰民安，出现兴旺发达，长治久安的局面。

这也就是《周易》中《彖辞》对“泰卦”的解释：“泰：小往大来，

吉，亨。则是天地交而万物通也，上下交而其志同也。内阳而外阴，内健而外顺，内君子而外小人：君子道长，小人道消也。”

《象辞》的解释也是一致的：“天地交，泰；后以财成天地之道，辅相天地之宜，以左右民。”

然而，平衡只是相对的，不平衡是绝对的。事物发展总是由不平衡—平衡—不平衡，这样循环往复而向前发展的。

汉代经学家郑玄在解说《易经》时提出“三易”的说法，即“不易”、“变易”、“简易”。我认为，所谓“不易”，就是不变，就是平衡，这是相对的；所谓“变易”，就是发展变化，就是不平衡，这是绝对的；所谓“简易”，就是以阴阳二爻这种最简单的全息符号来概括、描述万事万物由不平衡到平衡再到不平衡这种发展变化的规律。

《周易·系辞传》中讲：“乾以易知，坤以简能；易则易知，简则易从”，“易简而天下之理得矣”，只是“百姓日用而不知”罢了。

《三国演义》开篇言道：话说天下大势，分久必合，合久必分。不仅人类社会如此，科学的发展规律也是如此。源于亚里士多德逻辑思维的西方实证科学，善于从严密的科学分析和科学实验入手，对人类科学发展做出了举世注目的贡献，极大地促进了人类的物质文明发展。但其将事物越分越细，正如西医一样，把人体解剖得十分清楚，头疼治头，脚疼治脚，难免有机械唯物论的弊端。而源于感性思维的中国易学，却善于从整体上从关系上来把握事物的一些规律，正如中医的整体观念、辩证施治，还有儒家理学注重人际关系的和谐等等，也有不少精华值得研究和继承。而且随着人类社会的发展，东西方这两种不同的哲学思维方式、不同的文化，也必将“分久必合”，相互融合，取长补短，促进人类物质文明和精神文明的进一步发展。

1998 年 5 月于石家庄

（此文发表在《国际易经》杂志第一期）

（八）
第九届周易与现代化国际研讨会上奇门遁甲现场预测表演

自1989年以来，河南省安阳周易研究会与国际易经学会、中华炎黄文化研究会等单位合作，一年举行一届周易与现代化国际学术研讨会。安阳是中国七大古都的第一都，是商代后期都城。这里既有出土甲骨文的殷墟博物院，又有文王演周易的羑里城，是“连山”“归藏”“周易”三易之中“归藏”“周易”两易的发源地。所以每年参加的人都很多，不仅有国内各省市区的易学研究者和爱好者，还有港、澳、台以及来自美国、德国、法国、俄罗斯、澳大利亚、日本、韩国、新加坡、马来西亚等国外的易学专家学者。安阳，几乎成了全世界易学爱好者“朝圣”的圣地。

1998年9月15日~18日，安阳又要召开第九届周易与现代化国际研讨会。以往的几届，我几乎都受邀参加，而且帮助会议主办者段长山会长多次主持易学应用组（大会一般分理论与应用二组分别研讨）的研讨活动。这次大会邀请函接到以后，我产生了一个想法：自从1995年6月18日在会内第一次举办奇门遁甲研讨班以来，我会在奇门遁甲的理论与应用研究方面取得了长足的进展，大量的应用实践证明了古人创造的奇门遁甲预测术在今天仍有很大的应用价值和实用空间。但是，目前不要说一般广大群众，就是在易学界，在易学研究者及爱好者中间，许多人都还认为它是“天书”，太神秘、太难学、看不懂，对其在现实社会的应用价值更无认识。所以，我计划带一个团队，让我们会内奇门遁甲学术研讨小组的几名骨干争取都去参加，不仅让他们几个在大会上都分别发言，讲讲自己学习奇门遁甲的体会和实践例证，而且还准备搞一场公开预测表演。我把这个想法与几名骨干一商量，大家都赞同。我提出让学得比较好、思维反应比较快的杜新会现场表演，大家也都赞同，而且都鼓励他，他本人也充满了信心。我对大家说，我们搞公开预测表演，不是为了出名，而是为了实事求是地进行科学实验，是为了验证奇门预测术的准确程度，因此我们不怕失败，我们没有思想负担。

我会组团参加的人，除我之外，还有副会长殷祯祥，理事李勤波、杜新会，会员王庆丰、高海东、石建国等 10 多人。其中属于奇门研讨小组的有杜新会、王庆丰、高海东、石建国等人。

经过申请，由大会组委会批准，9 月 16 日晚上安排我们在阳光宾馆三楼大会议室举行奇门遁甲专题学术报告和现场预测表演。晚上 8 点，准时开始。国家一级演员、电视连续剧《三国演义》中司马懿和《水浒传》中高俅的扮演者魏宗万先生，天津大学建筑系教授、中国易学堪舆研究院院长亢亮先生也前来助兴，与我、杜新会一起坐在主席台上。台下二百多个座位，座无虚席，两侧和后边也都占满了人，大约有三百人参加。

我首先从科学角度，深入浅出地讲解了奇门遁甲的推演原理，以及为什么说它是高层次的预测学，并首先以第二次世界大战为例，用奇门遁甲演局验证攻守双方的胜负。尔后又以 1996 年 6 月 18 日我和杜新会受邀到北京预测“六·三”抢银行大案这个现实的预测实例，说明奇门遁甲在现实社会中的应用价值。我一边讲解，杜新会一边将奇门遁甲的格局写在黑板上，一一指明如何取用神，如何进行分析判断，向大家表明奇门遁甲并没有什么神秘，只不过是我们祖先创造的一种用于预测推理的时空思维科学模型。

我讲到 9 点半钟，将学术报告停了下来。然后对大家说：“为了证明奇门遁甲的科学性和实用性，下边由我们研究会的理事杜新会先生做现场预测表演，让他先把这个时间即 1998 年 9 月 16 日晚上 9 点 30 分奇门遁甲的格局写在黑板上，这样懂奇门遁甲的与会代表可以见证预测的方法和分析判断的思路。”

于是杜新会就把我们事先起好的奇门格局写在了黑板上。

1998 年 9 月 16 日晚上 9 点 30 分

干支历为戊寅年辛酉月丙寅日己亥时，白露上元，阴遁 9 局，甲午旬，天心星值符落 8 宫，开门值使落 1 宫。

地 伤 己 任 癸	武 杜 丁 冲 戊	虎 景 癸 壬 辅 丙
天 生 乙 蓬 丁	 壬	合 死 戊 英 庚
符 休 辛 心 己	蛇 开 庚 柱 乙	阴 壬 惊 丙 芮 辛

杜新会把上述奇门格局在黑板上写好后，我说：“现在请大家提问题，因时间关系，只限两人，谁预测？”

我的话音刚落，哗地一下会场内站起 20 多人，还有一部分人坐着举手的。这时还没等我点人，站在最后排一位老先生抢先说：“请预测一下俄罗斯总统叶利钦能否再竞选上总统？”

我马上说：“涉及到政治上的问题，我们不预测，求测的人可以问个人的问题。”这时，我见会场内站起来求测的人多数都坐了下来，只有少数几个人还站在那里举着手。于是我随便指了一下会场东侧一位戴眼镜的男同志，又指了西南角一位中年男子。

我和杜新会都坐在主席台上，手中拿着事先起好奇门局的一张纸页，既不知道我点的这二个人姓甚名谁，是何方人士，干什么的，更不知道他们要问什么问题。

这时只听东侧戴眼镜、个儿不高的男子操着一口湖北话，首先说：“我想预测一下，我写了三本书，这三本书能不能出版？”

杜新会看一下手中的格局，立即回答：“先说你这三本书的写作质量，应属中上等水平，这三本书只能出版一本，另两本不能出版。”

我和杜新会目视这位求测者，等待他的评判。但他没下定语，而是又问：“我写的这三部书，第一部叫《中国方术大师传奇》，第二部是《易数应用学“梅易”新编》，第三部是《三元九星阳宅学》，我想问，这三部书哪本能出版？”

杜新会回答：“你讲的时候我已经看了格局，第一本书可以出版，因为第一本书遇到开门了，开门生你，门开了，当然你的书就能出版了。第二本、第三本出版不了。”

这位戴眼镜的男子又问：“我再问一下，我这本书要出版，从哪个方向找贵人帮忙？”

“从你家的北方或东北方找人帮忙比较好，到南方找人，人家会要你的钱。”

“我的书稿出版社已经看过，他们的意见也是第一本书能出版，你的预测完全正确！”

全场热烈鼓掌，杜新会忙站起来向大家致谢。

掌声还没落，全场中间突然站起来一位中年女同志，右臂高举，示意发言，而且要求很强烈。我看她十分迫切的样子，就对她说：“你有什么话，请讲吧！”

只见这位中等身材的女同志站起来说：“我是浙江文艺出版社的编辑，他的书稿我刚刚看过。我证明，他的第一部书稿基本达到出版水平。预测非常准确。”

大家又报以热烈掌声。

第二位要求预测的人是位中年男人，站在西南方位，操着河南口音说：“我想测测我的家庭和我个人有什么事？”

这个问题提得不具体，比较笼统。我和杜新会都在看奇门中的坤二宫，景门与白虎遇到一起，应有血光之灾。这时，只听杜新会对着话筒说：

“我说错了，请你批评，你提的问题可能是因小辈或下级原因引起了官讼，造成了破财。我所说的破财是指各方面的破财。”

整个会场的人都把目光投到这位提问者身上。这位提问者不动声色，把右手抬起，在胸前左右摆了摆，表示不对。

“不对？”杜新会问他，他表示赞同，并说：“我今天主要是想测我本人的事。”

我和杜新会又一次低头看奇门格局。这时，我会另一位跟我学习、研讨奇门的会员高海东悄悄来到主席台前，低声说：“车祸。”

我一看奇门局上时干己落四落临伤门，伤门既主车辆，又主伤灾，时干伤门宫克坤二宫，坤二宫又临景门、白虎凶门凶神。杜新会自然也马上醒悟过来，毫不犹豫地回答：

“今年春天你在道路上发生了车祸，伤及的位置在身体的左侧腰部和胳膊上，而且还流了血。这次如果测错了，你公布实情，我就承认测错了。”一边讲着，一边站起来比划伤及的部位。

这次这位男子很快做出了反应，并显得有些激动，他抬起左臂，右手指着腰部说：“我今年二月初四坐汽车出去，翻了车，第八根肋骨骨折，左胳膊也流了不少血。测得非常对。”

又是一阵热烈的掌声，杜新会站起来向大家致谢。

我心中说：这就是团队的力量。杜新会在台上预测，其他几位骨干会员也在台下看着格局预测，高海东将自己预测的意见及时到我们跟前进行提示，使这场公开预测表演更趋圆满成功。当然，他不提示，凭着杜新会的敏捷反应，也会做出正确判断。但他的提示，使预测更清晰、明朗，判断更果决、迅速。

我看预测表演已取得意料之中的成功，立即站起来宣布：“今天的预测表演到此结束。下边请魏宗万先生为大家表演节目。”

散会后，我碰到吉林省长春市前来参会的代表卢泰先生。他说：“我也是研究奇门遁甲的，对你们敢公开现场进行预测表演，并取得成功表示祝贺！但我有一个问题迷惑不解，按奇门万年历，今天这个时辰该用阴遁 7 局，你们怎么用阴遁 9 局呢？”

我回答说：“传统的易学万年历上的奇门定局都是用的置闰法。9 月 8 日寅时交白露节，9 月 23 日未时才交秋分节，9 月 16 日尚未到秋分节气，但传统的奇门万年历上，从 9 月 14 日甲子日就开始用秋分上元阴遁 7 局，这是超神，不符合自然规律。我研究、提倡的是用拆补法定局。9 月 16 日尚在白露节内，所以应用白露上元阴遁 9 局。从今天预测的结果来看，用拆补法定局是不是更准确呢！”

吉林省社会科学院易学研究所的郭志成研究员，也研究过奇门遁甲，并著有《揭开奇门遁甲之谜》一书。他这次也来参加大会，会后对我说：“我原来认为，当代对奇门遁甲研究和应用能够有突破的人，一可能是陕西省的人，二可能是河南省的人，这二个省传统文化的积淀最深厚。没想到你们河北省周易研究会能够在这方面取得如此重大的突破，看来还是你们研究会在易学研究上搞得好，路子走得对。”

我和杜新会在大会上住在一个房间。我们回到房间议论，今晚求测的这二人不知叫什么，是什么地方和单位的人，我们应该找他们再聊一聊，认识一下，了解更多的情况。

话音没落，那位写书的戴眼镜的先生找到我们房间，自我介绍说，他叫张贵河，是湖北省荆州市委党校的副教授，对中国传统文化也颇感兴趣，多有涉猎，对奇门遁甲也有接触，但感到它太难懂，没去研究。他称赞杜老师“所测各点皆极精确”，表示今后一定也要学习奇门遁甲。

第二天，那位出车祸的代表也找上门来。他说，他叫王成周，是河南省林州市任村镇牛岭山村人，也是林州市周易研究会的会员。他说：“杜老师昨天开始测我出了官讼，破了财，其实也对，我是破了三千元左右。但我主要是想看看奇门遁甲能不能测出我出车祸的事。”

杜新会讲：“你们翻车是在春天，还死了两个人，对不对？”

王成周说：“死俩伤三，你又测准了。杜老师，我不是奉承你们河北，这回你们河北的奇门遁甲真是叫响了，在这几百人的会上敢公开表演，说明你们是真奇门遁甲。”

王成周讲得没错。其实，这次会上还有几位研究奇门遁甲的代表，其中一位在名片上还赫然印着“奇门遁甲天下第一人”，带着自制的直径足有二尺长的奇门遁甲转盘。经过交流，知道这些代表对奇门遁甲的原理和应用研究不仅没有什么突破，而且对古人的东西也还尚未完全弄懂、弄明白。

后来，那位浙江文艺出版社的女编辑自然也找上门来同我们交谈。知道她叫蔚然（笔名），与我是同行，并讲了她来安阳开会前也不认识张贵河，是张贵河从会议报到的名册上知道她，才把三部书稿交给她审阅的。她称赞说：“没想到奇门遁甲的预测如此神奇、快速、准确，真不愧为中国方术之王的称号。所以那天晚上，我忍不住要当场站出来证实奇门预测的准确性。”

我看她如此诚恳，就建议说：“你不妨把这件事情的经过写出来，也好给我们作一个文字证明。”

会议最后一天，即 9 月 18 日，她把自己写好的一篇文字交给我和杜新会。她这篇文字是这样写的：

杜老师：

您好！

我参加会议的第一天，湖北荆州党校的张贵河老师就来找我，询问我所在的出版社能否接受他写的三部书稿（顺便说一句，我与他素不相识，他是从会议名册上知道我的）。我答应看了书稿再说。两天后的晚上，也即奇门遁甲讲演会召开前的一小时，张贵河老师前来询问结果，我告诉他，三部书稿中比较符合出版标准，最有可能出版的有一种：《中国方术大师传奇》。这部书稿质量较好，显示作者有一定水平……。此后不久，我们便去参加奇门遁甲讲演会。会上，张贵河老师当众向您询问他的三部书稿能否出版，您用奇门遁甲的方法演算后明确告诉他：三部书稿中，只有第一本（即《中国方术大师传奇》）有出版之可能，该书稿质量属中上等水平，且只可能在北方的出版社出版，不可能在南方的出版社出版。此结果与我和张老师的谈话情况完全吻合，而您是不可能知道我们的谈话内容的，因为我们在会前都不认识您。更何况整个演算过程只用一两分钟。奇门遁甲的神奇、快速，真令我大感惊讶，于是便忍不住站起来说明了您的判断的正确。这是一次成功的演示。事实证明，奇门遁甲无愧于“中国方术之王”的称号，是中国传统文化中的一朵奇葩，是值得我们学习、继承并发展的。

蔚 然

1998 年 9 月 18 日

会议结束前，湖北荆州市委党校的张贵河又一次找到我恳求说：“杜老师既然预测我这部书稿只能在北方的出版社出版。我考虑再三，北方的出版社我没有别的认识的人，只有这次会上认识了您这位花山文艺出版社的编审、易学专家，我只有把这部书稿交给您了，拜托您设法给我在北方的花山文艺出版社出版。”

说着，将《中国方术大师传奇》的书稿送到我手上。我只能答应说，勉力而为吧。后几经周折，终于在2002年2月由我亲任责编，改名为《中国异人传奇》，由花山文艺出版社出版了。

至此，安阳会上表演预测中的所测诸事全部应验。

（此案例分析判断的具体依据，可参看1999年4月版花山文艺出版社出版的《神奇之门》一书第438~440页和2004年6月新疆人民出版社再版的《神奇之门》一书第458~460页）

（九）
美国总统克林顿是否会被弹劾下台？

1998年9月26日，北京时间上午11点20分，新加坡国立大学经济学博士、《应用易学》杂志总编辑黄违洪先生给河北省周易研究会会长张志春打电话，说道：

近期媒体报道，美国独立检察官斯塔尔向国会提交了关于克林顿总统绯闻案的调查报告，国会迅速将报告公诸于众，举国哗然。受这场"政治大地震"的侵袭，克林顿的总统宝座摇摇晃晃。议员们纷纷激烈谴责克林顿的错误行为。有人主张驱动弹劾程序，有人主张给总统"记大过"惩罚，也有人建议总统引咎辞职。总之， 这事在美国和全世界闹得沸沸扬扬，成为举世皆知的话题。

《应用易学》杂志第一期刊登了您对第二次波斯湾危机、美国与伊拉克是否会再次打起来的三次预测，事实证明奇门预测得十分正确，但发表出来之时，已经事过境迁，成为"马后炮"，有人可能怀疑这种易学预测是"事后诸葛亮"，说服力还不够强。

现在，美国总统是否会被弹劾下台，事情刚刚闹起来不久，离有结果还有相当一段时间。请您用奇门遁甲预测一下，把预测格局、判断依据以及结论，用传真给我传过来，我在九月份出版的《应用易学》第二期上予以发表，让全世界的人事先都知道中国的易学是如何预测的，最后让事实来验证它的准确性如何？

张志春在电话中说，这样做很好，事先预测，公开发表，最后让事实来验证，这样说服力最强。我既然是搞学术研究的，就不怕失误。我现在就马上预测，然后把结果传真过去。

放下电话，张志春立即按黄先生打电话时间起局预测。

1998年9月26日上午11点20分，换算成干支历，即为戊寅年辛酉月丙子日甲午时，秋分下元阴遁4局，甲午旬（空辰、巳），天蓬星为值符落一宫，休门为值使落一宫。奇门格局如下：

武 杜 戊 辅 戊	虎 景 壬 英 壬	合 乙 死 庚 乙 芮 庚
地 伤 己 冲 己	 乙	阴 惊 丁 柱 丁
天 生 癸 任 癸	符 休 辛 蓬 辛	蛇 开 丙 心 丙

分析：

（1）大局星门伏吟，不动之象。丙日甲午时，为天辅大吉时，利于求官、上任，有罪亦能赦免。

（2）以值符为用，代表克林顿，落坎一宫，酉月金生水为旺相之地。以时干甲午辛为用，代表克林顿，也落坎一宫，为长生之地。甲午辛为罪人，辛+辛为自刑，错误是克林顿自己造成的。临蓬星、休门均主水，代表暧昧之事。也可用年干代表克林顿，落巽四宫，临杜门，上乘玄武，也是隐私暧昧之事。

（3）以开门代表国会和检察官，落乾六宫属金，冲克巽四宫之木，所以克林顿的绯闻被公开，遭到舆论谴责。但年干戊落巽四宫逢空亡，吉事不吉，凶事不凶，最终会被解脱。

（4）更为主要的是，开门落宫生值符和甲午辛落宫，甲午辛又为时干、月干，美国多数民众支持，同情克林顿。

据此，可以断定，克林顿不会被弹劾下台，最多给予“记大过”惩罚。

以上预测记录，发表在1998年9月新加坡出版的《应用易学》杂志第一卷第二期第 25~26 页上。

以后的事实进程，一度对克林顿十分不利。大约在农历戌、亥（九、十月）月，即开门宫当令之时，美国众议院（可以六合为其代表符号，在坤二宫，克坎一宫值符和甲午辛）通过了对克林顿的两项弹劾条款（开门宫旺相，冲克年干戊所在巽四宫）。

12 月下旬，我在石家庄举办奇门面授班，将我发表在《应用易学》杂志上的这一预测实例又向与会学员进行了详细讲解，让学员去等待事后验证。

1999 年 2 月 12 日，美国参议院终于以压倒多数票否决了众议院对克林顿的两项弹劾条款及要求对克林顿进行斥责的议案，使历时十三个月的克林顿绯闻案终于有了结果。实践再一次证明了奇门预测的正确。

（十）
易学预测与现代预测之比较研究

在易学界，大家对研究易理的价值都是肯定的，但对象数特别是数术的研究价值至今还存在分歧。有的学者认为易学研究历来有两大传统：一是所谓学的传统，这其中的精华，值得研究，二是所谓术的传统，这其中充斥着糟粕，没有什么研究和继承的价值。总之，有些学者认为易学研究的价值在学而不在术，对数术特别是各种占卜术，持完全否定的态度。当然大多数学者认为学和术都应该研究，无论易理和数术都有研究的价值，批判继承的价值。甚至将易学的卜筮称之为“古代预测学”，认为数术中也有哲学，是对传统易学哲学思维的一种应用和检验。因而主张“以学论术，以术证学，学术结合，古为今用”。

以上学术的分歧，自 1990 年我编辑出版了邵伟华的《周易与预测学》，蓝允恭（重庆大学教授）的《太极思维与预测》二书之后，几乎一直围绕着易学占卜，到底是古代预测学，还是封建迷信，还是伪科学的话题进行，至今在易学界尚未取得完全一致的意见。

2001 年中央文献出版社、人民日报出版社联合出版了由中央党校副校长李君如任编委会主任，集体编纂的一部总结中国共产党八十年奋斗与辉煌成果的大型丛书《丰碑》，其中在《风采卷》记述了全国 55 个在各行各业做出突出贡献，可以代表中国共产党风采的党组织和党员个人，这中间最后一个共产党个人代表的典型，就是“《周易》研究家、预测学家邵伟华”（注①）。该书不仅充分肯定了共产党员邵伟华研究《周易与预测学》等一系列成果，而且还首先对周易的价值做了全面论述。作者写道：“《周易》作为中华民族数千年来矢志不渝深入研究的一门大学问，它的哲学价值与实用功能是不言而喻的。”

我理解，这里所讲的实用功能，不仅包括《周易》在世界观、认识论，即易理方面、学的方面，对治理国家、管理社会、健全人生乃至发展社会科学、自然科学种种方面都有指导和启迪价值，而且也应该包括《周易》在象数方面、数术方面的功能，换成现代语言，就是易学的预测功能。

有的学者不赞成易学有预测功能，他将易学预测与现代预测进行了比较，他说：“科学预测起码要有三个条件：第一，是你要充分掌握你所问的那件事的全部信息或数据；第二，你还要掌握你所问的那件事的发展规律和趋向；第三，你进行推论的时候要符合逻辑推理的原则。”他说：“按这三条来衡量《周易》算卦，那就不一样了，因为这三条在《周易》算卦过程中都不具备”，因而他“认为是不科学的，它毫无科学根据”，“这种推测只能说是一种比附或联想，它得出的结论是没有科学根据的。”（注②）

这位学者的意见确有道理。易学预测，或者贬称之为周易算卦，它的确不符合现代科学预测要求的条件，特别是用周易六十四卦卦爻辞来作为判断事物成败主要依据的古典式的预测，的确其中充斥着比附和联想，既显得牵强附会，又显得模糊不清。这在《春秋左传》和《国语》等典籍中都有例证，对同一事物起出一个卦来，会有截然不同的判断意见。

但是，我认为古典预测学，或者称之为易占，也是在经过历代易学家、数术家之手，不断地发展着、改进着、完善着。如汉代易学家京房，根据爻变学说，将易经六十四卦的次序重新进行了排列，分成八宫，安上世、应，又将天干地支纳入六十四卦，配上五行六亲，以此构成的所谓纳甲筮法，比起易经以卦爻辞为主来占断的古筮法有了更多的逻辑推理的依据，避免了古筮法的随意性和主要依靠灵感思维的弊端，使易占有了更多的规范性、稳定性、可操作性。再加上以五铢钱代替蓍草，简化了起卦的方法程序，故而历经唐、宋、元、明、清，一直到今天，仍然是易占的一种重要方法。与此同时，古代易学家还创造了太乙术、六壬术、奇门术、子平术等等不同的易占方法，将易学哲学思维用各种方法与现实社会生活的实际问题相沟通，企盼能达到预测、预知，趁吉避凶的目的。

无庸讳言，在几千年易学思维体系中，无论是义理派，还是象数派，无论是“学”的方面，还是“术”的方面，都是精华与糟粕共存。既有精到的中国人独特的宇宙观、认识论，也有主观臆断、牵强附会、浅薄庸俗之见，甚至还有故弄玄虚、封建迷信的东西。

今天，我们以马克思主义辩证唯物主义认识论为指导，借鉴现代哲学思维科学的成果，对古代易学思维模式进行去粗取精、去伪存真的分析批判，就会发现古代易学思维不仅在“学”方面有研究价值的东西，在“术”的方面也有研究价值的东西。

经过十余年对易理和数术的研究，我认为易学预测与现代预测（或称科学预测），虽然同为预测，但思维方式不同，途经不同，方法不同，根本特征不同，用途自然也不尽相同。我的研究成果，主要反映在 1999 年 4 月由花山文艺出版社出版的《神奇之门》一书中。

现代预测，必须对某项要预测的事物，首先进行大量的调查，了解它的过去，了解它的现在，以及相关联的事物，掌握尽可能多的信息、数据、情况，然后再根据该项事物发展变化的规律，进行归纳、综合、分析、研究、逻辑推理，由已知求未知，从而对其未来某段时间内的发展趋势作出判断。比如医生治病，先要对病人身体状况进行全面的检查，对病变部位作各种检测，然后根据得到的各种数据、信息进行分析研究，才能判断病人到底得什么病，最后制定治疗方案。天气预测更是如此，首先对某地区温度、湿度、空中大气环流状况等等方面通过仪器进行各种检测，同时还要了解该地区历史上同期天气的状况，然后将获取的历史的和现实的各种信息、数据进行分析研究，最后才能对该地区未来的天气作出一天、一周或更长时间的预测、预报。经济预测也是如此。比如对一个地区明年经济发展趋势作出预测，或要投资办厂生产某种产品，都必须首先对当前经济运行的形势、市场状况、材料来源、产品销路、价格等等涉及到的各种要素，进行全面的调查了解，然后经过分析研究，才能作出比较恰当的预测。

易学预测与现代预测截然不同。可以说，它不需要调查，只需要研究。它既不分科，也不分类。它是用一种独特的通用的哲学符号语言，比如阴阳、五行、八卦、六十四卦、天干、地支、河图、洛书等，依据易学思维中的科学性精华即天人合一论、太极阴阳论、五行关系论、时空统一论、宇宙全息论、穷通分合论（注③）构筑成某种象、数、理模型。你要预测某项事物，随机起卦或起局、起课，从时间信息切入，或从空间信息切入，在此时变化出的模型中找出与该项事物对应的象、数、理符号，然后根据阴阳五行生克制化的哲学推理，从而对该事物的发展趋势作出判断。它不需要对该项事物进行具体的实地的调查，只分析研究该项事物在象、数、理哲学模型中呈现的状态，从而就可以对它的发展趋势作出判断。它的途径和方法实际上是一种模拟预测，本质上是一种哲学推理，哲学预测。

现代预测需要花费大量的人力、物力，还需要比较长的时间。易学预测省时省力，具有“三易”的特征，即简易，变易，不易的特征。所谓简易，就是它把复杂的事物简单化，把大千世界上自然、社会、人生等一切事物和问题都构筑进一种具有时空统一的象、数、理哲学模型中。所谓变易，就是它的哲学符号语言，虽然有相对固定的内涵，即阴阳五行的属性，但它们却有着无限拓展的外延，它们涵盖了世界上的万事万物，在不同的情况下代表着不同的事物，它们具有多义性、变易性。正因为如此，它们具有不确定性，具有模糊性。所谓不易，就是所有易学预测都离不开阴阳五行生克制化的哲学推理，这种辩证分析的法则是不易的，是不变的。

古代易学家构筑了八卦的模型、六十四卦的模型、纳甲筮法的模型、四柱命理的模型、六壬四课三传的模型、太乙术的模型、奇门遁甲的模型等等，经过比较研究，我认为奇门遁甲的模型比较完整、比较严密，更符合易理，符合中国人认知世界的独特的太极世界观。

奇门遁甲，以代表东方青龙的甲木为一方，以代表西方白虎的庚金为另一方，以甲与庚这一对主客双方的对立统一、矛盾斗争为主线，又从关乎事物成败的四大要素即天时（九星代表之）、地利（九宫代表之）、人和（八门代表之）、神助（八神代表之）四个方面入手，构筑了一个立体的具有时空统一性的象、数、理模型，以此来摹拟自然、社会、人生等万事万物发展变化的规律。经过实践验证，比其他易学预测模型，预测事物更为具体、细致，准确率也更高一些。

比如治疗疾病预测。1997 年 12 月末一天晚上，在深圳特区报社工作的老同学田诒忠给我打长途电话，说最近几期《深圳风采周刊》连载了柯云路的新作《发现当代华佗》一书，报道了神医胡万林打破传统中医用药方式，治愈了成千上万名癌症和各种疑难绝症患者；最近一期又刊登了特区记者亲自前往西安郊区目击采访的报道，在全国引起很大轰动。许多疑难病患者纷纷涌向西安。田诒忠说："我妻子患有肾炎等病，家里孩子们都建议我带妻子前去西安治疗，可我又不放心，不知这个神医胡万林到底医术如何，能不能治我妻子的病。请你用奇门预测一下。"我按他打电话的时间起了一个奇门局，根据奇门局上哲学符号呈现的状态，告诉田诒忠："据我预测，你妻子的病不止一种，除肾炎外，还有心脏病，但并不太严重，你在深圳到住家东边或东南方向找医生看看，吃点中药就会好转。不用千里迢迢到西安去找什么神医，报刊对胡万林的宣传有虚假之处，你到西安找他，花了钱，破了财，也不会有什么效果。要我帮你决策，就不要去西安。"田诒忠听了我的话，没有去西安。1998 年 3 月下旬，他打来电话说："幸亏我听了你的话，没有去西安。我们报社一些人去西安，花了钱，有的人的病不但没有治好，反而治坏了。报刊对胡万林的宣传确有虚假之处。"并告知，他按我说的，到住家东南方向医院找中医看了看，现在病情已经好多了。（注④）

此例中，写书的柯云路肯定用现代预测方法，对胡万林的身世、治病的案例等等情况进行了大量的采访、调查研究，然后才能写成书。而特区报社的记者更是亲自到西安胡万林所在医院进行现场采访、调查研究，才发表了目击采访的报道和照片。而我当时根本就没有听说过胡万林这个人，也未看到任何报道他事迹的文章，就按田诒忠打电话的时间起出一个奇门遁甲的格局，找出所问事物的对应符号，分析了一下这些符号在奇门模型中所处的状态，就得出报刊对胡万林的宣传有虚假之处，劝田诒忠不要带妻子去西安治病，避免了人财两伤的损失。这不仅充分说明易学预测与现代预测的不同之处，也显示了易学预测在某些方面有时比现代预测还有优长之处。

又比如：1999 年我写的《神奇之门》一书出版以后，曾接到苏州国家安全学院一位姓陈的教授的电话，他首先对我从思维科学入手研究易学及奇门遁甲的思路和取得的成果表示了肯定和赞赏，尔后又提出一个问题：说他岳父有病正在住院，病情十分严重，医院已经向家属报了病危。请我用奇门测一下看看预后如何，能否转危为安。我当即按打电话时间起了一个奇门局，找出他岳父年命（即出生之年的年干），在奇门格局中的位置，分析了一下他岳父年命的旺衰及其与疾病符号之间的生克关系，即回答他说：虽然当下看来你岳父的病情十分危重，但预后良好，能够转危为安。过了一段时间，他打电话告知，他岳父果然已经转危为安，并且出院了。此例也证明，医院医生肯定用现代预测方法，对其岳父的病情进行了大量的检测、调查、研究，然后才得出病危的预测判断。然而用易学预测方法几分钟得出的结论却是能够转危为安，与现代预测结论不一致，而事实又证明了易学预测的结论是正确的。

上述两个在测病中现代预测不准而易学预测反而准确的实例，当然只是个别的例子。大量的是易学预测与现代预测结论大体一致的例子。也有不少是易学预测不准，现代预测准确的例子。就治病而言，我们还是主要靠现代预测手段，靠医院来诊断治疗疾病，易学预测只能作为一种参考。特别是在预测具体疾病的种类、性质、部位等等方面，由于易学预测的模糊性、不确定性，它根本无法与现代医学诊断技术相比，所以最多只能作为一种参考而已。不仅在测病方面，在现实生活的大多数方面，易学预测也只能放在一种从属位置，最多起一种参照、参考作用，不能作为决策的主要手段。这是应当明确的。

在易学预测中，最让人难以理解的是所谓“随机性”。这一点，在本文前边提及的那位论证“周易算卦不科学”的学者那里，也曾着重提到。他说：“就事物发展规律来看，你所得到的卦象，是出于偶然，就像抽签一样，根据偶然得到的卦象，来决定你所问的事的前途和命运，那是很荒唐的。”（注⑤）

诚然，求测者什么时间来求测，这是偶然的。比如上二例打电话测治病的例子，什么时间给我打电话，这确实是偶然的，我也找不出其中的规律，求测人也找不出其中的规律。但是，根据我多年预测实践的体会，这一偶然性，或叫“随机性”，却是易学预测这种哲学预测的重要特征之一。这正是古今中外哲学中的一个重要问题：即必然性存在于偶然性之中。世界上许多事物，人类社会中许多事情，风云变幻，聚散离合，表面上看似偶然，实际上都是客观规律发展变化的必然所致。我们在预测实践中常常有这种体会，有人打电话说某某时间要来找我谈点事，我估计找我肯定没有别的事情，一定是求我预测，于是按他约定时间，我事先起好了奇门局以备用。但他见面后，却不谈此事，只让吃饭，等吃完饭，正好过了这个时辰（二个小时一个时辰，一个时辰一个奇门格局），他才正式提出求测某事。我只好按新的时辰，另起一个奇门局。事后一比较，按前一时辰的奇门局来看，与他求测的事不太符合，不准确，按后一个他问的时辰的奇门局来看，却与他的求测之事对应得活灵活现，十分准确。奇门是一种时空模型，任何事物都发生在一定的时空中。正如列宁所讲，离开一定时间和空间，事物就不存在了。所以，某个人在某个时间、某个空间来向你求测，这个时间和空间看似偶然，是一种随机性，但客观事物的必然性就存在于这种偶然性之中。

还有一点与之相关的是，古筮法强调求测者要“心诚”，什么“心诚则灵”。《易经·蒙卦》卦辞中也有“初筮告，再三渎，渎则不告。”有人解释说，这句话的意思是第一次起卦，神灵会把正确的结果告诉你，二次三次起卦便亵渎了神灵，神灵就不告诉正确的结果了，你就测不准了。这纯粹是一种迷信的说法，也是古筮法的糟粕。据我研究的结果，奇门遁甲不讲究“心诚则灵”，也不忌讳多次预测，它是一种反映事物客观存在状态的时空象、数、理模型。当然，最好也遵循随机性的原则，只有求测人什么时间特别想求测了，这个时辰的奇门格局才比较正确。

比如：2000 年 10 月 15 日晚上 9 点 35 分，新加坡国立大学经济系教授、新加坡应用易学研究所所长黄违洪先生给我打电话，说 2000 年美国总统大选，原来小布什的民意支持率比较低，没有预测的必要，最近他的支持率也上来了，与戈尔的支持率不相上下。美国一家媒体上载，正如分析家所说，谁能入主白宫，上帝也不知道，请您用奇门遁甲预测一下，看看戈尔和小布什谁会当选美国下一届总统？

于是我按问时起了一个奇门格局，分析了一下1948年出生的戈尔和1946年出生的小布什二人年命的落宫状态，得不得天时、地利、人和、神助，又分析了代表总统职位和选民的符号与他们二人年命符号的生克关系，得出明确结论：小布什必当选美国下届总统。

但11月7日美国总统大选之后，由于二人得票非常接近，围绕着选票问题共和党与民主党展开了诉讼纠纷，在11月10日和12月9日分别听到新闻报道说戈尔出现有利形势之下，我又分别对同一事物进行预测，显示的结果基本一致，这充分证明了奇门这种模拟预测方法的实用性、客观性。(注⑥)

时至今日，争论现代预测与易学预测哪个科学、哪个不科学，我认为毫无实际意义。正如前几年争论市场经济是社会主义还是资本主义没有实际意义一样，关键在于实践。实践是检验真理的惟一标准。这是马克思主义铁的定律。经过实践检验，易学预测能够测准一些事情，有一定的准确率，那么它就有生命力。某个专家权威尽可以给它贴上“伪科学”甚至“封建迷信”的标签，也难以消灭它。

开明的明智的易学专家，应该自己也深入研究一下易学数术，弄清它里面蕴含的哲学机理，最好也能亲自实践一下，看看到底如何。这样，对逐步统一对易学预测（或叫易占）的认识，或许是有帮助的。

注①《丰碑·中国共产党八十年奋斗与辉煌》“风采卷”第217~218页。中央文献出版社、人民日报出版社2001年版。

注②、注⑤转引自《国际易经》杂志2002年第1期79页《名家谈易》，国际易经科学研究院（香港）主办，2002年7月出版。

注③详见《神奇之门》第14~26页，张志春著，花山文艺出版社1999年出版。

注④详见《神奇之门》第175~177页，张志春著，花山文艺出版社1999年出版。

注⑥详见《奇门应用实例评析》（第6集）1~5页，内部学术资料，张志春选评，2001年印刷。

2002年12月4日于石家庄

（此文发表在《国际易经》杂志第3期，后收入《开悟之门》作为代序）

（十一）
奇门预测两届美国总统大选

（一）2000年美国总统大选，花落谁家？

2000年美国总统大选，是极为重要的一次选举。新闻媒体讲：这次选举将会影响到未来相当长一段时间美国政治的走向。原因在于，这次选举不仅仅选出总统和国会两院议员，而且当选的总统将会任命最高法院的新法官。一旦任命，这些法官通常会任职多年，因而影响非同小可。此外，这年选出的新一届国会将决定未来国会选区的重新划分，而这所产生的影响更是不可低估的。

11月7日选举日是决定谁入主白宫的最关键的一天。临近这一天之前，各国媒体纷纷报道：美国民主党总统候选人戈尔和共和党总统候选人小布什势均力敌，花落谁家实难预料。美国一家民意测验机构曾在因特网上公布了一个幽默的调查结果：戈尔与小布什在最后选举中将各得269张“选举人票”，谁也当不了总统。虽然只是一则幽默，但反映了两党候选人的支持率是如此接近。正如分析家们所说，谁能入主白宫，上帝也不知道！

正是在这种形势下，10月15日晚9点35分，新加坡国立大学经济系教授、新加坡应用易学研究所所长黄违洪先生给我打电话，说2000年美国总统大选，原来小布什的民意支持率比较低，没有预测的必要，最近他的支持率也上来了，与戈尔的支持率不相上下，因此请您用奇门遁甲预测一下，看看戈尔（1948年生）和小布什（1946年生）谁会当选美国下一届总统？

我接到电话后，当即按求问时间起局：

庚辰年丙戌月丙午日己亥时，阴遁3局，甲午旬，天英星为值符落2宫，景门为值使落4宫。

阴 景 戊 冲 乙	蛇 死 乙 辅 辛	符 惊 辛 英 己
合 杜 壬 任 戊	 丙	天 丙 开 己 禽 芮 癸
虎 伤 庚 蓬 壬	武 生 丁 心 庚	地 休 癸 柱 丁

分析：

(1) 以戈尔和小布什年命落宫来看其格局及旺相休囚。戈尔出生于1948年即戊子年，年命戊落巽4宫为临官禄地，说明他得地利，现在就是副总统；天冲星入4宫为相，表明天时也不错；景门受宫生，也得人和；上乘太阴，也得吉神相助；戊+乙为青龙和会吉格。但是一者巽4宫逢空亡，好事落空之象；二者戌月4宫休囚，又逢月破，说明当下时运不佳。

(2) 小布什1946年生，即丙戌年生，年命丙落兑七宫为死地，说明不得地利；但临天禽大吉星，而且禽星入兑宫为旺，说明天时很好；又临开门吉门与宫比和，表明得人和。古籍有云“天禽位镇中宫，得奇门（此处既得丙奇，又得开门吉门），百官元首”，当选总统之象。上乘九天吉神，九天之上好扬兵，也是得胜之象。只是丙+癸为华盖悖师格，主阴人害事，灾祸频生，说明在当选过程中还会有许多困难和不利情况发生。但是戌月，土生金，兑宫旺相，说明这次时运还不错。

(3) 再以开门为总统职位和时干为选民来看戈尔与小布什状况。开门与时干己均落兑七宫，克戈尔年命所落巽4宫；相反，开门与时干均与小布什年命同宫。

根据以上分析，我告诉黄违洪先生，按我预测，应该是小布什当选美国总统。

结果，11月7日美国大选之后，戈尔与小布什二人得票之接近，成为美国二百年历史上绝无仅有，1876年以来竞争最为激烈的一次。

11月8日，佛罗里达州完成点票，小布什以一千七百八十四张选票领先戈尔，传媒率先公布小布什获胜，而戈尔也致电祝贺对方成为白宫新主人。但其后，民主党阵营以选票差距太小，要求重新点算。戈尔也适时撤回对布什的祝贺。

11月9日，民主党阵营提出，选举所用的“蝴蝶票”有问题，误导选民投票意向，要求重新点算佛州四个县的选票。

11月10日，佛州重新点票结果显示，小布什领先戈尔票数缩小至三百二十七张，而这还不包括海外选票，因此，民主党阵营提出要求以人工重新点票。

11月10日晚6点零5分，广东省企业家协会的欧阳焕文先生给我打来电话，说：“张老师，美国总统这次大选，您事先测过没有?”

我说“测过”。并把10月15日应新加坡黄违洪先生所求预测的情况告诉了欧阳焕文先生。

欧阳说：“美国总统大选，至今尚无结果，小布什在佛州的选票只比戈尔多三百二十七张，而且还有海外的选票未清点，究竟小布什和戈尔谁能获胜，请张老师再预测一下。”

于是，我第二次起局预测：

庚辰年丁亥月壬申日己酉时，阴遁9局，甲辰旬，天禽星为值符落8宫，死门为值使落9宫。

地 景 辛 心 癸	武 死 乙 蓬 戊	虎 惊 己 任 丙
天 杜 庚 柱 丁	壬	合 开 丁 冲 庚
符 丙 伤 壬 芮 禽 己	蛇 生 戊 英 乙	阴 休 癸 辅 辛

分析：

(1) 大局九星反吟，反吟主反复，正说明美国总统大选出现了反复的情况。

(2) 戈尔年命戊子，均落坎1宫，亥月坎宫旺相，表明戈尔时运有所上升。但戊落1宫为胎地；说明地利不佳；临天英小凶星，天英星入1宫被囚，说明天时不利；临生门吉门，说明人和还不错，但生门克宫，正所谓“吉门克宫吉不就”，难以遂愿；上乘螣蛇凶神，不得神助，螣蛇又主变化不定。

开门为总统职位落兑7宫，生助坎宫，对戈尔有利；但时干己代表选民落坤2宫，克坎宫，说明选票最终还是对戈尔不利。

(3) 小布什年命丙戌，丙落8宫为长生，得地利；临天芮星，芮星入8宫为相，说明天时不错；伤门克宫不吉，但临伤门又主有竞争能力；上乘值符至吉之神，说明运气好；丙+己为火悖地户凶格，主囚人刑杖，文书不行，说明这次总统大选在选票上要有官司诉讼。甲辰旬中寅卯空，8宫逢空亡，亥月水旺土囚，说明当下小布什处于不利地位。但丙在8宫为长生之地，天芮星也为旺相，古籍有“旺不为空”的论述。同时年命丙戌，地支戌在乾6宫，临吉门休门、吉星天辅、吉神太阴，这又是有利的地方；且戌亥同宫，亥月当令而旺。

开门为总统在兑七宫，与8宫相生；时干己为选民在坤2宫，与8宫比和，当然反吟又有对冲一说，但小布什年命丙下临时干己，而且二者也为相生关系，最后选票还是对小布什有利。

(4) 反吟利客，戈尔和小布什谁主动对谁有利，二人斗争必将加剧。

根据以上分析，我告知欧阳焕文：美国总统大选一事，虽然有反复，甚至还将产生诉讼，但我认为，最终仍是小布什当选。

11月11日，戈尔在俄勒冈州获胜，令他获得的选举人票增至二百六十二张，稍微领先小布什十六张，使佛州的选举结果更具关键性。

11月12日，佛州州务卿哈里斯女士宣布，根据该州法律，所有重新点票的结果，必须在两日内的限期前呈交，否则不会被计算在选举结果内。

11 月 13 日，联邦法院拒绝共和党提出停止人工重新点票的请求；而佛州巡回法院法官也拒绝民主党延迟呈交点票结果限期的申请。

11 月 14 日，佛州官方宣布点票结果，布什得票只领先戈尔三百票。

11 月 16 日，佛州州务卿哈里斯拒绝接纳未完成的人工计票结果，并准备翌日确认布什胜出，但被佛州最高法院颁令阻止。

11 月 21 日，佛州最高法院裁定，哈里斯必须接纳人工计票结果，并把重点期限延长至 11 月 26 日。

11 月 26 日，哈里斯确认小布什以五百三十七票领先，击败戈尔，但戴德县和棕榈滩县的人工票均未计算在内。

12 月 8 日，佛州最高法院接纳戈尔上诉，下令人工重点四万多张问题选票。共和党随即提出上诉。

12 月 9 日北京时间晚上 6 点 45 分，河北有线电视台海尔国际电讯节目报道了 12 月 8 日佛罗里达州最高法院接纳戈尔上诉，下令人工重点四万多张问题选票的消息，这一裁决，显然对戈尔有利，使民主党和共和党之争更加扑朔迷离。这时，我灵机一动，想第三次预测一下美国总统选举，到底戈尔与小布什谁会选胜，于是立即按看电视的时间起局：

庚辰年戊子月辛丑日丁酉时，阴遁 7 局，甲午旬，天辅星为值符落 1 宫，杜门为值使落 1 宫。

武 惊 戊 杜 辛	虎 开 己 心 丙	合 休 丁 蓬 癸
地 庚 死 癸 芮 壬	 庚	阴 生 乙 任 戊
天 景 丙 英 乙	符 杜 辛 辅 丁	蛇 伤 壬 冲 己

分析：

(1) 戈尔年命戊落巽4宫为临官禄地，说明得地利，也符合现任副总统地位；但天柱凶星克宫为休，不得天时；惊门凶门克宫，人和欠缺；上乘玄武之神，玄武又主虚假，主变化；戊+辛为青龙折足凶格，不吉。再者，甲午旬中辰、巳空，巽4宫整个空亡，也是好事落空之象。

开门为总统职位在9宫，戈尔年命戊在4宫生之，但逢空，无法生之。时干丁为选民、选票，落坤2宫，戈尔年命戊克之，但逢空克不动。

(2) 小布什年命丙落8宫为长生，得地利；临天芮星生宫为旺，说明得天时；景门生宫，又得人和；上乘九天吉神，宏愿能遂之象；丙+乙为日月并行吉格，公谋私为皆为吉利。

开门为总统职位在9宫，生助8宫；时干丁为选民、选票在坤2宫，与8宫比和。

据此，我断定，最后仍是小布什获胜。

结果，12月9日，联邦最高法院大法官，以五票对四票的比数，通过法令要求暂缓重点佛州问题选票。

12月13日联邦最高法院以人工重点违反宪法为由，把案件发回佛州最高法院重审。戈尔阵营表示，将会放弃继续法律诉讼。

12月14日，戈尔发表电视演说，表示不认同美国联邦最高法院的裁决，但接纳其决定，并恭贺布什当选总统。

至此，民主党与共和党围绕总统选举，长达三十六天的法律诉讼，终于有了结果，共和党总统候选人乔治·沃克·布什终于以二百七十一张选举人票的微弱多数，战胜了民主党总统候选人戈尔（二百六十七张选举人票），荣登美国第五十四届总统宝座。

提示：这一测例，第一，充分证明了奇门遁甲这种时空象数理模型的科学性。举世注目的美国总统大选，如此纷繁复杂，扑朔迷离，西方分析家们说："谁入主白宫，上帝也不知道！"但通过我们祖先创造的奇门这一模拟预测方法，对其进行了三次预测，均明显的表明：小布什获胜，与最终结果一致。

第二，三次不同时间、不同用局对同一事物的预测，其显示的结果基本一致，这进一步说明了奇门这种模拟预测方法的科学性、实用性、客观性。

我在面授班上多次针对学员疑问讲过：如果在不同时间，对同一事物进行多次预测，出现不同甚至完全相反的结果，古人创造的这一预测方法则毫无研究、继承的价值了（这不包括客观事物本身已经发生了变化的情况，当然，你在不同时间预测，自然会出现不同的结果）。总之，奇门的时空象数理模型，是对事物的客观规律的一种反映。

（此例原载《奇门应用实例评析》第6集，后收入《开悟之门》一书）

（二）2004年美国总统大选，布什和克里谁能胜出？

2004年8月1日上午8点20分，阅当时出版的《燕赵都市报》，第17版“新闻人物”栏载有约翰·克里的照片和文字简介，文中说：

“美国国会参议员约翰·克里7月28日晚在波士顿举行的民主党全国代表大会上被正式提名为该党总统候选人，29日晚克里宣布接受提名，并发表演讲，正式率领民主党，和现任总统布什展开了角逐。”

我灵机一动，突然想起局测一下今年美国总统大选，布什和克里到底谁能胜出？

甲申年辛未月壬子日甲辰时，阴遁7局，天冲星为值符，伤门为值使，均在3宫伏吟。

天 杜 辛 辅 辛	地 景 丙 英 丙	武 死 癸 庚 芮 癸
符 伤 壬 冲 壬	 庚	虎 惊 戊 柱 戊
蛇 生 乙 任 乙	阴 休 丁 蓬 丁	合 开 己 心 己

分析：

(1) 星、门伏吟，不动之象。

(2) 布什1946年生，年命丙戌，今丙落9宫为帝旺，占尽地利；天英星在本宫为相，未月火生土为旺，天时也有利；景门为平门，在本宫比和，说明人和也不错；上乘九地吉神，也得神助，而且属于稳固之象。

(3) 克里1943年生，年命癸未，今癸落2宫入墓，不得地利；天芮星在本宫为相，未月也为相，天时也不错，但不如布什；死门虽然在本宫不凶，但人和也不如布什；上乘玄武凶神，玄武主变化，不吉；又虽然布什所在9宫为丙+丙月奇悖师格局，未免做事乖张反常，但毕竟不如克里所在2宫癸+癸天网四张凶；还有2宫尚有癸+庚太白入网凶格。

(4) 再看二人与开门和时干的关系，因开门代表总统职位，时干代表选民，布什所在9宫克开门所在6宫，但未月土旺金相火休，离火克乾金也有相当大的难度；时干壬在3宫，生布什所在9宫，但逢空亡，选民是否投他的票，目前还是个未知数；克里所在2宫生开门所在6宫，他非常想当这个总统，但时干壬克2宫，选民未必都选他。

综合比较克里和布什二人所处状态，一伏吟利主，二布什略胜克里，结论：布什连任的可能性大。

此后，克里作为民主党总统候选人，布什作为共和党总统候选人展开了激烈的角逐，克里的民意支持率一路攀升，几乎与布什不相上下。

2004年10月15日中午12点多，中央电视台国际频道（4频道）报道，美国总统候选 人克里与布什日前进行了第三场电视辩论，仍然难分高下，不知今年11月总统大选花落谁家？我看电视后，又一次起局预测。

甲申年甲戌月丁卯日丙午时，阴遁6局，甲辰旬，天芮星为值符落8宫，死门为值使落9宫。

地 景 戊 心 庚	武 死 癸 蓬 丁	虎 惊 丙 己 任 壬
天 杜 乙 柱 辛	己	合 开 辛 冲 乙
符 己 伤 壬 芮 丙	蛇 生 丁 英 癸	阴 休 庚 辅 戊

分析：

(1) 大局九星反吟，反吟主反复，表明竞选进入白热化阶段，反吟利客，此时似乎对克里有利。

(2) 布什年命丙入2宫为衰病之地，地利欠佳；天任吉星入2宫为相，月令上也为相，表明天时仍然不错；惊门主说主辩论，受宫主，月生，说明人和也还不错；上乘白虎虽为凶神，但也表明他比较厉害，符合他以战时总统相标榜的角色；丙+壬为火入天罗，为客不利，是非颇多，丙+己为火悖入刑，主囚人刑杖，文书不利，这些也都符合他在发动伊拉克战争、虐待俘虏等问题上的不利状况。

(3) 克里年命癸入9宫为绝地，不得地利；天蓬星入9宫为休，又囚于月令，说明天时也不利；死门在9宫为受生，月令比和，死门旺相，毕竟为凶门，说明人和也欠佳；上乘玄武凶神，也不得神助；癸+丁为蛇夭矫凶格，文书官司，火焚也逃不掉，说明他在主客关系上处理得不利，美国发动伊拉克战争，他当初作为国会参议员是投了赞成票的，如今又极力反对伊拉克战争，这些都成为他竞选的软肋。

(4) 布什年命丙与时干选民丙为同一符号都在2宫，说明多数选民仍在布什一边；丙所在2宫临月建生开门宫总统，说明布什竞选总统仍处于有利位置。克里年命癸在9宫，生时干选民丙所在2宫，表明他极力主动在拉选票；9宫克7宫开门，但戌月土旺金相火休，休囚之火难克旺相之金，表明竞选总统难以取胜。

结论：布什仍处有利位置，连任可能性大。

2004年11月2日是美国总统大选的日子，这天早上8点多， 中央电视台在新闻早8点节目里播出：美国总统大选前一日，两位美国总统候选人继续到关键州去拉选票，进行竞选的最后冲刺，听到这一消息，我又一次起局，预测到底谁能入住白宫。

甲申年甲戌月乙酉日庚辰时，阴遁8局，甲戌旬，天柱星为值符落6宫，惊门为值使落1宫。

虎 生 癸 冲 壬	合 伤 壬 辅 乙	阴 杜 乙 英 丁
武 休 戊 任 癸	 辛	蛇 辛 景 丁 芮 己
地 开 丙 蓬 戊	天 惊 庚 心 丙	符 死 己 柱 庚

分析：

(1) 布什年命丙入8宫为长生之地，得地利；天蓬星入8宫为囚，又囚于月令，天时不利；临开门吉门，又得宫生、月生，得人和；上乘九地吉神、得神助；丙+戊鸟跌穴大吉格，求官最为有利。

(2) 克里年命癸入4宫为胎、养之地，地利一般；天冲星入4宫为相，但休于月令；生门为吉门，但受宫制，人和欠佳；上乘白虎凶神；癸+壬为复见螣蛇凶格。

(3) 开门为总统，布什与开门同宫，又乘九地，连任总统之象；时干为选民，时干庚入1宫，布什所在8宫戌月旺相克1宫选民，能得选民的足够支持，克里所在4宫，虽然克8宫开门，但戌月土旺木囚，休囚之木克不动旺相之土，又时干选民庚虽然生4宫克里，可是土旺水死，死水难生木，故克里得票率难达到规定票数。

结论：必然是布什连任。

结果：11 月 4 日早上 8 点中央电视台在新闻早 8 点节目中播出，在美国当地时间 11 月 3 日，大选落下帷幕，布什当选美国第 55 届总统。中国国家主席胡锦涛致电祝贺布什连任美国总统。11 月 4 日晚上新闻节目中又详细报道了大选的结果，布什获得 279 张选举人票（按美国宪法规定，获得 270 张选举人票即可当选），克里只获得 252 张选举人票。

提示：2000 年美国总统大选，我就曾用三个不同时间的奇门局来预测，结果信息显示基本一致，都是布什能够击败戈尔，入主白宫。2004 年美国总统大选，我又用三个不同时间的奇门局预测，结果信息更加一致明确，都表示布什能够击败克里，连任美国总统。这又一次说明，易学预测中的随机性绝不是迷信，它正是“必然性存在于偶然性之中”这一哲学命题的实际体现。搞自然科学的许多人都讲，可重复性是科学的一个重要特征。上述预测美国总统大选的实例，也体现了易学预测的可重复性，说明易学预测也是科学的，而且奇门这种依据时空数理模型的模拟预测，其定局、起局和分析判断的原则都是十分规范的，几百年甚至几千年以后，再来检验这些实例，其结论仍然是一致的，不存在随意性和模糊性。

（此例原载《奇门应用实例评析》第 7 集）

（十二）
中国大陆“非典”疫情何时才能得到控制，全国何时才能恢复正常生活工作秩序？

自2002年12月在广东省发现第1例非典型肺炎患者之后，春节期间，“非典”这种新的呼吸道传染病就开始在广东省蔓延。2003年3月份以后，“非典”疫情在北京、天津、山西、内蒙、河北等省市也开始逐步发现。到4月份呈现出大面积迅速传播的趋势。4月8日卫生部将“非典”列入法定传染病，4月12日，北京被世界卫生组织列入疫区。

面对这种突出其来的灾难，一时间人心惶惶，正常的生活工作秩序被打断。2003年4月19日下午3点多钟，广东省欧阳学员给我打电话：

“张老师，请您用奇门测一下，非典这种怪病还能传播多久？何时才能被控制住，全国何时才能恢复正常的生活工作秩序？”

于是我按问时起局。

2003年4月19日下午3点多

干支历为癸未年丙辰月壬戌日戊申时，清明下元阳7局，甲辰旬，天芮星为值符落7宫，死门为值使落6宫。

武 生 癸 冲 丁	地 伤 丁 辅 庚	天 杜 庚 英 壬
虎 休 己 任 癸	 丙	符 丙 景 壬 芮 戊
合 开 辛 蓬 己	阴 惊 乙 心 辛	蛇 死 戊 柱 乙

分析：

(1) 以天芮星为用神，代表“非典”，今天芮星为值符，说明是一种天灾，一种流行的传染病。天芮星落兑7宫，兑7宫主人体的肺部，正符合“非典”是侵害人体肺部的一种传染病。天芮星属土，落兑7宫为我生之宫，为旺，月令为辰月，为相，说明这种病目前还处在旺相阶段，即大肆传播蔓延阶段。临景门克宫，叫门迫，凶门克宫事更凶。景门主血光之灾，说明“非典”流行难免要死一些人。壬+戊，小蛇化龙，丙+戊鸟跌穴，这种格局在预测求官、求财、婚姻等喜庆事时是大吉之格，但在测病时遇此格，反而是凶格了，表明此病还在发展，一些人不知怎么回事就会被染上 “非典”，掉进疾病的陷坑之中。

(2) 以天心星和乙奇代表医生和医药，天心星属金可代表西医和西药，乙奇属木可代表中医和中药。今天心星和乙奇均落坎1宫，临惊门，说明医生也有惊慌失措之象，目前对“非典”这种病还没有确切的认识、缺乏有力的治疗措施。乙+辛为龙逃走凶格，作为医护人员其天职就是治病救人，所以想逃也逃不掉，只能想方设法力求少感染、不感染。好在上乘太阴吉神，医疗界正在抓紧分析破译SARS这种病毒，抓紧研制有效药物和疫苗。

(3) 医生、医药所落坎1宫属水，“非典”天芮疾病所落兑7宫属金，水不能克金，只能泄金之气，说明目前尚无特效的药物能治疗“非典”，只能采取中西医结合的方法和药物进行支持性治疗，逐渐减轻病人的症状，恢复病人的免疫力，达到康复的目的。

(4) “非典”何时才能得到控制？今日干壬和时干戊均在外盘，主迟，值使门死门落6宫主期限，表明最少还需要60天左右；关键一点，天芮病星落兑7宫属金，现在是辰月，土生金，自然还有泛滥发展，巳月、午月属火，火克金，逐渐得到控制，到夏至（6月22日）以后，离9宫之火当令旺相之时，火旺金死，“非典”才能得到控制。

据此，我断定6月22日夏至以后，“非典”疫情就会得到控制，全国逐步恢复正常生活工作秩序。

实际情况是：从阳历4月下旬至5月上旬这一段时间，北京几乎每天以新增一百多例患者在蔓延，感染非典的病人和医护人员很快都超过了广东省的总数，天津、山西、内蒙、河北等省市成了重点疫区。一时间搞得全国非常紧张，旅游业、餐饮业几乎完全停止，大、中、小学一律放假。

由于党中央、国务院和各级党政机关从4月20日开始，逐步采取了一系列果断有力的措施，从6月6日芒种，即进入戊午月之后，“非典”疫情就逐渐受到遏制，呈下降趋势。

6月13日，世界卫生组织解除对河北、内蒙、山西、天津的旅游警告。6月17日河北省最后一例“非典”患者出院。

6月20日北京小汤山医院（4月23日~29日用一周时间紧急建立起来、专门收治“非典”患者的传染病医院），最后一批“非典”患者18人全部康复出院。

到6月22日夏至这一天，全国住院治疗的“非典”患者只剩97人，无新增“非典”病人。

6月24日，世界卫生组织宣布解除对北京的旅游警告，并将北京从疫区名单中删除。随着对北京的“双解除”，全国旅游业、餐饮业、交通业等各行各业都逐步恢复了正常的生活工作秩序。

（此例发表在《国际易经》杂志第4期）

（十三）
正确认识周易文化

党中央提出“三个代表”的重要思想，其中一个“代表”，就是“代表中国先进文化的前进方向”。我认为，要创建中国社会主义的先进文化，离不开继承优秀的传统文化。

提到传统文化，就不能不谈到周易文化。因为《周易》是我国古代一部极为重要的文化典籍，历史上一向被尊为“群经之首”、“大道之源”。但是自“五四”新文化运动以来，以《周易》为代表的儒家传统文化受到了激烈的批判和否定，解放以后，特别是“文化大革命”以来，随着扫“四旧”等极左思潮的泛滥，周易文化更是遭到了彻底的否定。

1978 年党的十一届三中全会以后，随着中国的改革开放，周易文化从出口转内销，由国外的“周易文化热”逐渐引发了国内的“周易文化热”。1984 年在武汉大学召开了建国以来第一次全国性的周易研讨会。1987 年在济南召开了第一次由大陆主办的国际周易学术研讨会。1989 年成立了第一个全国性的周易研究会，并创办了《周易研究》杂志。1990 年 6 月由我任责任编辑在花山文艺出版社出版了邵伟华编著的《周易与预测学》一书，更是打破了周易应用研究的禁区，一时间掀起轩然大波，1991 年被新闻出版署作为“迷信书”的第一本而明令查禁。但“周易文化热”时起时伏，仍是禁而不止。1993 年邵伟华的《周易与预测学》改名为《周易预测学讲义》又在甘肃敦煌文艺出版社出版。由我撰写的介绍邵伟华研究周易历程的长篇学术性报告文学《未知之门》1993 年 6 月由北京作家出版社出版。1994 年 1 月河北省周易研究会作为省社科联所属的学术团体，经民政厅注册登记正式成立。在此前后，全国许多省市，比如北京、上海、山东、安徽、辽宁、山西、河南、内蒙、广东等，还有一些地市级单位如安阳、保定、石家庄、邢台等，也都纷纷成立了周易研究会。周易文化热持续发展。1996年中国周易学会由主管单位教育部批准，经民政部注册登记，在山东大学成立。2004年国际易学联合会，由主管单位中国社会科学院批准，经民政部注册登记，在北京成立，全国政协副主席、中国社会科学院院长陈奎元任名誉会长。2004年9月由国务院建设部中国建筑文化中心和国际易学联合会主办的“首届中国建筑风水文化与健康地产发展国际论坛”在人民大会堂隆重开幕，从此又打破了作为周易文化一个分支的风水文化的禁区。

在这连续二十多年的周易文化热中，无论从上层各级领导，还是到基层一般民众，对于周易文化的认识都不尽一致。有的说是国宝，有的说是迷信；有的说是“四旧”回潮，封建余毒泛滥，有的说是文化回归，民族文化的复兴。到底应该如何正确认识周易文化和“周易文化热”，今天我谈谈个人的见解，以促进大家的讨论。

我讲三个问题：

（一）为什么20世纪末和21世纪初在中国大地上出现周易文化热？

有人认为，经过“文化大革命”十年浩劫，一些人的思想上出现了信仰危机，随着改革开放，中国社会由计划经济转为市场经济，有人暴富，有人下岗，人们的生存危机感加重，对个人命运的关切程度加强，因而纷纷求助于算卦、算命先生，由此导致了周易文化等封建迷信的回潮。

这种说法，乍听起来似乎很有道理，但我认为不是这样。实际情况是，自20世纪70年代以来，首先在西方科学界出现了研究周易文化的热潮，正如武汉大学哲学系教授、原中国周易研究会会长唐明邦所说：“其始作俑者，竟是一些西方著名的科学家。”如美国高能物理学家卡普拉在1975年出版了一本名叫《物理学之道》的书，他把现代物理的量子场理论与中国的《易经》作了对比，认为《易经》与基本粒子的相互作用、相互转化的动力学模型相一致，而且八卦图与强子的八重态相对应，等等。卡普拉等著名科学家著作的出版，直接引发了科学界对中国周易文化的关注和研究。从70年代起，仅在美国就成立了三个有关《易经》研究的国际性组织。

瑞士哲学家荣格在《易经英文再版序言》中写道："谈到世界人类惟一的智慧宝典，首推中国的《易经》。在科学方面，我们所得出的定律，常常是短命的，或被后来的事实所推翻，惟独中国的《易经》亘古常新，相距6000年之久，依然具有价值，而与最新的原子物理学颇多相同的地方。"

中国航天工业部总工程师张协和为山东大学中国周易研究中心题词说："近代学者由于易理之启示获得诺贝尔奖金已有四人：德国汉森堡，其论文为《测不准原理》；丹麦之玻尔教授，其论文为《相生相克原理》，并在庆祝酒会上以太极八卦纪念章赠人；中国杨振宁、李政道，其论文为《不对等定律》，并自称得之易经之启示。今后由此而得奖者，当犹有其人，愿周易学者多为现代科技服务。"

1987年国家地震局编审、著名学者李树菁发表了《自然科学第三次浪潮条条道路通象数》的论文。他在论文中指出，《周易》对我国现代科学做出了重大贡献，从60年代以来，闻名世界的重大科研成果共14项，其中12项是80年代以后的。可喜的是，这14项科学成果，有9项是我国科学家80年代以后研究的成果。这些成果中有一元数学、物元分析、混沌理论、天地生偶次序、全球地质构成的吕德斯线、地球经络穴位结构、地震自然节律、自然周期可公度性、生物全息律，其理论基础都来源于《周易》中的象数，或与象数有关，有的与《周易》中的理论完全一致。

总之，20世纪末这场周易文化热，不是由中国人掀起来的，而是由西方发达国家科学界、学术界首先掀起来的，而后随着中国的改革开放，大批中国人走出国门，由西方发达国家转销港、澳、台，再由港、澳、台或直接转销到大陆的。1991年在成都主办《中国首届神秘文化研讨会》的四川外语学院党委书记、中国加拿大研究会会长、英语教授蓝仁哲先生曾亲口对我说过，他原来对周易并不了解，更谈不上研究，只是因为多次出国，看到外国的专家学者都在研究中国的周易文化，才促使他开始关注周易，研究周易文化。又比如，中国大陆自1949年解放一直到80年代，连一本《白话易经》都未出版过。80年代在大陆开始广泛流行的《白话易经》一书，就是台湾人孙振声写的。这一切充分说明，周易文化热是从海外，从西方国家和中国的港、澳、台地区逐步传到国内的。

当然，周易文化热传到国内，之所以能够这么持久、这么热烈、这么普及，是同国内改革开改的大政策、大环境，特别是党中央提出实现中华民族的伟大复兴这一战略方针紧密相关的。因为中华民族的伟大复兴，不仅仅是在经济上、科技上、社会管理的进步上，首先应该是在民族文化的复兴上。因为文化是一个民族区别于另一个民族最显著、最稳定、最能体现民族性格的主要特征。而周易文化是中华民族文化的源头活水，是中国人的传统哲学，是中华民族几千年智慧的结晶。因而，在20世纪末和21世纪初，在中国大地上出现周易文化热，它不是偶然的，也绝不是“四旧”的回潮，而是一种民族精神的觉醒，是一种民族文化的回归，是全体中国人民在创建社会主义和谐社会中，回顾历史，继承优秀的传统文化，进而丰富完善社会主义先进文化的一种历史必然。不应该大惊小怪，也没有必要大惊小怪。

（二）周易文化包括哪些内容，有什么精华值得我们继承？

周易，又称为《易经》。据文献记载，它的形成起码有3000多年。传说，首先由中华民族的人文祖先伏羲画八卦，创造了阴阳二个符号，也就是以八个卦象的符号来代表对宇宙万事万物分类性质的初步认识。到夏朝形成了《连山易》，到商代形成《归藏易》，到周朝经过周文王和他的大臣的演绎改造形成《周易》。解放前，启蒙教育的第一本书《三字经》上就写有这样的句子：“有《连山》，有《归藏》，有《周易》，三易详。”这三种《易》书，《连山》易和《归藏》易都失传了，只有《周易》完整地流传了下来。历史文献和出土文物都证明，世界十大思想家之首，中国历史上最伟大的教育家、儒家学派的创始人孔子在晚年看到《周易》一书后，非常喜欢和赏识，所谓“行则在囊，居则在席”，也就是说随身携带，爱不释手。经过研究，他和他的弟子写出10篇解说《周易》的文章，历史上被称为“十翼”，又叫“易传”。到汉代，汉武帝罢黜百家，独尊儒术，将《周易》本经和孔子及其弟子解说周易的这10篇文章合在一起，作为经典教材之一让知识分子学习，于是就形成了今天我们所见到的《易经》一书。

狭义地讲周易，一般就专指在周朝形成的《周易》一书或在汉朝形成的《易经》一书。广义地讲周易或易经，则包括以周易为代表，几千年形成的易学文化体系。国际也好，中国也好，包括各省市的周易或易经研究会也好，所谓周易学会、易经研究会，其所研究的范围都不只是《周易》或《易经》这本书，而是包括整个易学文化体系。所以，我把它叫做周易文化。

清代乾隆年间纪晓岚等人所作的《四库全书总目提要·易类》中说："易之为书，推天道以明人事者也。《左传》所记诸占，盖犹太卜之遗法。汉儒言象数，去古未远也。一变而为京、焦，入于禨祥。再变而为陈、邵，务穷造化，易遂不切于民用。王弼尽黜象数，说以老庄。一变而胡瑗、程子，始阐明儒理。再变而李光、杨万里，又参证史事。易遂日启论端。此两派六宗已互相攻驳。又易道广大，无所不包，旁及天文、地理、乐律、兵法、韵学、算术，以逮方外之炉火，皆可援易以为说，而好异者又援以入易，故易说愈繁。"

这段话，大致概括了中国封建社会几千年易学研究和发展的情况，既出现了义理、象数两大流派，又可分为象数、禨祥、图书、义理、儒理、考史六个宗系。换成今天的话来说，所谓两派，一派就是主要从社会科学，从哲学、政治学、伦理学等人文科学的角度研究周易，或者说把周易作为世界观、认识论，作为一种指导思想，可以指导自然、社会、人生的一种哲理，来研究来阐述来发挥的。另一派就是主要从自然科学、从应用科学，或者说从象数、从预测学的角度研究周易阐发周易的，力求将周易构建的预测模型、预测方法加以完善、加以改造、加以发展，用于社会生产、生活的各个领域，为生产力发展，为人们的物质生活和精神生活直接服务。

孔子在《易传·系辞》中早就说过："夫《易》何为者也？夫《易》开物成务，冒天下之道，如斯而已者也。是故圣人以通天下之志，以定天下之业，以断天下之疑。"意思就是说，易学不是一门空洞无物纯粹抽象的理论，它是概括天下万事万物的规律，能够指导实际行动的经典。所以圣人贤士用它来统一天下人的思想和意志，用它作为指导思想来完成治国平天下的伟大事业，同时还用它判断、解决天下一切疑难问题。

换成现代语言加以概括，就是易学是哲学，同时又是预测学；易学是我们祖先认识世界、了解世界、指导行动的一种理论和方法，同时又是一种咨询文化，解决疑难问题的预测学、决策学。

在长达几千年的封建社会中，《易经》一直作为六经之首，作为官方规定的教科书，作为培养教育人们树立正确世界观、认识论的经典教材来学习的。清代康熙、乾隆二位皇帝都亲自为新出版的《周易》注释本写序，故宫的太和殿、中和殿、保合殿、乾清宫、坤宁宫、交泰殿等等宫殿的命名和建筑理念，无一处不体现着周易的哲学思想，打着周易文化的烙印。所以，我认为，在近代西方科学和马克思主义哲学传入中国以前，以周易为代表的传统哲学一直是中国社会在政治、经济、军事、文化、教育、科技等一切领域中的指导思想。

以周易为代表的中国传统哲学，与在近代资本主义经济基础和近代西方自然科学基础上产生的马克思主义哲学来比较，当然前者就显得粗浅和幼稚，只能说具有朴素的唯物论和辩证法思想，但也自有其独到和深刻之处。马克思主义辩证唯物主义和历史唯物主义哲学，其语言符号是存在与意识，物质与精神，理论与实践，生产力与生产关系，经济基础与上层建筑，等等。以周易为代表的中国传统哲学的语言符号，却是阴阳、五行、八卦、六十四卦、天干、地支、河图、洛书、天时、地利、人和、知与行，等等。正如中医与西医一样，是两个完全不同的符号体系和理论体系，是两种不同的思维方式和认知模式。

以周易为代表的中国传统哲学，或叫思维科学，有哪些科学性精华？我在 1999 年出版，2004 年修订再版的《神奇之门》一书中概括为六大论：一、天人合一论；二、太极阴阳论；三、五行关系论；四、时空统一论；五、宇宙全息论；六、穷通分合论。这六大论，我在书中有详细的论述，这里就不再讲了，有兴趣的同志可以买一本《神奇之门》去看。我这里只通过几个例子，让大家了解一下周易哲学的一些精华内涵。

比如中国最高学府清华大学的校训是这样两句话："自强不息，厚德载物"。这两句话就来自《周易》中乾坤二卦。乾卦《象》曰："天行健，君子以自强不息。"坤卦《象》曰："地势坤，君子以厚德载物。"所谓《象》，就是孔子及其弟子写的解说周易六十四卦的十篇文章中的一篇。周易中以乾卦代表天，代表男性，代表老父，代表一切具有阳刚性质的事物；以坤卦代表地，代表女性，代表老母，代表一切具有阴柔性质的事物。孔子在解说乾卦时讲"天行健，君子以自强不息"，意思就是说，君子，正直的人，正派的人，要仿效天道运行的规律，大自然运行的规律，自立自强，生生不息，永不懈怠。在解说坤卦时讲"地势坤，君子以厚德载物"，意思是说，君子，正直的人，正派的人，要效法地道运行的规律，要像大地一样，以博大的胸怀，高尚的品德，容纳万物，忍辱负重，任劳任怨。清华大学将"自强不息、厚德载物"两句话作为校训，我理解，就是要求将学生培养成既有进取精神又有博大胸怀，能进能退，能攻能守，能刚能柔、德才兼备的能够适应社会需要真心为人民服务的人。

又比如我们常说的"国泰民安"一词，其中这个"泰"字就来源于周易64卦中的"地天泰"卦。它的卦象就是象征大地、象征母亲、象征群众的坤卦在上边，象征天体、象征父亲、象征领导的乾卦在下边，也就是说阴卦在上边，阳卦在下边，共同组成一个"泰"卦，又叫"地天泰"卦。为什么阴在上，阳在下，阴阳颠倒了，反而叫"泰"卦呢？按周易哲学的观点，认为万事万物的最佳状态，是阴阳相交、刚柔相济，即中和平衡的状态，也就是老子讲的"万物负阴而抱阳，冲气以为和"。换成今天的语言，就叫"和谐"。周易哲学认为，乾卦代表阳，阳气是轻清向上走的，坤卦代表阴，阴气是重浊向下走的，如果阳在上，阴在下，乾在上，坤在下，就形成了"天地否"卦，"否"就是不通，即造成阴阳不能相交，刚柔不能相济，领导高高在上，脱离群众，上下分离，阻碍不通。只有阴在上，阳在下，坤在上，乾在下，这样阴气重浊向下而行，阳气轻清向上而行，阴阳相交，刚柔相济，领导深入群众之中，民为贵，君为轻，上下团结，官民和谐，才能实现国泰民安、兴旺发达、长治久安的社会。因为"地天泰"卦是周易六十四卦中最吉利最好的一卦，所以才会有“国泰民安”这个词组的出现。

又比如，1995年春天，石家庄西焦村的李月珍女士找我，说她计划在石家庄新华集贸市场，湾里庙西北这一块地方进行拆迁改造建一座商城，请我为她查看地形，并为准备注册的房地产开发公司起一个名字。我根据周易哲学天、地、人三才统一的思想，经过勘察，认为李月珍在这块地方拆迁改造新建商城，第一，具备了天时的条件，就是说中国由计划经济逐步转为市场经济，发展石家庄经济，建造新商城是适应社会发展的有力举措，既能得到各级领导的支持，也会受到广大老百姓的欢迎。第二，湾里庙一带是石家庄市的中心地带，无论在历史上还是现在都是著名的商品集散地，是一块风水宝地，占据了地利的条件。第三，根据周易天、地、人三才一体的哲学观点，根据儒家学派二号人物孟子讲的“天时不如地利，地利不如人和”的思想，现在李月珍要新建商城，最需要的就是人和，而且她对我讲，她计划引进台湾的资金，即与台商合作建造这座商城，合作建商城，就更需要人和了，俗话讲“和气生财”嘛。于是我就为她新注册的房地产开发公司起了一个“太和”的名字。“太和”是一个更大的名词，它不仅包括“人和”，即人与人之间的和谐，还包括人与自然、人与天地之间万事万物的和谐共生。李月珍和当时的台商王应球十分高兴的接受了我的命名。于是一座太和电子城从1995年冬天开始动工，1996年底建成，1997年1月8日隆重开业。1998年以后又在南三条陆续建成太和日化城、太和文化礼品城。到2004年，由最初的新华区太和房地产开发公司，不足十年，已经发展成拥有六家子公司的河北太和集团。太和，已经成为石家庄乃至华北地区商业战线上的一个名牌企业。

周易文化，不仅是中国传统的哲学，思维科学，同时又是一种咨询文化，是一种独特的预测学。我之所以把它称之为独特的预测学，是因为它同现代意义上的预测学无论从理论上还是从方法、途径上都有着本质的区别。我在2004年6月新疆人民出版社出版的《开悟之门》一书的代序《易学预测与现代预测之比较研究》中有详细的论述。这里只简单讲一下，两者的区别起码有三点：

一、现代预测学对某一具体事物进行预测，首先必须对该事物的历史状况和现实状况进行大量的细致的全面的调查研究；而易学预测不需要对该事物做具体的实地的调查研究，只依据某一种时空象数理模型。

二、现代预测学在调查研究的基础上，依据该事物在过去和现实中显露出的发展规律，运用逻辑推理的思维方式，对其未来的发展趋势，做出预测判断；而易学预测，则依据求测者求问的时间或空间方位，纳入此时此刻特定的象数理模型之中，找出与该事物对应的易学符号，根据阴阳五行生克制化的逻辑思维和比类取象的形象思维以及此时此刻"感而遂通"的灵感思维，三者综合得出预测判断。

三、现代预测学需耗费大量人力物力，而且对许多事物，特别是涉及人类自身的一些社会类事物，诸如行人走失、婚姻、刑事破案、官司诉讼、经营求财、职务升迁等等，是无法或难以预测的；而易学预测却在这方面有其一定的优势，可以替代或作为现代预测学的补充手段。

易学预测实质上是一种模拟预测，即通过某种易学的时空象数理模型，对该事物进行模拟，本质上是一种哲学预测，哲学推理。北京大学环境规划系教授、博士生导师于希贤先生在《中国古代风水与建筑选址》一书（河北科技出版社 1995 年 12 月出版）中说："凡是能建立数理模型的知识，它一定是科学的。占筮本身就是一种极为严密的数理模型。"

正是由于这种模型预测、模拟预测，与现代意义上的预测有着许多本质上的不同，加上封建社会长期推行"民可使由之，不可使知之"的愚民政策，从事易学预测或者按传统说法即从事易占、占卜的人又十分保守，极力将其神秘化，甚至将易占与封建迷信、鬼神崇拜搞在一起，所以在"五四"新文化运动以后，特别是"西学东渐"，西方现代科学占据社会主流文化地位之后，易占就被许多人视为"迷信"，特别是只习惯于逻辑思维、以现代实证科学为惟一标准来衡量一切事物的人，对这种模拟预测感到不可理解，所以就加以排斥，斥之为"封建迷信"。再者，由于现代哲学、现代科学早已成为社会的主流文化，对于这种历史上遗留下来的周易文化，几乎很少再有人去研究它，特别是一些有工作有正式职业文化层次又高的人更无人研究它。只有那些无工作无生活出路、文化水平又很低的人，为了谋生，去研究它去使用它，拿它去蒙人，去混饭吃。一句话，正宗的研究者几乎失踪，只有假冒伪劣还在流行。“文化大革命”以前，算卦、算命的江湖术士虽然依然存在，但很少有人打“周易”的旗号，因为那些人最多只知道由周易数术研究派形成的某些预测方法，并不知道周易是怎么回事，所以很少有人打“周易”的旗号。改革开放，周易文化热兴起以后，这些江湖术士、假冒伪劣者，为了给自己壮胆、脸上贴金，许多人开始打起周易的旗号。我记得大约是1994年，从农村来了一位70多岁的老头，找到省周易研究会，自称他研究周易几十年，要求加入周易研究会。我就问他看过什么书，他说他看过《卜筮正宗》。我问他，这就是周易吗？他认为这就是周易。其实《卜筮正宗》只是清代术士王洪绪写的一本有关六爻占卜的小册子，最多只能归入周易文化这个大范畴之内。这位农民连周易本经和易大传都没有读过，却在宣称自己研究周易已经几十年了。由此，也难怪社会上许多人都认为算卦就等于周易，周易就等于迷信（算卦=周易=迷信）了。

《红楼梦》上有两句话，叫“假作真来真亦假，无作有来有亦无”。意思是说，假冒伪劣流行，冒充真的，使人真假难辩，误认为没有真的，真的东西也变成假的了。周易文化，特别是周易预测学的命运就是如此。但我们不妨想一下，为什么假冒伪劣会流行，会有市场，会有销路？一是市场有需求，二是曾经有真的，而且真的东西确实有用，效果好。凡是假冒，都是仿冒名牌产品，比如名酒名烟、效果好声誉好的化妆品、药品等等。如果不是好东西、真正有用的东西，你白送人都没人要，谁还会仿冒你呢？所以不要认为假冒伪劣在流行，就没有真的好东西了。恰恰相反，正因为有真的有用的好东西存在，假冒伪劣才能流行，否则假冒伪劣一天也存在不下去。这就是事物的辩证法。

讲到这里，顺便说一下，1990年由我责编的邵伟华编著的《周易与预测学》一书，1991年9月被新闻出版署图书司查禁，而1993年该书又在敦煌文艺出版社出版了，而且2001年中国共产党成立80周年之际，由中央党校副校长李君如任主任编委，由中央文献出版社和人民日报出版社联合出版的一套大型图书《丰碑——中国共产党80年奋斗与辉煌》一书第33卷《风采卷》中，将邵伟华作为共产党员的个人典型写进该书，题目就叫《周易研究家、预测学家邵伟华》，该书不仅充分肯定了邵伟华研究、应用周易的成果，而且对周易文化的价值，作了经典性的论述："《周易》作为中华民族数千年来矢志不渝深入研究的一门大学问，它的哲学价值与实用功能是不言而喻的。"在这部具有史料价值的大型图书中，不仅充分肯定了周易的哲学价值，对它的实用功能，预测学上的价值也给予了充分肯定。

（三）一般民众，可以从周易文化中学习些什么？

1998年10月，前中国周易研究会会长、武汉大学哲学学院教授唐明邦先生在河北省周易研究会抱犊寨研究基地揭牌仪式上的讲话中，把当前在中国大地上研究周易文化的队伍概括为六支大军：

第一支是从自然科学角度研究周易文化的，可称之为"科学易"；第二支是从社会科学、人文科学角度研究周易文化的，可称之为"人文易"；第三支是从管理科学角度研究周易文化的，可称之为"管理易"；第四支是从中医和养生角度研究周易文化的，可称之为"医易"；第五支是从数术角度或者说是预测学角度研究周易文化的，可称之为"数术易"；第六支大军，大部分是离退休的干部、职工、知识分子，他们经过一生的奔波劳碌、人世沧桑，饱尝了人生的酸甜苦辣、喜怒哀乐，如今退下来了，既不喜欢打麻将、下象棋等室内娱乐活动，又不喜欢游泳、钓鱼等户外运动，于是像许多古代的知识分子一样，"闲坐小窗读周易"，把读周易当作一种修心养性、消遣娱乐的方式，从中探讨人生的规律，体悟天人合一的境界，以期悠然自得，延年益寿。唐明邦教授把这支研易大军，称之为"休闲易"。

今天在建设社会主义小康社会的进程中，在建设社会主义先进文化的进程中，一般民众不能像专业人士那样，从某一个学科角度去深入研究周易和周易文化。但如果有兴趣的话，不妨在业余时间读一些这方面的书，从传统哲学的角度，从人生智慧宝典的角度，汲取一些有益的哲理，指导自己的生活和工作。

传统的儒家文化特别讲究“修身、齐家、治国、平天下”。对于一般民众来说，“治国平天下”虽然谈不上，但是用周易文化指导自己“修身、齐家”是完全可以的。

我在前边已经讲过，清代大学士纪晓岚在《四库全书总目提要·易类》中曾说过：“易之为书，推天道以明人事者也。”纪晓岚这句话概括得非常精确。它的意思翻译成现代语言，就是说周易以及周易文化这类书是干什么的呢？它是探讨天地万物大自然演变的规律，从中让人们明白人生的规律和社会发展的大道理的。所以我们一般民众，可以通过学习周易及周易文化，了解大自然和社会发展变化的规律，从而明白人生的规律，以便更好按规律办事，将客观与主观结合，更好地发挥主观能动性，以实现人生的价值。

我对许多爱好周易和研究周易的人，都曾经这样说，学周易第一先要了解自我，认识自我。要了解自己所处的天时、地利、人和等等客观条件，要了解自己的先天素质，有什么长处，有什么短处，知道“我这块料”适合干什么，从事什么职业比较合适，然后扬长避短，调整自我，发挥主观能动性，使主观与客观协调，从而实现人生的价值，总之，要丢弃一切不切实际的幻想和奢望，要理性地正确地实事求是地对待自己，对待人生。

古人讲“知人易，知己难”。意思就是说，了解别人容易，了解自己最难。通过学习周易和周易文化，首先就要了解自我，认识自我，正确把握自我。能够做到这一点，你的人生，就起码成功了一半。

有人将这种了解自我、调整自我，力求主观与客观协调发展的过程，概括为六个字：“明得失，知进退。”我认为这个概括很精彩，很值得我们记住它，深思它。

一个人如果通过学习周易文化，能够达到“明得失，知进退”的地步，我敢说，你的人生也就成功了一半。社会上流传着一副劝导人们正确对待退休的对联，上联是“早退晚退迟早要退”，下联是“早死晚死终归要死”，横批是“早退晚死”。我认为这副对联写得十分精彩，很能发人深省。

“明得失，知进退”，就是说，该你得到的自然会得到，不该你得的不必强求；该失去的，就让它痛痛快快失去，不必割舍不掉。在人生的道路上要把握好时机，该前进时一定要前进，该退却时一定要退却。只有这样才会达到成功的人生，才能活得愉快，活得健康。

讲到这里，有人说了，我对周易和周易文化也感兴趣，应该先读哪些书呢？

据文献记载，从先秦到解放前，历朝历代注释、解说、研究周易的书不下三千余种，流传下来的也有一千多种。而解放后，特别是改革开放以来这二十多年间出版的各种注释、解说、研究周易的著作也不下几百种，我们到底应该先读哪些书呢？

我认为不必舍近求远。大家不妨先阅读二本书。一本是河北省周易研究会副会长、河北师范大学中文系教授马恒君先生写的全文注释本《周易》(华夏出版社 2001 年 7 月出版)，这是一种 64 开本的“口袋书”，可以装在口袋里随时阅读，书的折口上写着：“修身养性的源头活水，增智长慧的资源宝库。”另一本是河北省周易研究会理事，河北农民报的副总编辑靳闻章写的《周易趣读》（1998 年 4 月花山文艺出版社出版），这本书后来被台湾买去版权，在台湾又出版了豪华精装本。

如果有人对周易文化有进一步深入研究的兴趣，当然也可以阅读我写的两本书《神奇之门》和《开悟之门》（前者 1999 年 4 月由花山文艺出版社出版，2004 年 6 月新疆人民出版社又一起出版了这二本书）。

今天就讲到这里，不当之处，欢迎大家批评指正。

2005 年 11 月 4 日

（此文是应石家庄市委宣传部和社科联之邀，为石家庄市先进文化系列讲座——燕赵讲坛准备的讲稿，曾在石家庄市图书馆、石家庄市工会等单位做过公开讲演，后发表在《国际易经》杂志第 11 期）

（十四）
奇门遁甲是风水师的第三只眼

我在多年研究和应用奇门遁甲的过程中，深深体会到：奇门遁甲是风水师的第三只眼，这只眼不同于平常普通的两只眼，它是风水师勘察风水吉凶的入地眼、透视眼和千里眼。此类实证很多，这里仅举一例。

2002 年国庆长假期间，我在石家庄举办奇门遁甲面授班，课间，北京学员贾双萍说："前不久我在北京市区边上农村买了一块宅基地，准备在上边盖一处四合院，以便我们夫妻俩退休后安度晚年，但不知此地风水如何，请张老师给预测一下。"

原来她已经事先起好了奇门局，主要是让我帮着分析判断一下。

求测时间是 2002 年 10 月 5 日上午 7 点多种，干支历为壬午年己酉月丙午日壬辰时，阴遁 4 局，甲申旬，天芮星为值符落 9 宫，死门为值使落 3 宫。

蛇 惊 壬 英 戊	符 乙 开 庚 芮 壬	天 休 丁 柱 庚
阴 死 戊 辅 己	 乙	地 生 丙 心 丁
合 景 己 冲 癸	虎 杜 癸 任 辛	武 伤 辛 蓬 丙

我于是指着格局分析道：

（1）首先可以时干壬为用神，代表你买的宅基地。壬落巽宫为入墓，又辰辰自刑，惊门凶门克宫，上乘螣蛇凶神，主虚惊怪异和缠绕，天英星主中女，巽主长女，壬又为年干为长辈，故此地可能有长辈女人上吊自杀过。

（2）其次可以死门为用神，代表宅基地。今死门落震宫为受制，戊+己为青龙入天牢凶格，戊又为阳宅，戊落3宫为六仪击刑，又上乘太阴，主阴气重，震为长男，故此地还可能死过男人。

据此，我告诉贾双萍此地风水不好，是一块凶地，你回去到当地仔细打听一下吧。如果属实，就千万别买。

不久，贾双萍从北京打来电话，说："张老师测得真准。经过了解，这块宅基地确是一块凶地。主人的母亲在此地上吊自杀，主人的哥哥投河而死。我听后，倒抽一口凉气，幸亏还没买。所以立即把它退掉了。"

张志春按：北京距石家庄600多里，我也没有到北京这块宅基地实际勘察，只凭按求测时间起的一个奇门局，不仅看出这里风水不好，是一块凶地，而且还能分析出凶死过女人、男人。结果与实际情况完全一致。一般的风水师即使在现场勘察也未必就能看出这里死过人。所以我说，奇门遁甲是风水师的第三只眼，是风水师的入地眼、透视眼和千里眼。学风水的，如果再学了奇门，那真是如虎添翼，可成为最高级的风水师。

（此例发表在《国际易经》杂志第8期）

（十五）
奇门遁甲在风水中的应用

我在《神奇之门》一书（1999年花山文艺出版社出版，2004年新疆人民出版社再版）中，对于易学数术中的奇门遁甲进行了系统透彻地解读和阐释，指出："奇门遁甲是一种比较完整的数理模型，它把天时、地利、人和与影响人类生产生活的某些能量场这四个方面，与时间、空间巧妙地组合在一起，按照阴阳消长、一年二十四节气太阳对地球的影响，概括出阴遁九局、阳遁九局共十八种基本格局，为我们提供了一个模拟宇宙统一信息场的立体动态象数理模型，既可以用于预测自然、社会、人生各种各样或然性和模糊性的事物，也可以向人们提供趋吉避凶的时空选择。"

易学数术中的风水术，实质上就是选择空间，研究地利的一门学术，是我们祖先选择最佳生存环境的一门学问。奇门遁甲这种象数理模型，既然将天时、地利、人和与影响人类生产生活的某些能量场同时间、空间巧妙地组合在一起，它就是一种更加具备综合性质、综合优势的学术。因此，如果研究风水的易友，再学会奇门遁甲，那就会如虎添翼，使你对风水的勘察、调理更加准确，更加有效。

根据我和我的学员、易友的大量实践，深深体会到，奇门在风水中的应用，起码有四个方面的功能：

一、奇门是风水师的第三只眼，这只眼既是"入地眼"，又是"千里眼"和"透视眼"。

一般的风水师，从地形地貌的现场勘察中自然可以看出外在形体的优劣吉凶，但是对地下有无坟墓、骸骨，阳宅中有无阴性不良信息等等，却很难看出。而通过奇门格局，不仅人未到现场就可提前看出该处地理的大致环境、风水上的吉凶、是否变动过等主要信息，而且还可以帮助你判断地下、地上有无不良信息等等。

例如：北京有一位学员买了一块地皮，准备在该地皮上盖一座四合院，以安度晚年，但不知该地皮风水如何。我根据她求问时的奇门局，马上判断出此宅基地上有不良信息存在，即原房主家有女人在此处上吊自缢，还可能有男人自杀过，不宜购买。结果这位学员到当地实际一调查，证实此房主家女主人上吊自缢，长子投河而死，确是一块凶地。因而立即退掉，不买这块地了。

又比如：河北省书法家协会有一位副主席，老家是山东的，1998 年秋天回老家看望母亲，回来第二天早晨打羽毛球锻炼身体，把左脚后筋扯断了，住院手术接续，很久才痊愈；1999 年秋天，又一次回家看母亲，回来第二天早晨打羽毛球锻炼身体，又把右脚后筋扯断了，又一次住院手术接续，但已经过去一个多月了，伤口老不长，老不愈合，中西医均无好办法，无奈之际，通过河北省新闻出版局一位副局长找到我。我到他家时，根据求问时的奇门局，看出他老家的宅院可能变动过。一问，果然如此，近几年经济富裕了，他弟弟把他父母住的分到他名下的这处宅院进行了修整，由于不懂风水原理，使宅院变凶。刚修好不久，他母亲就股颈骨骨折，躺在床上不能动了。而他两次回去看母亲，回来后都发生了扯断脚筋的事故。真是邪门！找到原因后，进行了调整，他的后脚筋很快就痊愈了。至今身体很健康，再没有发生过类似事故。

二、奇门是风水师为阳宅选址、阴宅点穴，选择最佳建筑方案、寻找地下设施故障等决策时的有力参谋。

我在《神奇之门》一书中例举了我帮助天津一家房地产公司选择最佳建筑方案和王庆丰同志帮助广东一位风水师选择阴宅的实例，这里不作重复。

这里讲二个学员的例子。一位是河北的学员张景宽，他帮助一位农民寻找祖坟，坟头已平掉了，该农民说某某地方就是他家的祖坟。张景宽起了一个奇门局，根据局上显示的信息，判断说："此处没有你家的祖坟。"结果这位农民说了实话，此处确实没有他家的祖坟。之所以说此处有他家的祖坟，是因为该地段已被征收，用于开发建设，他想从开发商手中多要些钱。

另一位是北京的学员赵国保，他在一家房地产集团当助理。该集团开发一处住宅小区，第一期工程是5座楼，暖气烧起来都热。但当第二期15座楼都建成入住后，暖气怎么烧也不热，达不到供热的水平。建筑设计师等工程人员查了许久，都找不出毛病所在。眼看天气一天天变冷，住户反映十分强烈。就在开发商准备废弃地下暖气管道，在地上空中另修一条暖气管道之时，集团老总让赵国保起个奇门局看看。赵国保起了一个奇门局，发现天芮星乘值符，判断道："可能是暖气的总闸门有故障。"于是工程人员就去检查总闸门，结果发现就是某市生产的总闸门有毛病，按规定应该开成二分之一的角度，一边出热水，一边回冷水，但现在闸门只能开成四分之一或五分之一的角度，热水出水量太小，冷水自然也回不去，所以造成住宅楼暖气不热。换掉这个闸门后，整个小区的暖气立即都达到了供热的标准。

三、奇门是风水师提高调理准确率的法宝。

由于奇门遁甲能从时间、空间和天时、地利、人和、神助、主客观等多角度提供全方位的立体的综合信息，而风水着重研究的只是"地利"一个方面，所以一个风水师如果只会风水，不会奇门，不能首先从事物的整体上把握它的全面情况，那么即使从风水角度调理得再好，也难达到预期的效果。因为地理环境的好坏，风水的吉凶，只是事物成败的一个重要因素，如果把它夸大为决定因素，那就失之偏颇了。试想，如果按照某些风水师吹嘘的说法，全国许多亏损甚至濒临破产的企业，经过风水师一调理就能扭亏增盈、转败为胜的话，风水为什么至今还不被人们普遍认可和肯定呢？

因此，我既不赞成过分夸大易学预测的功能，也不赞成过分夸大风水的功能。应实事求是地把它们摆在一个恰当的位置。它们都是我们祖先留下的一份文化遗产，既有精华，也有糟粕。我们应该继承其精华，摒弃其糟粕，同时应该在现代哲学、现代科学的指导下，加以改造、提高，发扬光大，使其更好地为社会为人类服务。

比如去年从北京来一位女士，她说她在北京选了一处地方，准备开一家洗浴中心，于是请了一位名气很大的风水师为她勘察地理，调理风水，花费一万多元。结果没开几个月，这个洗浴中心就因为用水不畅和顾客少，而倒闭了，损失30多万元。她让我看看是何缘故，我起个奇门局一看，她去年根本就没有财运，搞什么也不行。因此她又提出来想搞一个新项目，我也劝其作罢了。为她调理风水的这位名家，虽然风水研究得不错，但没有首先从整体上把握该女士的信息，不了解此女士的运程，只在风水上作文章，结果是无功而终。

又比如：今年河北有两位朋友要开一家公司，并看好了一块地方，让我去看看这个地方合适不合适，并为该公司起个名字。我根据他们求问的时间先起一个奇门局，结合二人的年命一看，二人不宜今年办公司，如果一定要办，必然会破财，损失30万元左右。我如实告诉这二位朋友，结果他们听了我的话，打消了办公司的念头。如此一来，考察地理风水和命名工作自然也都没有必要了。

四、奇门是风水师择吉最灵验最有效的方法。

任何事物的发展变化、成败得失，一者离不开空间，二者离不开时间。奇门遁甲是古代数术中将时空结合得最紧密、最完善的一门学术，所以在风水择吉上也有着比其他方法更有效验的优势。

这一点不仅在我的实践中得到验证，在我教出的学员中更得到大量的有说服力的验证。

比如：南方某城市有所民办大学，2003年要庆祝建校二十周年，花15万元特地从香港请来一位风水大师，为该校选定2003年11月16日下午2点举行大型庆典活动。消息传出后，有位易友感到这个时间选得不好，就打电话请教来我这里学过奇门遁甲的该市日报社一位记者。这位记者学员立即起了一个奇门局，判断道：这个时间不仅不好，而且大凶，庆典开始后可能要炸死一个从事杀猪职业、属相为老鼠的人。结果到庆典那天，参加者有一万多人，庆典开始后，放鞭炮，胳膊粗的铁皮雷子，震天价响，突然一个雷子在点着后倒了，直冲人群而来，当场炸死 1 个青年，事后一了解，该青年就是屠宰场杀猪的，属相正是老鼠。

奇门选时择吉，不仅能比较准确地事先测出吉凶，而且可以事先测出用事当天的天气状况，以保证开业、庆典或婚丧嫁娶的顺利进行。

比如：河北太和集团董事长李月珍女士，2003 年 8 月 17 日给我打电话，说她新建的太和电子交易大厦计划在 11 月上旬竣工开业，同时还要举办石家庄国际电子产品博览会，请我选一个开业和开幕的时间。我为她选定 2003 年 11 月 8 日上午 10 点，不仅用奇门事先测定该日开业顺利，而且天气晴朗。结果 11 月 6 日寒流来到河北，下了一天小雨，11 月 7 日从凌晨 2 点开始，在冬雷阵阵的伴随下，下了一场中雪。11 月 8 日开业当天，天气完全放晴，万里无云，阳光灿烂，石家庄国际电子产品博览会在新建成的太和电子交易大厦隆重开幕，国家信息产业部电子司司长、中国电子商会副会长和省、市领导都来出席开幕式和开业庆典，从而使石家庄太和电子城作为华北最大的电子产品集散地的地位进一步形成。11 月 9 日天气又阴了起来。

提前 3 个月测出 11 月 8 日这天天气晴朗，结果应验了，这可能属于偶然和巧合，但在奇门择吉中这种应验的几率还是比较高的。

以上列举了奇门遁甲在风水上应用的四大功能，这只是我的初步探索。相信广大易学研究者在这方面有更多更好的经验和体会。

总之，我认为，一个从事地理勘察和环境评估的风水师，如果再学会和掌握了奇门遁甲，一定会成为更加高级的风水师。

2005 年 5 月 25 日　于石家庄

（此文曾在首届中国环境保护与地产园林风水文化国际论坛上演讲，后收入北岳文艺出版社 2005 年 6 月出版的《优秀论文集》）

（十六）

山环水抱西圣寺，藏风聚气净土宗

——风水与奇门结合规划寺庙建筑一例

应四川省达州市佛教协会邀请，2006 年 2 月 16 日我和我会理事王庆丰一起前往达州。当地政府有关部门重视的程度，超过我们的意料。当晚达州市委主管文教的副书记、统战部长、宗教局长等亲自出席晚宴欢迎我们。

2 月 17 日佛教协会的释克清和达县宗教局长带我们冒雨参观游览了达县真佛山德化寺，让我们领略了这座将儒释道三种文化融为一体，独树一帜的寺庙风采，并考察了她别具一格的建筑风水格局。

2 月 18 日，是我们此行的主要任务，就是为达州市即将修复的西圣寺进行建筑风水考察，提出具体的整体建筑规划设计方案。历史上的西圣寺坐落在达州市西北海拔最高的凤凰山南麓山脚下，如今已被一所学校占据。为了修复西圣寺，该寺住持身祥大和尚在凤凰山南侧重新选了一块地方，并初步建成了大雄宝殿和观音殿等部分建筑。为了做好该寺的整体规划，特地慕名邀请我前往。来之前，我与身祥住持、联系人释克清师傅从未谋过面，据他们说是根据当地一些居士的推荐，又查阅了我的网址，获得了电话，才与我联系上的。为了欢迎我和王庆丰老师的到来，该寺在 2 月 18 日上午特此举办了一个祈祷风调雨顺、国泰民安的大法会。该寺僧人和达州的居士齐集大雄宝殿，张灯结彩，钟鼓齐鸣，梵音阵阵，香烟氤氲，气氛十分庄严肃穆。我和王庆丰老师仿佛来到了西方净土世界。《易经》上讲："自天佑之，吉无不利。"阴雨连绵了七、八天的达州市，这天从早上就雨停了，到 10 点以后云开雾散，久违的太阳升上南天，正好让我们把达州市的山川地理形势看了个清清楚楚。

法会结束后，我们在住持身祥和尚和释克清师傅以及通川区（西圣寺座落在达州市通川区）宗教局长等人的陪同下，将西圣寺新址上下左右认真考察了一遍。下午，与有关各方进行了座谈，详细讲述了我们对西圣寺新址风水格局的看法，提出了具体的整体建筑规划设计方案。

西圣寺所选新址，位于达州市西北最高的凤凰山南侧半山腰间，西北倚靠凤凰山主峰，骑坐在一支主要龙脉之上，居高临下，视野开阔，整个达州市区尽收胸怀之内；左边青龙砂突起绵延，护卫有力；前边市区内有洲河自东南向西北蜿蜒流过，似玉带缠腰；只是右边虎砂有些缺陷，被原来设在山坡上的一家砖厂将虎砂挖断，但是，一者洲河从东南流向西北后，又折向西南方向，可补虎砂之不足，二者据当地有关部门介绍，该砖厂已勒令关闭，在挖断虎砂的平台上要建一座原国防部长张爱萍将军的纪念馆，并竖立一尊张爱萍将军的雕像，这样一来右边虎砂护卫就更无问题了。该寺新址坐乾向巽，气势雄伟，堂局开阔，在街道纵横交错、楼房鳞次栉比的市区南边还有案山、朝山，层层环绕，正所谓山环水抱、藏风聚气的一块风水宝地。

西圣寺所选新址，上宽下窄，沿所骑龙脉蜿蜒曲折而下，按风水喝形法，是一个典型的倒置的口朝前朝下的宝葫芦。经用罗盘测定，已经初步建成的寺院主体建筑大雄宝殿为亥山巳向，与整个寺庙新址的风水格局协调一致，按玄空飞星法，亥山巳向在八运也是旺山旺向。因此我们提出不用再改动，而且其他建筑虽然按地形不能在一个中轴线上，需随地势逐级错落，但都可以亥山巳向为准。整座寺庙内部按动宅五进院设计，一进为山门和弥勒殿，二进为西方三圣殿，三进为大雄宝殿，四进为观音殿，五进为藏经楼。由下而上依次递高，左右还可建讲经堂、往生堂等其他辅助性建筑。目前所建山门位于乙辰位，可保留，作为山门外的标准性牌楼。从东南方山下曲折往复，通过牌楼才能来到正山门，这样上山进庙之路，正像一支弯曲有情的葫芦蒂一样连接在葫芦嘴上。藏风聚气的格局更趋完美。

为了检验我们所考察得出的风水格局意见是否正确，寺庙整体规划方案是否妥当，我又让王庆丰老师按考察时间起出一个奇门遁甲格局来。

2006 年 2 月 18 日中午 11 点~1 点

丙戌年庚寅月戊寅日戊午时，立春下元阳遁二局，甲寅旬，天柱星为值符落二宫，惊门为值使落二宫

地 景 丙 英 庚	天 辛 死 戊 芮 丙	符 惊 癸 辛 柱 戊
武 杜 庚 辅 己	 辛	蛇 开 壬 心 癸
虎 伤 己 冲 丁	合 生 丁 任 乙	阴 休 乙 蓬 壬

分析：

（1）死门为地皮、为地理风水，落 9 宫受生旺相；以时干戊为地理风水，也落 9 宫，戊落 9 宫为帝旺，占尽地利；戊+丙龙回首，乃奇门第一吉格，又上乘九天吉神，说明所选新址确为一块风水宝地。

（2）天芮星为寺庙为神佛符号，落 9 宫临戊+丙大吉格，又上乘九天，自然是适得其位，也就是说该寺庙占据了达州最佳的风水宝地之一。

（3）景门为规划，落巽 4 宫受宫生旺相，又临太岁丙奇，说明建筑规划方案是个高标准的最佳方案；上乘九地，说明此方案又实事求是切实可行。

（4）日干戊也为规划设计方案，落 9 宫帝旺，戊+丙龙回首大吉格，又上乘九天吉神，也说明是个最佳的建筑规划方案。

（5）日干为人，时干为事，今日、时均为戊，同宫比和；戊+丙龙回首大吉格，丙又为今年太岁，天盘丙又生助日干、时干宫，连月干庚也生助日干、时干宫，说明恢复修建西圣寺的工程得到上下左右的一致支持；甲子戊又为资本，落帝旺之地，说明资金也已落实，而且很充足，因此恢复重建西圣寺的工程一定会顺利开展，完满完成。

在座谈中，我又询问了在座的通川区两位宗教局长的年命，结果老局长是 1946 年丙戌，新任年轻局长是 1966 年丙午，二位局长年命正是今年的年

干太岁丙，年干丙生助日干、时干，日干、时干戊下临地盘正是丙奇。有二位局长的大力支持，西圣寺的修复自然不成问题。

在座各方人士听着我的解说，无不感叹奇门遁甲的神奇，其时空格局模型竟与客观实际吻合得惟妙惟肖。当时还有一点我只在心里想了一下，并未说出。这就是前来帮忙提出规划设计方案略尽绵薄之力的我，年命正是庚，与格局中的月干庚是一个符号，而且所临星门神也都十分吻合。

西圣寺在佛教寺庙中属净土宗。座谈结束后，通川区宗教局和西圣寺住持决定采纳我们的规划方案，按此再进行具体的建筑设计。大家都十分兴奋，相信该座寺庙在新址完全修复之后，一定会更加有利于弘扬佛教文化，德化大众，净化人们的心灵世界，促进达州市的精神文明建设。

（此文发表在《国际易经》杂志第 12 期）

（十七）
正本清源，辩证认识风水研究中的几个问题

自2004年9月建设部中国建筑文化中心和国际易学联合会共同主办了“首届中国建筑风水文化与健康地产发展国际论坛”之后，打开了风水文化研究的禁区，在建筑界和易学界进一步掀起了风水研究的热潮。2005年6月建设部中国建筑文化中心聘我为建筑风水文化专家委员会委员，8月中国风水文化研究院又聘我为名誉院长兼学术委员会主任。国家有关部门和学术团体既然赋予我一定的责任，迫使我这个原先本来不是专门从事风水文化研究的人，也不得不思考一些风水文化研究中的问题。现将自己一些既不成熟又很肤浅的想法提出来，供广大风水文化研究者参考。

（一）关于风水与传统建筑学的关系

众所周知，风水在汉代以前叫堪舆，自东晋郭璞著《葬书》（当然也有不少人认为该书只是托名郭璞，实际并非郭璞所著）以后，风水才逐渐成为传统建筑学核心理念的一个代名词。

究竟什么是风水？风水的实质是什么？有的专家讲“风水的实质是乘生气”，有的专家讲“风水是中国传统建筑学的评价体系”，有的专家讲“风水是东方人居环境的审美艺术”等等。究竟风水是地质地理学，是环境学，是景观学，是心理学，是哲学，还是艺术？大家经过研究，应该有个比较一致的看法才好。当然有人认为，以上所列均是风水学的内容。甚至有人将中国传统建筑中的营造法式，将不同地域的建筑风格、特色、民俗、民间禁忌、择吉术等等，都列入风水的范围。将风水几乎与中国传统建筑学划等号，使风水成为传统建筑学的代名词。

我不赞成这种做法。我认为，风水只是传统建筑学中根据易学哲学思想而逐步形成的一种核心理念，是评价传统建筑优劣吉凶的一种近似现代科学、现代生态学的评价依据。不应该随意扩大它的内涵，它不能等同或代替整个传统建筑学。研究风水应该抓住它的实质，不能把传统建筑中的美学、景观学、艺术、民俗特征等等，都一古脑儿地归入风水文化的范畴。这样既容易造成人们的误解，无限夸大风水的作用和内涵，又不利于把握风水的实质，不利于我们继承风水文化中真正的精华。

（二）风水文化中精华与糟粕的关系

我认为所谓风水术的核心内容，不外乎三个方面：一是选址，即优选适合人类安居的地理学，或叫相地术；二是布局，即根据客观地理环境和人类的不同居住需要，提出阴阳平衡，人与自然协调统一的最佳建筑规划设计方案：三是对已有建筑或实践证明已经产生凶咎的建筑进行 调理、改造、化解，使其变凶为吉，变为适合人类安居的住宅。至于其他，不应该都列入风水的内容之中。

所谓继承风水文化中的精华，主要应该从上述三个方面挖掘其科学性精华，摈弃几千来江湖先生加在其中的神秘的或故弄玄虚的封建迷信成份以及繁琐的不科学的没有什么理论依据的糟粕，使传统风水术逐步现代化、科学化，为中国和世界的建筑学服务，为中国的科学发展观、为促进人与自然更好的协调统一，保持地球的生态平衡贡献自己的力量。

（三）风水术中形势与理气的关系

多数研究者都认为几千年来形成的风水术，大致分为峦头与宗庙或叫形势与理气两大派。有的人虽然把形势派中又分为几个小派，但历来争执分歧不大。理气派则在不同地域、不同历史时期形成了众多的流派，而且分歧很大，互相难以通用。

形势派主要着眼于客观地理形势，以龙、穴、砂、水论地理形势的优劣吉凶。理气派则是在客观形势的基础上，依据易学阴阳五行生克制化的原则，运用八卦九星、河图洛书、时间、空间、天干地支、六十甲子等易学符号构成的种种数术来力求达到人与自然协调统一，人与环境和谐共生的各种规划布局的方法。

形势与理气二者之间到底是一种什么关系？多数学者都引用明末清初风水名家蒋大鸿对弟子传授玄空学时讲过的话，即“峦头为体，理气为用”，强调二者要有机结合，否则“无峦头不灵，无理气不验”。这自然是没错的。

但形势与理气二者之间是平起平生、同等重要的关系，还是有主有次、有本有末、有重有轻的关系呢？其实蒋大鸿的弟子姜汝皋在其所写《从师笔记》二十四则的第十七则中还记录了蒋大鸿的另一段话。原文如下：

“余师门丹阳张孝廉仲馨，号野溪，师授以天星选择。谓之曰：峦头不佳，理气不合，天星亦无用。峦头，本也；理气，末也；天星，末之又末也。”

从这段话可看出一代风水大家蒋大鸿认为，峦头，即客观地理形势的优劣，这是根本的东西；理气相比之下，只是一种细枝末节；而所谓天星，更是末之又末的东西。这就说明，理气与形势不是平起平坐、同等重要的关系，二者之间是有本有末，有主有次，有重有轻的关系。

但是，我发现，现在不少人在形势这个根本问题上下力量不够，缺少实际勘察地理的经验，相反在理气这些细枝末节上下功夫很大，而且花样翻新，越来越多，越搞越复杂。出现一些轻本重末，甚至舍本逐末的偏向。在不少举办风水培训班、传授风水术的活动中，也存在轻视实地考察，只重视书本上讲授的偏向。我认为，不纠正这种偏差，风水的精华则难以得到弘扬和继承，学习风水的人也难以学到真本领。我认为，风水，首先应该是个地理学，是个相地术。不能辨别客观地理形势的优劣，不能明了和感知客观地气的旺衰和吉凶，就不能掌握风水术的真谛。

（四）风水术中各种理气派别之间的关系

由于不同历史时期一些不同易学名家的倡导和不同地域地理特征的不

同，在历史上形成了许多不同的理气派别，诸如八宅派、三合派、玄空派、翻卦派、星宿派、奇门派、金锁玉关派、命理派等等。这些派别有的侧重运用八卦符号，有的侧重运用九星符号，有的侧重运用先天八卦，有的侧重运用后天八卦，有的侧重运用64卦，有的侧重运用河图，有的侧重运用洛书，有的侧重运用天干地支，有的用正五行，有的用纳音五行，有的单用一种数术，有的将多种数术嫁接在一起。但原理都不外乎阴阳五行生克制化的易学哲理。应该说，任何派别既然能够存在，而且还能流传下来，自有其独特的切入角度与应验的效果。

前几年，鉴于风水不同理气派别之间的纷争和相互攻击贬损的不良现象，我曾经提出，希望由某些风水研究的大家、名家来整合各门各派的想法。但现在看来，这种想法很幼稚，很不现实。这正如在易学预测领域，有六爻、梅花易数、奇门、六壬、四柱八字等等各种不同的预测方法一样，在风水领域存在着不同的理气派别、不同的理气方法，这是很正常的学术现象。

现在的问题是如何正确认识和处理各个理气派别之间的关系。我希望：

1. 各种不同理气派别之间不要文人相轻，相互攻击，贬损对方，不要以己之长来衡量别人之短。应该相互尊重，相互支持，努力借鉴别人的长处，来弥补自己的不足。

2. 各个理气派别自身不要固步自封，不能只是按着古人创造的方法去应用，只知其然，还应该努力探讨这种方法的原理，知其所以然，并在实践中结合现代哲学、现代科学，加以改造完善，使其更加适应现代社会人居环境的需要。

3. 实践是检验真理的惟一标准，不同理气方法的应验率如何，应该通过大量实践积累成功和失败的经验，逐步给出一个有理有据、切合实际、让社会广大群众认可的应验率，换句话说，也就是要拿出比较科学的学术研究成果。

4. 俗话说，条条道理通北京。正如运用不同预测方法对同一事物的成败吉凶，其预测结果应该相同一样，我们运用不同的理气方法，对某一地方、某一住宅风水优劣吉凶的勘察结果，也应该一样。如果不同方法之间所得出的结果差距较大，甚至吉凶大相径庭，那么就肯定说明有的方法存在问题，或者说不适合这类地域、这类住宅的地理特征。总之，我希望有能力的风水专家对不同理气方法做一些比较性的研究，或者由风水文化研究院出面，组织不同理气派别的专家对相同勘察目标进行会诊性的研究，以期达到对不同理气方法的长短之处及其应验率有个比较科学的评价。

（五）大道至简与繁琐哲学之间的关系

勿庸讳言，由于封建社会神秘迷信思想和封闭保守观念的影响，在风水文化的发展中，无论在形势派还是理气派中，特别是在纷纭林立的理气派别中，存在着故弄玄虚、庞杂神秘、繁琐驳杂的学术现象。加之有不少易学家或风水家，喜欢标新立异，建立所谓自己的学术体系，或者怕旁人把自己的东西轻易学去，故而有意无意地把许多甚至不相关的东西糅合在一起，以繁杂的学术垃圾掩盖他那一点点所谓的“绝招”真正有用的东西。

今天，我们的风水文化研究者，不应再重复古人的老路，应该按着大道至简的原则，剔除那些没有什么实用价值的繁琐哲学或者是学术垃圾，化繁为简，将那些真正有用的东西公之于众，使爱好风水文化的人一学就懂，一用就灵，使风水文化更好地为社会主义现代化服务。

我希望，现代的风水文化研究者，不要再像蒋大鸿一样去当什么“天机不可泄漏先生”，应该成为科学的为人民服务的风水文化研究者。

在风水理气派别中，我认为目前影响比较大的主要是八宅派、三合派、玄空派和过路阴阳。至于所谓命理派、奇门派等等，我不赞成叫派。其实，所谓命理派，不过是将风水与命理相结合，所谓奇门派，也不过是将风水与奇门相结合。还有择吉术，我也不赞成将它归入风水的一个必备的内涵。前边我已经讲过，我不赞成无限扩大风水的内涵，风水就是风水，应该抓住它的本质和主要的东西去研究。你在实际运用风水术的时候，可以结合四柱，结合奇门，选择适合自己的择吉方法，但不要搞繁琐哲学，将风水搞得越来越繁杂，甚至去创建什么新的学术体系。

还有罗盘与风水的关系。众所周知，罗盘是勘察风水用的一种工具，它的产生应该晚于人类勘察地理的活动，即先有风水活动，然后才有罗盘。我认为所谓罗盘最初主要就是个指南针，用来确定方向的。但随着风水术中各种理气方法的产生，使罗盘越来越复杂，越来越繁琐，以致于达到59层之多。学习风水的人如果想将59层罗盘的知识都学会，而且都能应用，恐怕需费毕生之精力。这也是风水文化中的一种繁琐哲学。需要我们化繁为简，只把切实有用的知识学到手即可。罗盘的种类很多，制作工艺水平又很难保障质量，在这种情况下风水师又处处离不开罗盘，而且宣称左右差1度或几度，就会吉凶判然不同。所谓“分金差一线，富贵不相见”。这样的风水师恐怕也难以让人信服。其实，自古至今，许多高明的风水师，并不是时时处处离不开罗盘的。杨筠松就有“倒杖法”。

（六）风水与人的吉凶祸福的关系

无可置疑，住宅风水的好坏与人的健康，生理心理状态，与人的吉凶祸福有关。但根据周易天地人三才一体的哲学思想，根据传统哲学讲究天时、地利、人和综合效用的理念，拥有一个好的居住环境、好的经营场所等客观地理条件，只是占据了“地利”这一条。人的吉凶祸福、事业的成败得失，还有天时、人和等等其他条件在起作用。

所以，我不赞成过分夸大风水的效用，不要陷入环境决定论的误区。应该恰当地实事求是地评判风水好坏的作用，客观地宣传风水的价值，让人们正确认识风水，了解风水的科学内涵。使风水这种传统文化更好地为现代建筑事业服务，为人类的安居乐业贡献力量。

以上六点意见，仅供广大风水文化研究工作者参考。不当之处，敬请批评指正。

2006年3月18日

（此文曾在2006年5月31日~6月2日在北京人民大会堂举办的2006年国际易学论坛大会上演讲，后收入北岳文艺出版社2006年出版的风水研究《优秀论文集》）

（十八）
漫谈看风水与测风水

传统文化中的风水术，又叫堪舆学，相地术，故世俗将从事这一行业，称之为看风水。同时，风水术又是易学数术的一个分支，易学数术又叫占卜术、预测术，各种占卜术几乎又都有卜宅的功能，所以从事易学数术的，又有测风水这一项。

目前，在易学应用队伍中，有人长于看风水，但不会测风水，有人会测风水，但却不会看风水。两者之间甚至还有相互轻视，乃至贬损对方的倾向。

究竟看风水与测风水是一种什么关系呢？我想随便谈点自己的浅见。

第一，事实上，从易学数术（包括风水术在内）形成初期，二者就是紧密结合在一起的。

中国几乎最古老的典籍《尚书》在周书《召诰》和《洛诰》两篇文献中都记载了周代营建东都洛阳的过程。《召诰》载“成王在丰，欲宅洛邑，使召公先相宅”，“太保朝至于洛，卜宅，厥既得卜，则经营。”这里的太保就是指召公。这两段话的意思是说，为了营建东都洛阳，周成王首先派召公到洛阳相宅，即看风水，勘察地形地貌；召公早晨到洛阳又起卦占卜，测此地风水吉凶，得出吉卦后，则开始动工兴建。《召诰》又载：“若翼日乙卯，周公朝至于洛，则达观于新邑营。”同时，《洛诰》上也记载有周公卜洛的过程：“我乃卜涧水东，瀍水西，惟洛食，我又卜瀍水东，亦惟洛食，平来，以图及献卜。”这两段话的大意是说，召公首先通过现场勘察和占卜做出规划之后，周公又到现场勘察，并且反复占卜，然后才将规划好的地形图以及占卜所得吉兆的卦象呈报给周成王，经成王批准后，才开始动工兴建。

西周时，洛阳一直是陪都，到东周时，“平王立，东迁于洛邑”，洛阳才成为真正的国都。

关于西周时，召公、周公二人先后相宅、卜宅，既现场看风水，又测风水，然后才营建洛阳的历史事实，唐末宋初风水名家杨筠松在其《青囊奥旨》中也有明确论述。他说：“是以圣人卜河洛，瀍涧交华嵩。相其阴阳流水位，卜年卜宅始都宫。”（世传曾文迪著《青囊序》中有类似的语句）这里讲的“相”，就是看风水，现场勘察山水地理形貌，而“卜河洛”、“卜宅”就是测风水吉凶；而“卜年”就是选择动工兴建的吉日良辰。在杨筠松这里，不仅将看风水与测风水紧密结合使用，而且又将择吉术也结合了进去。

第二，看风水、测风水原本都是易学的题中之义，是习易之人都必须掌握的技能。

《周礼·春官》篇曾明确记载：“太卜掌三易之法，一曰连山，二曰归藏，三曰周易，其经卦皆八，其别卦皆六十有四。”

这里记载得很清楚，并不是说易学的形成经过“连山”、“归藏”、“周易”三个历史阶段，而是讲周代时太卜官同时掌握“连山”、“归藏”、“周易”三项应用技术，三种为人趋吉避凶的方法。所以，我赞同重庆易学家霍斐然先生关于“连山”、“归藏”二易应属于早期风水术的观点。今据我的理解，加以解说。

《周礼·春官》记载，古代太卜官同时掌握三种易学应用技术，第一是连山易，这是我们祖先选择生存环境的学问，人类像其他动物一样，首先要选择自然界背山面水的地方穴居，以求避开寒风的袭击，同时得到阳光、植物和水源，以求生存繁衍下去。所以，连山易就是后世风水术中选址，即寻龙点穴拨砂纳水的滥觞。第二是归藏易，所谓归，就是回家，所谓藏，就是葬。这就是说，人类从本能地选择自然穴居以后，逐步发展到营造阳宅以为家居之所，挖掘坟墓以为安息之地。归藏易就是如何营造阳宅和阴宅的学问，就是后世风水术中如何布局、规划、使用穴地等种种理气术的开端和本源。第三是周易，这是一种综合天地人三界，能够全面预测自然界天地万物和人类社会群体以及个体命运吉凶的学问，它是比单纯选择生存空间、营造阳宅阴宅更加周全的一种易学应用技术。

从以上分析可以看出，在中国古代掌握易学知识的人，必须同时掌握三种易学应用技术，在实践应用中，也一直是将所谓看风水，即寻龙点穴辨砂察水，与测风水，即占卜该地地气吉凶，二者紧密结合在一起的。只是到了后来，随着易学的发展，行业越分越细，才逐步导致风水术与预测术的分离。

第三，今天，我们要继承易学文化中的精华，古为今用，使其服务于现实社会，也应该将看风水与测风水紧密结合，同时并用。这样才能进一步提高我们选择最佳生存环境的准确率，更好地达到趋吉避凶的目的。

我个人的易学实践，充分证明了这一点。比如我和我会理事王庆丰同志曾到河北某县帮一位县里干部看阳宅。该处阳宅，坎主巽门，典型的北方四合院。从风水峦头、理气的各个角度看，都合规矩，基本上找不出什么毛病。但是房主人住进去以后，几乎不能睡觉。一旦入睡，往往就出现梦魇现象，胸部喉部仿佛被人压住，窒息得喘不过气来。新房搬进来不到三个月，房主又患上糖尿病。于是我们又用奇门遁甲的方法起出格局来测其风水，结果发现该阳宅地基下边阴气太重，有死人的骸骨。经调查，此处位于老县城西北郊外，过去是一条土沟，是枪毙犯人的地方。现在县城发展扩大了，这里就被填平了，开发成住宅区。房主人说，在找我们之前，曾请过好几位风水师，但都找不出问题。显然，前几位风水师只会看风水，不会测风水，所以未能找出症结所在。我们把看风水与测风水结合起来，不仅找出了问题所在，而且根据问题的性质，采取特殊的调理方法，帮其解决了问题。

又如，2005 年从北京来一位女士找我，她说，她在北京选了一个地方，准备开一家洗浴中心，于是请了一位名气很大的风水师为她看风水，花费一万多元。结果没开几个月，这个洗浴中心就因为用水不畅和顾客少，而倒闭了，损失 30 多万元。她让我看看是何缘故。我起出奇门局一看，该女士在当年根本就没有财运，搞什么也赚不了大钱。她又提出想搞一个新项目，我也劝其作罢了。为她看风水的这位名家，虽然在风水上研究得不错，但不会或不精于预测术，没有从整体上首先把握该女士的信息，不了解该女士的运程。只是在风水上作文章，结果难免是无功而终。

第四，古代各种预测术，比如梅花易数、六爻纳甲、大六壬、金口诀、奇门遁甲等，都有预测风水吉凶的功能，但我认为奇门遁甲是测风水的首选方法，最佳方法。

理由有三。其一，古人在各种典籍中曾多次论述到：太乙长于测天，即预测天时气象、自然灾害、军国大事；奇门长于测地，即预测地理风水吉凶；六壬长于测人，即预测人事吉凶。所以，按天、地、人三位一体的思想和顺序，才有“太乙、奇门、六壬”三式之说。其二，经过我的研究和验证，奇门遁甲确如古贤所说：“在诸方技之中最有理致”，不愧为“帝王之学”“方术之王”的称号。它把影响事物成败的天时、地利、人和、神助四大要素，与时间、空间巧妙地组合在一起，为我们提供了一个模拟宇宙统一信息场的立体动态数理模型，是一种综合性最强的预测术，在预测地理风水吉凶上自然更是它的强项。其三，我和我的学生们的大量实践更证明了这一点。比如《神奇之门》和《开悟之门》二书所载我会理事王庆丰 1998 年到广东深圳一带为人勘察阴宅一例。当地一位 73 岁高龄的老风水师花二十多年时间为自己选了一块墓地，王庆丰未到现场勘察之前，仅起了一个奇门局，就测出：此穴地风水虽好，但你不能用。原因是有前辈高人用连环锁将这个穴位锁住了。奇门所测与老风水师自己现场勘察结果完全一致。风水术中如此深层次的问题，在奇门格局中十分明显，在其他预测术中就恐怕难以如此明瞭了。

总之，我真诚希望，在易学应用界，从事看风水行业的人，不要忽视或轻视测风水的价值和作用，应该在学习研究风水专业的基础上，再学习一门或几门预测技术，特别是奇门预测术，将看风水与测风水结合起来，这样就能成为更加高明的风水师。同时，从事预测行业的人，也不可用预测风水来代替看风水，这方面造成教训的实例也不少。我们研究会就曾有人用六爻预测风水的办法帮人选墓地，结果造成失误。我还听易友讲，一位在全国乃至世界都有名的易学大家，用六爻预测的方法为人调理风水，结果不吉反凶，严重影响了他的声誉。所以，我主张，从事预测行业的人，也必须学习风水，研究风水，测风水代替不了看风水，只有在熟练掌握了测风水的基础上，再系统学习掌握了看风水，即现场勘察地形地貌，学会寻龙点穴、辨砂察水，学会选址、布局、调理的各种技能之后，才能成为一个完整的易学师、易学家。

上述浅见，不当之处，敬请方家指正。

2007 年 5 月 18 日于温塘莱茵假日

（此文发表在《国际易经》杂志第 17 期）

（十九）
奇门两次预测台湾地区领导人选举

（一）2004 年 3 月 20 日台湾地区领导人大选，泛蓝阵营和泛绿阵营谁会取胜?

2004 年台湾地区所谓“总统”大选，以陈水扁和吕秀莲为首的泛绿阵营与以连战和宋楚瑜为首的泛蓝阵营展开了激烈的竞选活动，又一次吸引了世人的极大关注。

广州易友凌谢冰先生 2004 年 2 月 21 日给我写信，说他从台湾命理人士钟义明的书中查出连、宋和陈、吕四人的八字，结合各人的大运和流年参断，两大阵营胜负难分，经过反复参详，倾向于连、宋险中求胜，陈、吕险中落败，请张老师用拆信时间起奇门局测一下，留待 3 月 20 日检验。

我于 2004 年 2 月 27 日上午 11 点 15 分拆阅此信，于是按此时刻起奇门局预测。在预测中，看到凌谢冰信中所列陈水扁的出生时间是 1950 年 10 月 12 日，突然想起 2000 年台湾地区领导人大选时，新加坡的黄违洪就曾向我提供陈水扁的年命是 1950 年庚寅，结果在大选时香港凤凰卫视介绍陈水扁是 1951 年出生，于是我又打电话让杜新会从互联网上查阅陈水扁的资料，杜新会查阅后告诉我，陈水扁的出生时间是 1951 年 2 月 18 日。显然，钟义明书中把陈水扁的出生时间搞错了。

现在看一下拆信时间的奇门局：

甲申年丙寅月丙子日甲午时，阳遁 3 局，天心星为值符，开门为值使，均在 6 宫。

虎 杜 己 辅 己	武 景 丁 英 丁	地 庚 死 乙 庚 芮 乙
合 伤 戊 冲 戊	 庚	天 惊 壬 柱 壬
阴 生 癸 任 癸	蛇 休 丙 蓬 丙	符 开 辛 心 辛

分析：

(1) 所谓泛蓝、泛绿阵营竞选，其实主要看国亲联盟的“总统”候选人连战和民进党“总统”候选人陈水扁二人的年命即可。

(2) 陈水扁出生于1951年2月18日，已在立春（2月4日或5日）之后，年命肯定是辛卯，而非庚寅了。陈年命辛落6宫为沐浴、冠带之地，占地利；临天心吉星，天心星在本宫为相，说明也占天时；临开门，占人和；上乘值符得神助；辛+辛为自刑，格局不太好。

(3) 连战出生于1936年8月27日，年命丙子。连年命丙落1宫，为胎地，地利欠佳；临天蓬凶星，天蓬星在本宫为相，说明也占天时；临休门吉门，也得人和；上乘螣蛇凶神，不得神助；丙+丙为月奇悖师，格局也不太好。

(4) 再看“总统”和“选民”的符号，开门和时干均在6宫，生连战年命丙所在1宫，但寅月木旺金囚，难以生之。而陈水扁年命辛与时干是一个符号，又与开门同宫，显然竞选结果有利于陈水扁。

(5) 大局星、门伏吟，不动之象，伏吟利主，也是陈水扁连选连任之象。

(6) 再看太岁与二人年命落宫的关系。今年甲申年，太岁庚落5宫，生陈水扁年命6宫，克连战年命1宫。

综上分析，很明显，必然是陈水扁仍然连任台湾地区领导人。

我把结果提前告诉了凌谢冰先生。到了3月21日各大报纸均刊出消息：台湾地区领导人大选于3月20日结束，民进党籍候选人陈水扁、吕秀莲得票6471970张，得票率为50.11%；国民党、亲民党联盟候选人连战、宋楚瑜得票6442452张，得票率为49.89%。

（此例原载《奇门应用实例评析》第8集）

（二）2008年台湾地区领导人大选，是蓝营胜还是绿营胜？

2007年7月17日上午8点多，夫人李春月提出，你几乎天天看中央电视台四频道的“海峡两岸”节目，近日，台湾地区蓝、绿两营的候选人已经出来，国民党是马英九，民进党是谢长廷。目前蓝、绿两营的竞争日趋激烈，能否预测一下明年3月份大选，蓝、绿两营谁能胜出？

于是我起局预测：

丁亥年丁未月壬子日甲辰时，阴遁8局，甲辰旬（空寅、卯），天辅星为值符在4宫，杜门为值使在4宫。

符 杜 壬 辅 壬	天 景 乙 英 乙	地 辛 死 丁 辛 芮 丁
蛇 伤 癸 冲 癸	 辛	武 惊 己 柱 己
阴 生 戊 任 戊	合 休 丙 蓬 丙	虎 开 庚 心 庚

分析：

（1）台湾地区为什么将国民党一派称之为“蓝军”或“蓝营”，为什么将民进党一派称之为“绿军”或“绿营”，至今也未见到报刊或电视台的解说文字，只能以我个人的理解来取用神。我理解，国民党之所以被称之为

“蓝军”，可能是由于说它是从大陆渡海而到台湾的政党，海水为蓝色，故以“蓝军”称之。据此，应以坎宫之水代表蓝军。民进党是台湾本土新成立的政党，台湾地区气候温热，常年植被繁茂，故以“绿军”称之。据此，应以震 3 宫或巽 4 宫之木代表绿军。

开门为台湾地区领导人职位，在乾 6 宫，生坎宫之水，克震、巽二宫之木，据此可能是蓝军胜。

时干壬为选民，在巽 4 宫，与震 3 宫比和，但受开门宫冲克。坎宫生巽 4 宫，蓝军会积极争取选民的支持。

(2) 马英九 1950 年生，年命庚寅。年命天干庚落乾 6 宫，与开门同宫，冲克时干宫；年命地支寅在艮 8 宫，生乾 6 宫开门，但受时干壬所在巽 4 宫之克，好在艮 8 吕逢空，难以克住。

(3) 谢长廷 1946 年生，年命丙戌。年命天干丙落坎 1 宫受开门 6 宫所生，生时干 4 宫；年命地支戌在乾 6 宫，临开门，冲克时干宫。

(4) 再比较一下二人年命落宫的旺衰。马英九年命庚落乾 6 宫为衰病之地，但未月土旺，金相。谢长廷年命丙落坎 1 宫为胎地，未月土旺水死。再看与太岁的关系，太岁丁在坤 2 宫，生马英九年命所落 6 宫，克谢长廷年命所落 1 宫。比较而言，马英九的运气和人气应该比谢长廷更旺一些。

综合以上分析，2008 年台湾地区领导人大选，应该是蓝营胜出。

结果，到 2008 年 3 月 20 日台湾地区领导人大选结束，国民党的候选人马英九以超过民进党候选人谢长廷 200 多万张选票胜出。

(此文原载《奇门应用实例评析》第 10 集)

（二十）
天道亲德，吉凶由人——读易札记

（一）推天道，明人事

易文化是中华民族文化的根，从伏羲画八卦到今天，延续六千年而不衰。为什么？原因就在于它是中国人认识世界的独特的哲学和思维科学，同时又是一种独特的预测学和未来学。

它的主要特点是什么呢？古人和今人有各种各样的概括和解读。我认为，清代四库馆臣纪晓岚等人在《四库全书总目提要·易类》中的概括最为准确，最为恰当。

易类提要说："易之为书，推天道以明人事者也。"

意思是说，易学这类书是干什么的呢？一言以蔽之，都是通过探索推演大自然运行变化的客观规律，从而让人明白人类社会发展和个人生存变化的规律。

《周易·乾卦》就是讲天道变化的，孔子在《象传》中解说道："天行健，君子以自强不息。"意思是说，乾卦尤如天道运行，刚强劲健，君子亦应如此，坚强振作，不断努力。实际就是说，一个正人君子，一个有作为的人，一个有益于社会的人，要学习天道运行的规律，自立自强，生生不息。这就是推天道以明人事。

《周易·坤卦》是讲地道变化的。所谓"推天道以明人事"的天道，当然包含地道在内，它是指除人类之外的整个自然界。孔子在《象传》中解说坤卦："地势坤，君子以厚德载物。"意思是说，坤卦象征大地的形势，君子应当效法大地厚实和顺的德性，容载万物。

乾坤二卦是《周易》六十四卦的纲，其余六十二卦也是如此，都是通过推演天道变化的规律，让人们明白做人的道理。

从《连山》《归藏》《周易》产生以后，数千年来解说三易的图书汗牛充栋，概括分之，无非两类，一类主要从易理方面解说，一类主要从数术方面或者从应用方面进行解说，但都离不开"推天道以明人事"这个纲要。

今天，在易学界，无论是研究易理的，还是研究、应用各种数术，包括风水术在内，也都是在从事"推天道以明人事"的工作。试想，我们从事预测或风水的各种象数理模型，无一不是通过时间、空间、万物类象的易学符号，来推演天道、地道变化运行的规律，从而做出对人或吉或凶的判断。比如奇门遁甲，根据二十四节气和干支记时来定局、起局和判断的全过程，就是典型的推天道以明人事的过程。

所以，我们习易之人，用易之人，一定要抓住"推天道以明人事"这个纲。我们只有明确了这个纲，理解了这个纲，抓住了这个纲，才能不断提高我们的理论水平和应用能力。只有理解了它，明白了它，才能更好地感知它，应用它。

（二）天人合，惟大人

提到传统文化、传统哲学的精华，大家几乎异口同声地都会归结为一句话，这就是天人合一论。提到天人合一的思想，大家又几乎不约而同地会引用《周易·乾卦·文言》中的一段话：

"夫大人者，与天地合其德，与日月合其明，与四时合其序，与鬼神合其吉凶。先天而天弗违，后天而奉天时，天且弗违，而况于人乎？况于鬼神乎？""知进退存亡而不失其正者，其唯圣人乎！"

这段话的意思是说，伟大的人物，或者说通晓天道、修练自身、做大事业的人，他的德行像天地一样覆载万物，他的圣明像日月那样普照大地，他的进退像四时一样井然有序，他的吉凶与鬼神的吉凶相契合。他的作为，先于天象而行动，天也不违背他；后于天象而处事，仍能奉行天道运行的规律。上天尚不违背他，更何况人呢？更何况鬼神呢？深知进取、引退、生存、灭亡的规律，而使自己的行为绝不偏离其正道者，只有圣人才能做到这种程度吧！

我们习易之人，用易之人，也就是“推天道以明人事”的人，首先应该领会易文化的精华——天人合一论。“推天道以明人事”，不能光让别人明人事、知吉凶，首先要自己努力做到这一点，即使不能每个习易之人都成为《乾卦·文言》中讲的这种“大人物”、这种“圣人”，但起码应该把这一点作为自己努力的目标和榜样吧！

习易、用易之人，在汉代以前一直是十分受人尊崇的“大人”“圣人”。如西周时的姜子牙，春秋时期的范蠡，西汉初年的张良等，都是开国军师，而且都是“知进退存亡而不失其正”，善做善成，善始善终的“大人”“圣人”。只是自春秋战国以来，打破了“太卜官”独掌“三易之法”的垄断地位，易文化开始流入民间以后，习易、用易队伍才开始鱼龙混杂，泥沙俱下。

我们从司马迁撰写的《史记·日者列传》中可见其端倪。司马迁在《日者列传》中写道，汉朝中大夫宋忠，博士贾谊，在休假日二人结伴外出，一边走一边议论，称赞《易》为先王圣人之道术，能够察遍世间人情。贾谊说：“吾闻古之圣人，不居朝廷，必在卜医之中。今吾已见三公九卿朝士大夫，皆可知矣。试之卜数中以观采。”贾谊这段话的意思是说，我听说古代的圣人，不在朝廷中当官执政，则必然在占卜和医生的队伍之中。今天，我们在朝廷上的三公九卿朝士大夫中，已经见到了这样的人，都知道了。现在我们试着到占卜的行业中去观察一下，看看还有没有这样的圣人。于是，贾谊与宋忠二人同乘一辆车来到长安东市，游于卜肆之中，见到了日者即察日观候的星占家卜筮家司马季主。

从司马迁《日者列传》中可以看出，古代对于从事占卜的人是很尊重的，到汉代仍然如此。司马迁不仅写了《日者列传》，还写了《龟策列传》，以致于后来历朝历代的史书中都有占卜者的一席之地。

今天，随着我国改革开放政策的深入，随着优秀民族文化的复兴，占卜，或者换成现代语言，既易学预测、建筑风水、命名策划等作为一种行业，逐步为国家所承认，所允许。我们应该珍惜这一大好形势的到来，一方面努力剔除传统占卜行业中的迷信、糟粕和种种陋习，使它与现代科学、现代哲学、现代文化相结合，逐步锻造成一支适应新社会新现实的崭新的咨询策划服务行业。同时，必须大力提高自身的政治素质、业务素质、理论水平和道德水准。易文化的精华是天人合一，我们习易、用易之人，自己应首先继承这一精华，将这一精华融入自己的头脑中、心灵中、血液中、行动中，虽然不敢说成为古人所说的“大人”“圣人”吧，起码也要做一个被人称赞的君子，而不要去做被人诟病的势利小人，更不能去做骗财骗色等违法乱纪的罪人。

（三）司马季主，日者表率

司马迁在《日者列传》中借宋忠和贾谊之口，对于当时占卜行业中的劣风陋俗进行了揭露。

二君曰：“……夫卜筮者，世俗之所贱简也。世皆言曰：‘夫卜者多言夸严以得人情，虚高人禄命以悦人志，擅言祸灾以伤人心，矫言鬼神以尽人财，厚求拜谢以私于己。’此吾之所耻，故谓之卑污也。”

这段话的意思是说，凡是在街头搞卜筮的人，都是被世俗所瞧不起的人。大家都说：“算命先生多数都是夸夸其谈，装腔作势，以骗取人的同情；故意吹捧说你高官厚禄命运好，以讨人喜欢；危言耸听，随便说人有什么灾祸，以震伤人心；又装神弄鬼说我能解灾，以骗取钱财；厚着脸皮求你多付酬金，感谢他，以中饱私囊。”这都是我们认为可耻的行为，所以我们说卜筮行业是个卑微下贱的行业。

大家不妨对照一下，时间已经过去了二千多年，今天的易学行业中是否也有这种劣风陋习呢？恐怕还没有绝迹。

当然，象上边列举的现象，在二千多年前就属于易学行业中的败类，属于假冒伪劣者；在今天，也属于易学行业的败类，属于假冒伪劣之徒，应该在清除和扫荡之列。

所以，司马迁在《日者列传赞》中说：“古者卜人所以不载者，多不见于篇。及至司马季主，余志而著之。”意思是说，古代民间这些卜人，之所以我不写入《史记》一书，是因为假冒伪劣者多，历史上都没有留下什么可称颂的文字。至于司马季主，他不同于一般的江湖术士，所以我决定把他写入《史记》。

司马迁在《日者列传》中，借司马季主为真正掌握天道变化并修炼自我的高人立传，并借司马季主之口讥评时政，表达了“道高益安，势高益危”的天人合一的规律。意思是说，一个人掌握了天地万物变化的规律，你的易学修养越高，你就越安全、平安；如果只是在官场地位高、势力大，你不掌握易道，那么地位越高就越危险，所谓“居赫赫之势，失身且有日矣”！

司马迁在《日者列传》中，实际是拿大隐隐于市的司马季主与官场上的宋忠、贾谊作对比来述写的。文中写道，宋忠、贾谊听了司马季主关于天道人事的一番议论之后，“忽而自失，芒乎无色，怅然噤口不能言。于是摄衣而起，再拜而辞。行洋洋也，出门仅能自上车，伏轼低头，卒不能出气。”最后，“久之，宋忠使匈奴，不至而还，抵罪。而贾谊为梁怀王傅，王坠马薨，谊不食，毒恨而死。此务华绝根者也。”这段话的意思是说，后来，宋忠被朝廷派去出使匈奴，没有到达就回来了，被判刑领罪。而贾谊为梁怀王刘揖当太傅，公元前169年梁怀王入朝晋见汉文帝，不幸坠马而死，贾谊从此吃不下饭，带着悔恨和遗憾死去。这都是醉心仕途、追求荣华富贵的结果，从而断送了生命，断送了根本。

历代有见识的文人雅士，都对司马迁写的《日者列传》十分赞赏。说它不仅文词简练有法，而且议论汪洋恣肆，有深刻的天道、人事哲理在内。据黄震《古今纪要》卷二记载：宋代大文豪欧阳修每次写文章，必先取《日者列传》传读数遍，然后才下笔。这说明欧阳修每次写文章都要从《日者列传》中吸取思想精华和行文技巧，从中寻找和启发自己的灵感。《日者列传》对后世的影响可见一斑。

（四）天道亲德，吉凶由人

无独有偶。明朝开国军师、大易学家刘基（字伯温）也对司马迁的《日者列传》十分赞赏。不仅赞赏，而且他还写有一篇著名的散文《马司季主论卜》，被清朝文人收入《古文观止》这部最流行的散文精粹之中。

刘基在《司马季主论卜》这篇文章中，借司马季主之口表达了他的易学观点，我认为主要是两句话：

即“天道何亲，惟德之亲。鬼神何灵，因人而灵。”

这两句话的意思是说，天道对谁最亲近呢？最亲近有德之人。鬼神有什么灵验，它是因人而异，有德之人能得到神助，失德之人难免遭到鬼的惩罚。

我们在前边已经讲到，易文化的本质特征就是“推天道以明人事”，但是天道并不是什么人都能掌握的。刘基在这里讲得十分清楚，也是对几千年中国历史经验的总结，天道并非与谁都亲近，只有那些德行高尚，重视修身，努力使自己达到“天人合一”境界的人，才能得到天道的亲近，才能掌握天道的规律，从而也才能更好地明人事。

君不见，在我们易学界，当一些人在艰难困苦的环境中刻苦学易，兢兢业业，谨慎小心，如履薄冰，如临深渊，不收取群众一分报酬，甘心情愿为人趋吉避凶、排忧解难之时，虽然学易不精，但预测得很准，准确率很高，颇受人们的称赞。而当其功成名就，声名大噪之时，却往往准确率下降了，甚至测不准了。有人这时就坠入迷信的泥坑，相信什么算卦有卦神。为此，烧香磕头，求神拜佛，结果仍然是准确率提不高，甚至算不准。这是为什么呢？刘伯温早就在几百年前告诉了我们答案。我们应该反躬自问，自己是否在功成名就之后德行上有什么缺失呢？

我这样讲，不是主张用易之人都不收取报酬。那怎么生存呢！而是主张“君子求财，取之有道”。习易、用易之人必须把德行放在第一位。孔子早就在《周易·系辞上传》中讲过：“夫易，圣人所以崇德而广业也。”学易、习易之人，只有保持崇高的道德操守，你的事业才能越来越发展壮大。

一言以蔽之，你要想掌握天道，让天道与你亲近，只有修练，提高自己的道德水准。

下边再讲所谓“鬼神”。什么是鬼神呢？唐明邦老师在《风水文化的久远魅力和当今价值》（见《国际易经》2007年第3期）一文引用《周易·乾卦·文言》中关于天人合一的论述时，对“鬼神”的解释是这样的：这里所说的鬼神，实即“归”、“伸”二字，指的是天地之间阴阳二气，一归一伸，一聚一散，化生万物。阴阳二气的变化，难以捉摸，却对人的生存有着是祸、是福，或吉或凶的密切关系。

这无疑是一种解说。按论述天人合一，逐一讲到天地、日月、四时和鬼神来说，自然可以把“鬼神”归入“天”的范围，“大自然”的范围，解说成自然界中的阴阳二气。但从《乾卦·文言》下文讲“大人”，“先天而天弗违，后天而奉天时。天且弗违，而况于人乎？况于鬼神乎？”来看，其“鬼神”又不单指自然界的阴阳二气。

我理解，所谓“鬼神”还应该有二重含义。一重是各类易学数术中讲的神煞，如六爻中的六兽，奇门中的八神，六壬中的神煞，四柱中的神煞等。在这里，神就指在大自然界和人类社会中存在的一种对人吉利的能量；煞即鬼，就是指在大自然界和人类社会中存在的一种对人造成危害的能量。二重含义就是世俗所谓的鬼神，就是迷信中讲的鬼神。其实这种鬼神也都是人造的。我在《开悟之门》一书中讲到“神助——八神”时，曾引用唐代宰相李德裕的文章做过详细解说（见《开悟之门》一书第54~55页，新疆人民出版社2004年6月版）。这里简单重复一下。世俗所谓的神，其实也都是人，不过是一个人为社会为大众立功、立德或立言的贡献特别突出了，他的历史功绩，他的道德楷模，或他的言论思想不朽了，成为后世学习的榜样，他永远活在人民心中了，所以就成了神，即“不死之人”。所谓“鬼”，就是“死不瞑目之人”，或被冤枉致死，或非正常死亡，或心事未了，死后还不能安息，有时其遗留信息还会出现，这就是所谓的鬼。再就是有人做了有损社会、有损他人的亏心事，自然就心中有鬼了。

刘基在《司马季主论卜》中讲的“鬼神何灵，因人而灵”，如果将“鬼神”按上边讲的三重含义理解，自然也就清楚了。即鬼神这种自然界存在的阴阳二气，这种在自然界和社会生活中肉眼看不见的神煞能量，这种由人的肉体和精神而产生的吉气和凶气，只有有德之人做循天时、顺民意的好事时，才能得到吉神相助，而无德之人做违背天时、民心、丧失良知的坏事时，一定也会受到凶气的惩罚。一言以蔽之，也就是世俗所说“善有善报，恶有恶报”。也是《周易》中讲的“积善之家常有余庆，积不善之家常有余殃”，“自天佑之，吉无不利”。

我理解，刘基在这里讲的“鬼神何灵，因人而灵”，还有一层含义，就是自然界、人类社会和人们心目中存在的这两种吉凶之气，并不是习易、用易之人谁都可以调动、利用的。只有品德高尚、修炼有素、能够达到或接近天人合一境界的人，才能在一定的条件下为人们趋吉避凶，调理或化解凶灾，即求得吉神相助，驱除或化解凶煞的侵害。并不是你知道一些方法，按照书上写的办法去办，就能奏效的。特别在风水的调理上，如果你满脑子急功近利、金钱拜物教，向人家漫天要价，物非所值，而自己又没有调理阴阳吉凶二气的功力，那么你做的风水或调理的风水，不仅不会有效，可能反而会出凶，甚至殃及自身。这方面的教训，在全国风水界和我们河北省周易研究会内，都是有例可寻的。

总之，我奉劝易学界的朋友们，一定要牢记刘伯温这两句名言：“天道何亲，惟德之亲。鬼神何灵，因人而灵。”这是至理名言，这是对几千年来易学应用经验教训的总结。

（五）地山谦，保平安

上边讲过，易之为书就是推天道以明人事。换句话说，正如国际易学联合会副会长董光璧先生所言，易经就是让人从大自然中学习做人的道理。我认为，董先生这种概括也十分精彩，切中要害，对我的启发很大。

那么对于做人来说，《周易》六十四卦中哪一卦是最好的一卦呢？

国际易学联合会另一位副会长，台湾学者朱高正先生在2006年国际易学论坛大会上讲得也很精彩。他说对于做人来说，六十四卦中最好、最吉利的一卦就是谦卦，即地山谦卦。

我十分赞赏这种观点。我们可以细读六十四卦，除谦卦以外，其余六十三卦，不仅整个卦有吉有凶，即使是十分吉利的泰卦、观卦、益卦等等，也并非每个爻都吉。只有地山谦卦，不仅整个卦吉，从初爻到六爻，每一爻也都是吉利的。

所谓谦卦，就是上卦为坤，下卦为艮。即大地在上边，大山藏在地下，以此来象征谦逊的美德。

卦辞说："谦，亨，君子有终。"意思是，谦卦象征谦逊，一个人有了谦逊的美德，就会亨通顺利，而且会善始善终，取得好的结果。

孔子在其《彖传》中做了这样的解说："谦，亨。天道下济而光明，地道卑而上行。天道亏盈而益谦，地道变盈而流谦，鬼神害盈而福谦，人道恶盈而好谦。谦尊而光，卑而不可逾，君子之终也。"

这段话的意思是说，有了谦逊的美德，就能亨通顺利。为什么呢？天的规律是阳气下降生化万物，而天体愈见光明。地的规律是阴气从低处而上行，使阴阳相交，化生万物。天的规律是使满盈亏损，使谦虚得到增益；地的规律是改变满盈，充实谦虚；鬼神的规律是加害满盈，降福谦虚；人的规律是憎恶满盈，而喜好谦虚。谦逊者居尊位，而自身愈加光大，下处卑贱时，常人也难以逾越。只有君子才能保持谦逊的美德，而做事善始善终，得到好的归宿，好的结果。

孔子在这里讲得很清楚，无论从天道来讲，地道来讲，人道来讲，鬼神之道来讲，都是排斥满盈、损害满盈、憎恶满盈，而助益谦虚、喜欢谦虚、降福谦虚。这是大自然界和人类社会普遍的客观规律。

我们从事"推天道以明人事"的易学研究者、易学应用者，如果连这个规律都不了解、都不掌握，那还算习易之人吗？

君不见，易学界有些人，刚刚读了几本书，有所悟，或有所发现，就觉得自己了不起，贬低别人，抬高自己，甚至摆所谓擂台，要打遍天下无敌手。有的人，在某些方面某些领域，刚刚有了一点自己的心得，就认为发现了"新大陆"，立即贴标签，自封"王氏命理"、"陈氏奇门"、"高氏风水"等等，听不得与他不同的学术观点、学术见解。还有的自吹自擂，说别人的预测准确率只有70~80%，而我可以达到100%。还有的无限夸大风水的价值与作用，说什么只要跟他学了风水，富贵贫贱都能自己决定。等等等等，不一而足。

上述这些满盈的说法做法，既违背天道、地道，也违背了人道和鬼神之道，一句话违背易道。学易之人，用易之人，自己先违背了易道，这还能学好、用好易吗？

所以，我诚挚地奉劝易学界的朋友们、同仁们，要首先自己学好易道，明确“天道亲德”、“吉凶由人”的客观规律，务必把修德放在第一位，同时可将地山谦卦作为自己做人处事的座右铭。

一言一蔽之：天道亲德，吉凶由人。劝君同学地山谦，一生贞吉保平安。

2007年9月12日 于石家庄

（此文曾在2007年11月建设部建筑文化中心在深圳主办的中国传统建筑文化论坛上演讲，后发表在《国际易经》杂志第18期）

（二十一）
第五届中华易学文化大会上奇门遁甲现场预测建筑风水

2008年3月26日~30日，由中华周易协会主办的“第五届中华易学文化大会”，在北京“中信国安第一城”举行，出席会议的专家、代表共450多人。

大会在中国新建的最大皇家园林风景度假区——中信国安第一城内的国际会议中心举行，张志春老师被大会聘为组委会主席，并在开幕式上做了精彩演讲。

在3月28日和29日上午，张志春老师两次应组委会邀请，做了奇门遁甲学术讲座。他不仅讲了根据问事局和事发局二个奇门局提前预测2008年台湾地区领导人选举的实例，而且按照讲座的时间，即2008年3月28日上午9点多，当场起出奇门格局，解读“中信国安第一城”的地理风水情况。

干支历是戊子年、乙卯月、丁卯日、乙巳时，阳遁三局，甲辰旬，天柱星为值符落二宫，惊门为值使落八宫。

地 休 丁 英 己	天 庚 生 乙 禽 芮 丁	符 伤 壬 柱 乙
武 开 己 辅 戊	 庚	蛇 杜 辛 心 壬
虎 惊 戊 冲 癸	合 死 癸 任 丙	阴 景 丙 蓬 辛

古人有“太乙明天道，奇门晓地理”的论述。奇门在预测地理风水上确有很大的优势，因为奇门这个时空模型在各种预测模型之中最为完整和严密。

张老师当场作了以下剖析：

①日干为人，时干为事体为风水。日干丁奇落4宫为帝旺之地，天英星主文化，休门主休闲度假，九地为吉神，主长久、平安，综合这些信息，这是一处供人休闲度假从事文化娱乐的好去处。

②时干乙奇为地理风水，乙奇落9宫为长生之地，乙+丁为奇仪相佐、百事可为的吉格，临生门吉门，九天吉神，表明这里气场既好又大，是一块风水宝地。乙奇临天芮星，天芮星主寺庙、神佛，说明这里建有很大的寺庙。又天禽星临庚本在中宫，为皇家建筑，现在随天芮星飞到这里，正符合这里基本上是北京皇家古建筑复制缩影的实际。庚为阻搁之神，在这里可代表城墙。乙奇在测病中代表花草，代表中草药，代表中医，在建筑风水上代表中国东方古老的建筑风格，这里都是大屋顶，飞檐起脊、红墙琉璃瓦的古建筑。

③死门为地皮，今死门在坎宫，临天任星为农田，临癸为水沟，临丙为高地，上乘六合，表明气场很大，说明这里过去是农田，有水沟，也有高地，但没有不良气场。现在这里正是有高地，有水沟，有大面积植被（六合）的高尔夫球场。

④值符所临之干，一般为坐山朝向。今值符临壬，表明第一城是坐北朝南的建筑。

⑤开门主开会、主会场，现在我们所在的国际会议中心就建在中信国安第一城的东部，连方位都符合。

⑥休门主休息，是住宿、餐饮的地方，现在餐饮、住宿最大的建筑物——福安宫大酒店就建立第一城的巽位。

⑦日干为人，时干和生门为房屋，今日干生时干，而非时干生日干，所以不适宜人们在这里长期安住，而是适合人们来这里开会、度假、休闲、消费。

⑧时干又代表顾客，现落离宫，表明顾客从春季开始，逐步增多，到夏季达到高峰，人最多；随着天气转凉，从秋季人逐步减少，到冬季顾客最少。

⑨中信国安第一城的效益如何，甲子戊为资本，生门为利润，利润生资本，说明效益很好。又开门宫生生门宫，休门宫生生门宫，表明主要收入来源于会议和休闲度假的人们。

3 月 29 日下午，大会在正安宫闭幕后，与会代表在向导引领下，游览了第一城内各个景点，许多人还到号称“北方峨嵋”的大安寺烧香拜佛。整个中信国安第一城的建筑格局、风格、地理风水，与奇门遁甲格局上显示的信息基本一致。

（此例收入香港科学文化出版社 2008 年 11 月出版《当代奇门遁甲名家案例赏析》一书）

（二十二）
预测中国在两届奥运会上所获金牌数目及其名次

（一）2004年雅典奥运会，中国体育代表团能获得多少枚金牌？名列金牌榜第几位？

2004年8月10日报载：8月8日抵达希腊首都雅典参加第28届奥运会的中国体育代表团，在雅典当地时间8月9日上午9点04分，在奥运村第一个举行了升旗仪式。前国际奥委会主席萨马兰奇特地前来参加中国代表团的升旗仪式。记者问他：你觉得中国代表团还能拿到28枚金牌（2000年悉尼奥运会中国所得金牌数）吗？萨说：我现在还不知道。但是，北京是2008年奥运会的东道主，那时你们应该拿到很多金牌。

读报至此，我突然灵机一动，想预测一下2004年8月13日~29日在雅典举办的28届奥运会上，中国健儿到底能够拿到多少枚金牌？在金牌榜上能名列第几位？于是按中国代表团在雅典升旗的当地时间起局：

2004年8月9日9点04分

甲申年壬申月庚申日辛巳时，立秋下元阴8局，甲戌旬，天柱星为值符落5宫寄2宫，惊门为值使落9宫。

阴 杜 乙 英 壬	蛇 辛 惊 丁 禽 英 乙	符 己 死 辛 柱 丁
合 伤 壬 辅 癸	辛	天 惊 庚 心 己
虎 生 癸 冲 戊	武 休 戊 任 丙	地 开 丙 蓬 庚

分析：

（1）日干为求测之人，时干为求测之事。时干辛为用神，代表金牌落 9 宫。辛临天禽吉星，但禽星入父母宫不旺，申月 9 宫为囚，离宫有 2、3、7、9 四个数，按旺相取大数、休囚取小数的原则，虽然 8 月 7 日立秋，月令已入申月，但刚过立秋二天，火尚有余威，故不应取 2 数，应取 3 数，参照上届悉尼奥运会曾取得 28 枚金牌的成绩，中国健儿这次在雅典奥运会上应取得 30 枚或 32 枚金牌。

（2）辛为阴金为首饰金，为金牌的特殊用神，本局内辛与时干是一个符号，两个用神合二为一，故准确率应该更为可靠。

（3）值符为头为第一，螣蛇为第二，今时干辛在 9 宫上乘螣蛇，故中国应在金牌榜上名列第二。

结果，当 8 月 29 日晚雅典奥运会落下帷幕之时，中国体育代表团共获得 32 块金牌，高居金牌榜第二位（美国第一，35 块金牌，俄罗斯第三，27 块金牌），实现了中国体育在奥运会上的历史性突破，为 2008 年在北京举办第 29 届奥运会奠定了良好的基础。

（此例已载 2005 年出版的《奇门应用实例评析》第八集）

（二）2008年北京奥运会，中国体育代表团能获得多少枚金牌？名列金牌榜第几位？

2008年8月8日举世瞩目的29届奥运会将在北京举行，举国上下为之欢欣鼓舞，连三尺童子也在关心此事。

2008年5月31日，我当时正在平山县温塘镇第二居所度假休息。晚上8点20分，突然接到我外孙巴宇曦从市里打来的电话，我外孙正在上小学五年级，他在电话中说：

“姥爷，奥运会快在北京举行了。听我爸爸讲，2004年雅典奥运会前，您就测过中国会得32块金牌，并且名列金牌第二，算得很准。现在，请您测一测，在北京奥运会上，中国会得多少块金牌？名列金牌榜第几位？”

我当时正准备去泡温泉澡，所以就回答说：“我知道了，明天我把预测结果告诉你。”

第二天，我抽空按外孙昨晚问测的时间起奇门局进行了预测，并把预测结果打电话告诉了外孙巴宇曦：

“中国在29届北京奥运会上会获得金牌50枚或52枚左右，最多超不过58枚，名列金牌榜第一。”

当我的家人及其周围人得知这个预测结果时，都不相信。有的人说：“在雅典奥运会上，体育强国美国名列金牌榜第一，才获得35枚金牌。你预测中国在北京奥运会上所获金牌会突破50大关，这绝对不可能。这可能是你的主观意愿吧！”

我说：“我是按奇门格局上符号落宫的旺衰判断的，并没有带主观意愿。当然，古代预测方法，在对事物定性上还比较准确，在定量上很难十分精确。这次预测准不准，还是等着事实验证吧！”

2008年8月24日晚，被国际奥委会主席罗格称之为在奥运史上真正无与伦比的29届北京奥运会落下帷幕。最后，中国获得金牌51枚，名列金牌榜第一位，并且首次金、银、铜奖牌达到100枚（美国金牌36枚，名列第二；俄罗斯金牌23枚，名列第三）。

现在回头看看奇门是如何在两个多月以前预测出这个结果来的呢？

干支历戊子年丁巳月辛未日戊戌时，阳遁 2 局，甲午旬，天禽星为值符落 2 宫，死门为值使落 9 宫。

地 景 庚 辅 庚	天 死 丙 英 丙	符 辛 惊 戊 禽 芮 戊
武 杜 己 冲 己	 辛	蛇 开 癸 柱 癸
虎 伤 丁 任 丁	合 生 乙 蓬 乙	阴 休 壬 心 壬

分析：

(1) 日干辛为求测之人，时干戊为求测之事。今时干戊落 2 宫，代表所问中国所获金牌数目。2 宫有 2、5、8、10 四个数目，巳月火旺土相，2 宫不休囚，故不能断 2 数。参照上届雅典奥运会中国曾获金牌 32 枚，这次应按 5 数来断，故断 50 枚或 52 枚左右，因为不是最旺，故断超不过 58 枚。

(2) 辛为金牌的特殊用神，今辛落 5 宫寄 2 宫，5 宫也主 50 数，故断金牌为 50 枚左右。

(3) 时干戊在 2 宫，代表金牌的符号辛也在 2 宫，上乘值符，值符在八神中名列第一，故断中国在金牌榜上名列第一。

（此文收入香港科学文化出版社 2008 年 11 月出版《当代奇门遁甲名家案例赏析》一书）

（二十三）
选择第二居所的风水考量

近年来，随着中国特色社会主义建设的深入，人民小康生活水平的提高，不少住在城市的居民开始在城市周边相对自然环境比较优美、空气和噪声污染比较少的地方选择购置第二居所，作为度假和休闲的场所。房地产开发商为了适应市场的这种需求，纷纷到城市周边的山区、水库、河畔或林木相对比较丰茂的地方建设别墅、度假村等各种名目的第二居所，有的比较成功，吸引了大批的市民去购买；有的就比较冷清，销售情况不佳；当然也有善始未能善终的半拉子工程。

究竟什么样的地方适合开发建设第二居所，从传统建筑风水文化的角度，应该有哪些因素和条件需要考虑，我提出自己一些不成熟的看法，供房地产开发商和准备购置第二居所的业主参考。

（一）自然环境优美

（二）人文内函丰厚

（三）交通条件便利

（四）生活所需齐备

（五）建筑特色突出

（一）人们之所以要购置第二居所，主要目的是要避开人口拥挤、环境污染比较严重的城区，寻求能够使人健康长寿的自然环境，所以选择自然环境优美的地方建设第二居所是首要考虑的因素。

（二）为什么还要人文内涵丰厚？因为人是高级动物，不仅有自然属性，还有社会属性，社会、人文的精神需求也是须臾离不开的。

（三）要交通条件便利。人们购买第二居所，主要是利用节假日去休闲、度假，而不是去隐居或出家修道、修佛，所以深山老林距离城区太远或交通不便利的地方，尽管自然环境可能更加优美，但只适宜去旅游，而不适宜修建第二居所。

（四）生活所需齐备。人们购置第二居所，到那里是要吃、住、生活的，特别是一些退休的老年人可能要较长时间地住在第二居所休息养生，所以日常的柴、米、油、盐、酱、醋、茶、蔬菜等吃、穿、用的生活必需品，还有医疗设施等，是一样也不能短缺的。

（五）就是每一个开发建设的度假村、别墅或花园、小区，一定要有自己独特的风水布局和建筑特色，这样才能吸引人们的眼球去购置去居住。

下边以河北省省会石家庄为例，作一个简单剖析。

石家庄，在 20 世纪以前，还是属于直隶省正定府获鹿县管辖的一个普通小村，随着京广铁路和石太、石德铁道的修建，石家庄成为南北东西铁路、公路交通的枢纽，逐步发展成一个中、小城市。它原名叫石门市，1947 年中国人民解放军解放这座城市以后，更名为石家庄市。1971 年河北省会由天津迁到石家庄，从此成为河北省新的省会。她的历史只有一百多年，它的真正大发展是在最近的三十多年。

大约从 2000 年前后，石家庄才逐步出现了开发建设第二居所的热潮。由于石家庄地处太行山脉东麓的平原地带，所以大家不约而同地都把第二居所的开发建设选在了城市西边的山区、半山区。如地处鹿泉市的西山别墅、龙凤湖花园，地处西南元氏县的蟠龙湖（原名八一水库）临水别墅，地处西北近郊的那帕溪谷，等等，但真正成规模、成建制，成为石家庄市民购买第二居所的首选之地，却是位于石家庄市西北 50 公里处的平山县的温塘镇。

为什么人们都不约而同地看中了这个偏远的山区小镇呢？

在一定意义上，正如说每个人都是相学家，天天在观察人，这个人长相好，那个人长相孬，这个人有福气，那个人是穷相，这个人慈善，那个人凶恶；同样，每个人也都是风水学家，自觉不自觉地在为自己和别人选择最佳的生存空间、居住环境。人同此心，心同此理。风水这种传统文化，其实也正如孔子在易大传中讲的那样，百姓日用而不知。

现在根据我的理解，将它解说一下。

石家庄市西北的平山县，与山西省交界，是个山区县，平原很少。这里是石家庄的龙脉和水源的主要所在。滹沱河上游修的岗南水库和黄壁庄水库均在平山县境内。春秋战国时，中山国曾在此建都，至今国都遗址和国王陵墓犹存，出土了大量文物。明代崇祯皇帝崇尚道教，曾派人到北京南部寻找山高林密、环境幽雅的修练之所，结果选中了平山县西部的天桂山，在这里修建了宏伟辉煌的皇家道观。抗日战争和解放战争期间，这里是红色根据地，党中央从延安搬迁到太行山深处、滹沱河畔的西柏坡村，朱德在距天桂山不远的沕沕水建立了根据地第一个水电站，供周围的军工厂和西柏坡中央办公处用电，从此使平山县成为革命圣地。此外，这里还是著名歌剧《白毛女》艺术原型的发生地。现在平山县不仅有红色旅游圣地西柏坡，还有国家四A、三A级绿色旅游驼梁山、天桂山、沕沕水等著名景点。

总之，从自然环境和社会人文内涵两个条件来说，平山县在石家庄周边县中均占绝对优势。从风水角度讲，又属于石家庄市的上风上水。

西柏坡既是革命圣地，又濒临岗南水库，有大面积的水面，可谓自然风光与人文景观双优兼备。目前，已有个别开发商在这里选址建了岗南水乡海景房，但恐怕难有大的发展，原因是这里离市区较远，交通不太方便。

去革命圣地西柏坡的路上，有一个温塘镇，地处深山与丘陵交界处，是一个天然的盆地。它的地形如一条鲶鱼游在一个大水盆里，四周远处群山环抱，镇西是一条温塘河，镇东是一条水沟，镇南是朔黄铁路货运专线，镇北部是石家庄通往山西省的石闫公路，可谓山环水抱，藏风聚气。这里还有一个独一无二的优势，就是富有天然地热资源温泉水，这在河北省南部，在石家庄市周围，是绝无仅有的一项自然资源。相传从汉代起，这里就建有温泉的洗浴场所，汉武帝巡视河北，曾在此洗过温泉。解放后，在这里建有河北省总工会疗养院、铁路工人疗养院、邮电工人疗养院和平山县政府温泉宾馆等。传统风水讲，得水为上，藏风次之。这里不仅得水，而且得的是稀有资源温泉水。

温塘镇距石家庄市区仅50公里左右，又有省道石闫公路穿过，交通十分便利，坐公交车1个半小时，自驾车1个小时左右即能到达。星期五下班后，即可驾车去温塘度假，星期一早上早起点开车到市里也能赶上上班。如此便利的交通条件，加上天然温泉水入户，在自己家里就能洗上温泉，再加上空气清新，远离闹市，但又是乡镇所在地，高、中、低各档宾馆林立，商业设施齐全，日常生活条件齐备，故而成为石家庄市民购置第二居所的首选之地。

温塘镇从2000年开始兴建西苑度假村开始，短短七、八年间，已经开发和正在开发的别墅、度假村近二十处。镇西有西苑度假村、清清世界、神池花园、乐城。镇东有温泉桃花城、阳光河谷、千百度、御水蓝庭、温泉国际、东方波尔多、卓达假日公馆。镇南有温泉山庄、白鹿温泉。镇中心有莱茵假日、温泉假日、绿色庄园、心岛怡岸、九华山庄、汤城香格里，等等。这些花园小区，或建在路边，或建在山头，或建在河岸，或建在山谷，或欧洲风情，或美洲格调，或古典样式，或现代时尚，可谓各具特色，争奇斗艳。

但是销售业绩却不一样，有的虽然开发早，却销售较慢，有的虽然开发晚，却销售很快，有的早已售罄，有的还在推销。据我了解，位于镇中心偏东位置的莱茵假日，2003年11月才开始立项，2004年兴工建设，到2005年初就基本上售完，专职售楼人员就已撤走，在温塘镇所有新建的小区中是销售最快的。而按2004年温塘第二居所楼盘的价格来说，它又是最高的。为什么莱茵假日兴建较晚，价位又高，但它销售却最快呢？这就是人们不约而同对该小区风水位置、风水布局的自觉或不自觉的选择。正所谓，人同此心，心同此理。

首先讲它的外部环境。温塘镇老街位于鲶鱼背的西半部，这里有省工会疗养院、铁路工人疗养院、邮电工人疗养院等，随着发展，镇政府在鲶鱼背东半部首先建了一条50米宽的站前商业街，成为温塘镇新的中心街区。而莱茵假日就位于站前商业街的东侧，地势是南高北低，西高东低，石闫公路在其北边不远处穿过。根据此客观地形，小区风水布局为坐南朝北，大门开在坎位，符合左青龙稍高，右白虎稍低，前朱雀稍低，后玄武稍高的风水四灵诀。北边大门前，是温塘镇新建的“升腾”大型广场，中心喷水池中有一个红色的由 5 支火苗组成的火炬造形，每年 4 月温塘镇的桃花温泉旅游节等重要活动都在这里举行。2008 年 4 月桃花旅游节期间，中央电视台刘璐主持的“激情大家唱”就在这里进行演出。这个广场成为莱茵假日免费的明堂，而且十分开阔，广场四周遍植林木花草，绿树成荫，繁花似锦，成为人们休闲、健身、娱乐的好场所。广场北边是石闫公路，公路北边是新建的镇政府广场和镇政府所在地。小区西侧是新建的站前商业街，东侧隔一条路是温泉假日。从周围环境看，不仅风水格局甚佳，而且交通便利，购物方便。

其次，我们再看它的内部风水布局。小区根据西高东低的地势，由西向东，依次修整为三个梯次平台。楼盘分布由北向南、由西向东，布置成两个圆圈，两个圆圈之间是环形车道，两个圆圈中间是中心花园，人造山水湖泊，亭台水榭，花木成荫。小区大门内玄关处是喷水池。小区共 20 座 5 层楼房，根据北方地理气候特点，基本上都是坐北朝南，癸山丁向。总之，小区根据风水气场宜曲不宜直的特点，有中心、有环护，形成了一个藏风聚气的独立的小太极格局。

第三，它的建筑风格独特。它凝聚了德国小镇的建筑风格。楼体外部涂成红、黄、蓝、白各种颜色，一律是落地窗，通透明亮。环形大门上装饰着德式图案，喷水池前是德国人喜爱的两只白鹳。喷水池中矗立着马克思和恩格斯的大型水泥立体雕像。水池南地面上有石块组成的德国地图。小区中心水面上有个环形人物画廊，画廊上嵌镶的都是德国名人的石膏头像和简介。小区每座楼也都是按德国的城市或州名来命名，如柏林座、慕尼黑座、不来梅座，萨克森座，等等。总之，不愧名曰：“莱茵假日”，让人到这小区一来，几乎处处都可以感受到德国的人文地理风情。我曾经与筹建该小区的项目部经理座谈过，我问他，为什么在中国的平山县温塘镇建一个德式的“莱茵假日”，而且在小区门口还矗立着马克思、恩格斯的雕像，立意如何？他回答说，因为这里离革命圣地西柏坡很近，人们都说：“新中国从这里走来”，新中国的建立是以马克思主义为指导思想与中国革命实践相结合的产物，所以为了纪念马克思主义的两位创始人，德国有莱茵河，他们曾经创办过《莱茵报》，就将小区命名为“莱茵假日”，并在小区入口处竖起马克思、恩格斯的雕像，让后代子孙永远不要忘记他们的历史功绩。这一特点无疑又增加了人文内涵的丰厚。

从以上分析可以看出，“莱茵假日”小区的建设，可以说融汇了中西两种文化的特色，既符合中国传统建筑风水文化，又突显了时代特色——马克思主义哲学文化在中国传播的成果。因此受到石家庄市民的青睐，就是意料之中的事了。

莱茵假日小区既然具备了人们选择第二居所的五大要素，这是传统建筑风水文化的普遍性原则。但是，传统建筑风水文化还讲究个体性、特殊性，即某个地方风水很好，但是否都适合每个个体的人去居住呢？

为了解决这个问题，现在不少研究风水的人都主张与四柱命理相结合，甚至有人还打出了“命理风水”的旗号，根据四柱八字的用神喜忌来选择购置房屋的方位以及房内的不同住室。但易学界对四柱八字用神的选用，分歧也很大，目前也只能仁者见仁，智者见智。我是研究奇门的，我的方法是现场勘察风水与奇门预测相结合，来解决每个个体生命选择住房的宜忌问题。

既然平山县温塘镇，从大的范围讲，符合选择第二居所的五大要素，而温塘镇的莱茵假日，从小的范围讲，又相对更加符合第二居所的五个条件，人同此心，心同此理，理所当然，我也随大流，准备在平山县温塘镇的莱茵假日小区内购买一处第二居所。

2004 年 7 月初，莱茵假日设在市内的售楼处通知我，说 7 月 4 日下午有免费看房车，可以坐车去实地看看。7 月 4 日上午 8 点多，我突然想到，下午就要去看房了，自己虽然大体上知道平山县的地理形势，特别是温塘镇的风水格局不错，莱茵假日在新规划的小镇风水格局中又位置甚佳，但是，一、自己是否适合到那里去居住？二、新开发的莱茵假日的风水格局是否像售楼处的沙盘所描述的那样？三、自己在莱茵假日小区内选取哪座楼哪个单元哪二间居室比较妥当？

为此，我起了一个奇门遁甲格局。

2004 年 7 月 4 日，上午 8 点多，干支历是甲申年庚午月甲申日戊辰时，阴遁3局，甲子旬，天冲星为值符落3宫，伤门为值使落8宫。

天 景 乙 辅 乙	地 死 辛 英 辛	武 丙 惊 乙 丙 芮 己
符 杜 戊 冲 戊	丙	虎 开 癸 柱 癸
蛇 伤 壬 任 壬	阴 生 庚 蓬 庚	合 休 丁 心 丁

分析：

(1) 从大太极看，平山县温塘镇位于石家庄市西北50余公里处，可先看西北乾位。乾6宫临天心吉星、休门吉门、六合吉神，又丁+丁星奇入太阴吉格，主喜事从心，万事如意。看来，这确是一个好的休闲度假养生的地方。虽然逢时干空亡，只表示当下去的人还少，自己也尚未去买。但这是看地理形势，它是一个稳定长久的事物，应与天对应，看太岁如何，今太岁甲申，申金当令旺相，乾宫不为空。

(2) 生门为阳宅，为正在开发建设的莱茵假日小区。生门落坎宫，临年干、月干、日干，大吉，说明领导、同事、朋友在这里买房的人很多，日干为自己，表明也应该在这里买房。又，我的年命也为庚，说明适合我在这里长久居住。又乾宫星、门、神、吉格都生助日干、年命，也表明适合在这里居住。

(3) 时干戊为事体，为钱财。甲子戊落3宫为六仪击刑，击刑主花钱，3宫主三、八数，3宫午月为休，结合当时这里楼市行情，大约需花费13万元左右。

(4) 再从投资房地产角度看，生门主利润，生门生助甲子戊，买下后即使将来自己不住了，也不会赔钱，甚至还会赚钱。

经过奇门预测，坚定了我和老伴下午去看房的决心。

下午乘车到温塘镇，将莱茵假日的外部环境和内部格局都详细考察了一下，一如上述。

然而，自己选择小区内哪座楼房哪个单元哪套住房呢？经过现场勘察，按风水峦头理论，西侧属于青龙位，但地势较高，其楼房仿佛建在砂脊上，一者让人感到不稳固，二者有一人多高的梯次高台，如果下大雨，楼房有滑坡的危险，所以不想买小区内西侧的楼房。东侧，特别是最东侧第三个梯次，与小区外东边温泉假日的地势基本上在一个水平面上，看上去比较平稳，也应该属于风水结穴之处。再者，按八宅理气法，坎门宅，东南巽位属于东四宅第一吉位，即生气贪狼木位。同时，再回头看来之前所起的奇门格局，巽 4 宫临天辅吉星、景门平门、九天吉神，又临乙奇，坎宫生门所临日干庚、年命庚，又与巽宫乙奇相生相合，按风水理论，有的又将巽位称之为文昌位，特别适合搞文化的人居住。

基于以上考虑，我选择了小区巽位，从南数第二排的萨克森座，并进一步确定了单元和楼层。等建成付款前，又一次前来看房时，发现该座楼在细节建设上还有一些优长之处。一者，单元楼门向南开，与小区大格局坐南朝北相反，形成坐北朝南的癸山丁向宅，按玄空飞星法，八运为双星会向局，而且离震乾三方均通气，为阳打劫成功，为旺局。二者，窗前院内修建了该小区内惟一一座供人休闲小憩的四角凉亭，四根朱红圆柱，黄色亭脊，茅草盖顶，在一片色彩鲜明的德式楼房和花草树木掩映之中，平添了一种中国传统建筑的风采和韵味。特别是凉亭四根圆柱上的对联更加耐人寻味。右侧两根柱上是“天下熙熙皆为利来”，“天下攘攘皆为利往”；左侧两根柱上是“凤翱翔于千仞兮非梧不栖”，“吾乐躬于垄亩兮吾爱吾庐”。借用司马迁《史记·货殖列传》的两句话和诸葛亮的两句诗，十分恰当地表达了人们一方面入世，为生活为名利奔波劳碌，一方面又想远离尘嚣，过上躬耕山野，非梧不栖，选择优良生存环境的高雅心态。为此，小院内更增加了几分中国传统文化的气氛。

等我 2005 年春天入住以后，发现与我一墙之隔，也在此选择第二居所的竟是当代中国著名女作家，曾任河北省作家协会主席，后来又升任中国作家协会主席，并在16、17两届中共中央全会上当选候补委员的铁凝女士。真是人同此心，心同此理。回想起2004年7月4日辰时的奇门格局，生门临年干、临月干、临日干，我既是中国作协会员，又是河北省作协会员，这不是日干与月干、年干住在一个小区一座楼里嘛！

2008年6月21于石家庄

（此文是为2008年7月在江苏常州由住宅与城乡建设部中国建筑文化中心主办的易学与建筑文化高层研讨会写的论文，后发表在《国际易经》杂志第21期）

（二十四）
2008 年美国总统大选，谁将入主白宫？

2008 年 11 月 4 日中午 12 点 30 分左右，中央电视台 4 频道播出，2008 年美国总统大选今日下午北京时间 1 点左右将在美国拉开序幕，并简单介绍了民主党总统候选人奥巴马和共和党总统候选人麦凯恩的年龄和简历，奥巴马 1961 年生，今年 47 岁，麦凯恩 1936 年生，今年 72 岁。新闻报道的题目是“奥巴马一路领先，麦凯恩仍有胜算”。

听了新闻报道，夫人李春月对我说：“美国总统大选今日下午就要开始，你何不测测谁能当选？以前几次大选，你不是都测过吗！”

我说：“前几届大选，两位候选人多数都是支持率不相上下，有的美国媒体甚至说，连上帝都不知道谁能当选，但中国传统的预测术奇门遁甲却能事先测出来，所以有预测的必要。这次总统大选，奥巴马支持率一直占上风，所以我认为预测的必要性不大。既然近日报道麦凯恩的支持率也在节节攀升，甚至说仍有胜算的可能，那就测一下吧！”

于是我拿出易学手掌电脑，用电子笔一点，一秒种不到，此时此刻的奇门格局就立即显示在荧屏上，我扫了一眼，马上说：“肯定是奥巴马当选。”

现在看一下这时间的奇门格局和分析判断的思路。

2008 年 11 月 4 日中午 12 点 30 分左右

干支历为戊子年壬戌月戊申日戊午时，阴遁 2 局，甲寅旬，天心星为值符落 2 宫，开门为值使也落 2 宫。

阴 丁死戊 禽芮丙	蛇 惊壬 柱庚	符 开癸 丁心戊
合 景庚 英乙	丁	天 休己 蓬壬
虎 杜丙 辅辛	武 伤乙 冲己	地 生辛 任癸

分析：

(1) 奥巴马1961年即辛丑年生，年命辛落乾6宫，戌月当令旺相，临天任吉星旺相，生门吉门生宫，上乘九地吉神，天时、地利、人和、神助均佳。

(2) 麦凯恩1936年即丙子年生，年命丙落艮8宫，虽临天辅吉星，但休囚，杜门平门，又克宫，上乘白虎凶神，虽然戌月8宫也为旺相，但毕竟天、地、人、神均不如奥巴马，况且甲寅旬中子、丑空，艮8宫逢空亡，竞选落空之象。

(3) 以开门代表总统职位，今开门落2宫，生奥巴马所在6宫；以时干戊为选民，时干戊落4宫，被奥巴马所在旺相的6宫所冲克，即他能争取到多数选民。

(4) 开门在2宫，与麦凯恩所在8宫对冲，时干戊所在4宫又克麦凯恩所在8宫，显示麦凯恩得票不多。

综合以上信息，肯定是黑人议员、民主党候选人奥巴马当选美国第56届总统。

结果，11月5日晚上7点，中央电视台4频道在新闻节目中报道，美国总统大选揭晓，奥巴马获338张选举人票，麦凯恩获163张选举人票，奥巴马以绝对优势战胜麦凯恩，当选为美国新一届总统。

下　编

易著序文荟萃

(一)
《周易与预测学》[①] 出版说明

《周易》是我国古代一部极为重要的文化典籍，它在思维科学和认识论方面的价值，及其对现代自然科学和人文科学的广泛的启迪和影响，已经日益被国内外学者所肯定和重视。它在信息科学和预测学方面的价值近年来也逐步受到国内外学者的关注和研究。邵伟华的《周易与预测学》就是这方面有代表性的一部专著。

利用《周易》所提供的预测方法，对自然、社会和人生种种问题进行预测，是否准确，是否科学，目前还处在研究阶段，正如现代科学对人体特异功能的研究一样，目前还处在潜科学的阶段。采取简单肯定或否定的态度，是不利于科学和学术的发展的。为了弘扬民族文化，本着百花齐放、百家争鸣的方针，促进对《周易》“易理与象数兼顾，向多学科、多层次、多渠道、多角度的综合研究”，我们特出版《周易与预测学》一书。

1990 年 5 月 4 日

① 《周易与预测学》，邵伟华编著，1990 年 6 月花山文艺出版社出版。

（二）

《奇门预测学》① 序

有人将西方的圣经和东方的易经称为世界两大奇书。圣经姑且不论，中国的易经确实堪称世界奇书。随着时间的流逝，它不但没有被湮没在历史的陈迹之中，相反，却日渐焕发出奇异而炫目的光辉。它在思维科学和认识论方面的价值，及其对现代自然科学和人文科学的广泛的启迪和影响，已经日益被国内外学者所肯定和重视。它在信息科学和预测学方面的价值，近年来也逐步受到国内外学者的关注和研究。邵伟华的《周易与预测学》出版之后，如何用现代科学观点研究中国古典预测学，无论在学术界和广大周易爱好者中间都引起了强烈的共鸣与共识。

作为古典预测学中一个重要分支的奇门遁甲，曾有过“帝王之学”的桂冠，在由周易发轫的各种古典预测方法中被认为是更高层次的预测学，深奥玄妙，神秘色彩更为浓重，一般人望而生畏，不敢问津，入其门者或不得要领，或走火入魔，或亦随之泥古，故弄玄虚，使多数人难以了解，因而使它长久地尘封在故纸堆里。

殷川周易研究会会长刘广斌同志，年轻有为，在繁忙的工作之余，继承祖父的家学，坚持用现人科学观点研究奇门遁甲，将其在几千年封建社会流传发展过程中掺杂的封建迷信糟粕和故弄玄虚的神秘色彩剔除，保留其合乎辩证唯物主义认识论和朴素科学道理的精华，并通过多年大量的实践进行检验，证明奇门遁甲不仅是时至今日仍然能够为人类服务的一种行之有效的预测方法，而且在某些方面是比卦象预测法（体用生克法）和六爻预测法（纳甲法）更迅速更准确适应性更广的一种预测方法。他将自己多年研究和实践的心得与经验著成《奇门预测学》一书，无疑是对易学研究的一个开拓和贡献。

实践是检验真理的惟一标准。我们在继承和弘扬民族文化的过程中，无疑也必须坚持这一马列主义的准则。

当前在对待传统的神秘文化（或叫方术文化）方面，有几种不同的认识和态度。一种是虚妄态度，认为这些所谓方术文化纯粹是封建迷信，是一堆历史垃圾，今天有人研究它，甚至热起来，无异于沉滓泛起，是一种历史的倒退。另一种是迷妄态度，认为古人胜于今人，把由周易发轫的一大批方术文化说得神乎其神，甚至痴迷到走火入魔的地步。再一种是无妄态度，说什么“信则有，不信则无”，似乎相信它，它就存在，是有用的有效的东西；不相信它，它就不存在，是无用的无效的东西。我认为这三种态度都不是实事求是的科学态度。一个显而易见的最大事实是，传统的神秘文化，无论你否定它，肯定它或采取超然态度，时至今日，仍然作为一种文化和心理现象深刻地顽固地几乎无所不在的积淀在中华民族每个人的潜意识和血管里，并或隐或显地影响着你的性格和心理、思想与行动。因而，简单否定它是消灭不掉的，拒绝研究它也是超脱不了的，过分迷恋它更会误入歧途，干扰和影响民族心理、性格的健康发展。

正确的态度，应该是将它从隐蔽的角落里清理出来，掸掉它身上历史的尘土，脱去它方术的神秘外衣，将它当作一门学问，拿到今天科学的殿堂上，放在光天化日之下，用马列主义的显微镜来研究它，分析它，批判它，剔除其反科学的迷信性糟粕，保留其合理性精华，并拿到实践中进行检验，加以改造、发展，使之为人类服务。这既是批判地继承传统科学文化，发展现代科学文化的需要，也是改造民族心理、性格，提高民族身心素质和文明程度的需要。

有人把发轫于周易的传统神秘文化归纳为炼丹术、内丹术、行气术、导引术、房中术和占卜术、解梦术、看相术、算命术、风水术等十大方术。简言之，可归为两大类，一类是养生术，一类是预测术。目前中国的气功热，可归于养生术；周易热，主要是预测术。

气功热眼下有些降温，也应该降温。周易热方兴未艾，我希望它不要重蹈气功热的覆辙热昏了头，应该冷静地正常地研究它。

毛泽东同志早在《论持久战》一书中就说过：“凡事预则立，不预则废。”预测、预算、计划，这是人类生存和发展的需要。古人如此，今人更然。当今在某些发达的资本主义国家，不仅科技先进，管理更为先进，甚至有“三分技术、七分管理”的提法。所谓先进的管理，据介绍，其中尤为重要的一条经验，就是以计划为中心的事前管理，即一切工作都是有计划的，都是按事先拟定好的计划行事的，所以效率才高。要制订切实可行的计划，就必须做好事前的预测、预算，考虑到客观和主观的条件与可能发生的情况。

由于科学的发展，当今人类用于预测的方法和手段很多，未来学、预测学已经逐步成为一门独立的科学。但是，正如西医已经相当发达，各种检测人身的先进仪器不断问世，但传统的中医仍有存在发展的必要，并且在某些方面，有西医无法代替的作用一样，由我们祖先创造的古典预测学也有其独特的思维方式、方法和手段，有今天其他预测方法无法代替的效用。因此，也应该研究它、改造它，丰富它、完善它，给它存在的地位和权利，使它同其他先进的预测技术和方法一起为人类的生存和发展服务。

当前，在对待传统的预测方法方面，也有几种不同的认识和态度。一种认为是封建迷信，根本否定它的预测功能，测对了说是瞎猫碰着死老鼠，不过是偶然现象；测错了说你是骗人，因而深恶痛绝。另一种是笃信不疑，认为它太神了，上测天，下测地，中测人事，几乎是万丹灵药。某些以此术谋生的江湖术士给他算得好，他欣喜若狂；算得有灾，则惶惶然不可终日，甚至不惜慷慨解囊，以求解灾的办法。还有的人，几乎每做一件事，甚至每天出门都要算算吉凶，达到了真正迷信的程度。也有的人走另一种极端，认为既然它是科学，就应该百分之百，如果不能达到百分之百的准确，那它就是封建迷信。也有个别迷恋或研究此术者，稍有成就，给人测准了一些事情，受到人们的称赞，群众说他神，他也就神起来。正如气功界有人自称是“玉皇大帝的女儿”一样，他也认为自己是天上的星宿下凡，前知八百，后知一千，世间万事万物他都能预测预知。自然，还有以此术骗取钱物，发“预测术”“预测学”之财的。

完全否定它，未免失之简单；过分肯定它，肯定言过其实；迷信痴狂者，不足为训；以此骗钱者，更应反对；苛求它的人，并不是真正科学的态度；神化自己者，难免坠入神学的泥坑。

正如医学治病有各种方法，并且难以互相代替一样，预测学亦有各种方法，而且各有各的长处和短处，难以互相替代。如果经过实践检验，有效率能够达到60%以上，就应该承认它其中有合乎客观规律性的东西存在，应该研究它，分析它，提高它，完善它。既不能因为准确率达不到百分之百就否定它，把它等同于全然无效、纯属骗人的封建迷信，亦不应随意夸大它的作用，把它说得神乎其神。这两种倾向，都不是科学的实事求是的态度。

须知，即使科学也不是万能的。凡科学的东西也都是有局限性的。只有迷信，才把自己说成是万能的。时至今日，许多科学公式，特别是应用科学中的公式、原理，大多仍然是经验性的，在实际应用中并不能达到100%的预期效果。例如在涉及人类自身健康的医学中，许多药物和医疗方法都难以尽如人意，但是只要有效率超过50%，人们依然在使用它，并没有人说它是封建迷信。再如天气预报，目前虽然已经有了气象卫星等先进监测手段，但预报的准确率，仍然难如人意。同样，也没有人把它说成封建迷信。相反，大家几乎每天还是都听天气预报，把它作为行动的参考。同样，由我们祖先创造的一些古典预测方法，如果准确率低于50%，自然不足为法，应该抛弃；如果经过检验，准确率能够达到60%以上，我们就应该研究它，把它作为一种参考系数，让它来为人类服务；既不应简单地把它说成封建迷信，也不能苛求它达到百分之百的准确率。还是那句话，实践是检验真理的惟一标准；即使真理，也是相对的。

正是基于这种认识，我既赞赏邵伟华先生在《周易与预测学》一书中的贡献，也赞赏刘广斌同志在《奇门预测学》中的努力。同许多名医的医案一样，这两部书中都有作者自己亲自实践的大量实例。这一点是最有说服力的，也是这两部书有别于其他研究周易著作的最大特点。

晋代诗人陶渊明曾有两句名诗："奇文共欣赏，疑义相与析。"周易是一部世界奇书，奇门遁甲更是奇书中之奇。让我们对此道有兴趣的读者，共同来欣赏这部《奇门预测学》吧。

1991 年 2 月 14 日于石家庄

①《奇门预测学》，刘广斌编著，1993 年 8 月敦煌文艺出版社出版。

(三)
《六爻预测学》[①]序

一个高级工程师、科技工作者，从 1989 年 6 月开始钻研易经，并大胆用于预测实践，仅仅二年时间，不仅熟练掌握了我们祖先遗留下来的八卦预测的主要方法，而且有不少创新，并将自己从理论和实践两方面研究的成果写成专著，这就是摆在读者面前的这部《六爻预测学》。

作者王正民，1949 年毕业于南昌国立中正大学土木工程系，解放后长期在中南工业建筑设计院搞技术工作。他博学多才，通晓俄、德、英数种外语，搞过水利、桥梁、房屋建筑的施工、设计，建筑工程的计划管理，机械工厂的工艺设计，俄文翻译等多项工作。退休后，一个偶然的机会，开始接触易经，由从来不相信占卜、算命到确信八卦预测的科学性，而且亲自通过实践进行检验，从 1989 年 6 月至 1992 年底，共测 348 例，有反馈的测例 280 个，其中测错 20 例，准确率达 93%。这说明了什么呢？

这又一次说明，从易经开始，由我们祖先一代又一代创造延续下来的古典预测学（传统上叫占卜、算卦或算命），从本体上说，绝不是封建迷信，而是有科学性的，是值得我们后人批判地加以研究、继承、发展的一门专业性很强的学问。

那么，为什么时至今日，大多数人仍然认为占卦、算命是封建迷信，是骗人的把戏，或深恶痛绝，或不屑一顾，或半信半疑呢？

我以为，大致有以下几个缘故：

1. 中国古典预测学，与中医一样有一套独特的理论体系、思维方法和符号系统，同近代以来由西方输入中国的实证科学大相径庭，似乎水火不相容。西医传入中国后，中医在相当长的时间内一直受到贬抑和排斥，阴阳五行、脏象经络、四诊八纲等等，在人体解剖学、细胞学、细菌学、病毒学面前，显得很不“科学”，但由于在医疗实践中，中医确能治病，而且在不少方面还有西医不可替代的作用，故渐被医学界和社会所承认，由中西医并存，进而走向二者相结合的道路。中国古典预测学，由于解放后一直作为“封建迷信”受到批判和禁止，故只能在民间自生自灭，在非法状态下，为人们承担着某种社会心理学医生的角色。近十年来，随着易经的“出口转内销”，随着席卷全球的周易研究热，由周易发轫的中国古典预测学才逐步受到科学界和学术界的重视。但由于目前科学界和学术界研究它的人还比较少，用现代科学来阐发它预测的理论和机制的文章著作还不多，多数人出于不懂或不了解情况，故仍然把它视为“封建迷信”。

2. 正由于长期以来，科学界和学术界没有人研究它，它只能在民间自生自灭，被一些生活上无出路的人当作谋生手段。那些所谓江湖术士，其实绝大多数对易经和古典预测学并无研究，只是拣拾些皮毛，用来“骗钱”“糊口”而已。这些“假冒伪劣产品”，长期在民间流行，极大地败坏了古典预测学的名义，使人们在认识上产生了很大的误差。致使今日，某些学者率先站出来为古典预测学正名，仍然被人斥为“以研究周易为名，行散布迷信之实”，“所谓预测学，就是占卜算命的代名词。”其实，人们不妨想一想，假冒伪劣产品之所以能够流行，正因为有真的好的产品存在，不然它是无法流行下去的。《红楼梦》上说得好：“假作真来真亦假。”古典预测学的命运和遭遇正是如此。

3. 正因为古典预测学长期被“假冒伪劣者”利用，并同迷信扯在一起，使本来在一般人眼中看来就比较神秘的东西更加神秘化，以至于相信它的人迷信它，不相信它的人也把它视为“神明”。相信它的人，找江湖术士算出有灾，惶惶不可终日，不惜解囊以求解灾，结果被骗去大量钱物。不相信它的人，在批判它的时候，不知不觉，也把操此术者视为“无所不知的神明”。前二年南方某报曾发一篇短文，作者以嘲讽的口吻写道，有人讲用周易能够协助公安部门侦破案情，预测各种信息，那么国家就不必设置公检法了，有人犯罪只要一算就行了，等等。今年又见上海某报上有短文说，一个算命先生竟然被人骗去五千元，没办法只好求助公安部门，他为什么连自己被骗的事也算不出来呢？这些批判者，其实并不了解古典预测学是怎么回事，也是把算命先生当作“无所不知的神明”来看待的。

其实，由周易发轫的古典预测学，既不是“封建迷信”，也不是“无所不知的神明”，它只不过如同中医一样，是一门有着独特理论体系、思维方法、符号系统和推理运算公式的学问和技艺。正如中医药和中医师不能百病都治，治愈率不可能百分之百，再高明的中医师也不能保证自身无病、自己不死一样；古典预测学和掌握这门学问的人，也不能什么事都能预测，预测准确率和精确率也不可能百分之百，更不会成为“无所不知的神明”，保证自己不受骗、不失败、不失误。

然而，又如中医在许多方面有西医无法替代的作用和价值那样，在现代科学高度发达的今天，虽然人类用于预测的先进技术和手段越来越多，但中国古典预测学依然有其不可替代的独特的价值和作用，起码可作为一种补充手段和参考系数，让它为人类服务，为社会造福。这样选择，我认为比把它当作封建迷信、当作一堆历史垃圾抛弃掉，恐怕要明智得多。

正因为基于这种考虑，我支持王正民先生对易经、特别是古典预测学的研究，我赞赏他的研究成果。他的这本《六爻预测学》，在同类著作中属于佼佼者。由于他具备多方面的现代科学知识，故而在书中对易经预测的科学性阐述得既简明扼要，又颇有说服力；他对六爻预测法的原理、规则、公式阐述得清晰透彻明了；他对古人的预测经验，高屋建瓴，融会贯通，并结合个人实践，一一进行验证，并有不少提高、完善和创新。因而他的这本书，实用性最强，是时至今日，我所看到的，最简明扼要、条理清楚，最通俗易懂，最易为读者所接受的一本学习六爻预测法的读物。

1993年4月7日

①《六爻预测学》，王正民编著，1994年7月中州古籍出版社出版。

（四）
《太乙通解》[①] 序

河北省周易研究会理事、清河县卫生局局长杨景磐先生，出身于中医世家，不仅通晓岐黄之术，而且对“医易同源”的古代术数学也颇有研究。

1991 年，他拿着刚刚写好“绪论”的研究奇门遁甲的书稿计划来找我。我告知他，有人已经写出《奇门预测学》书稿，我正在审读；建议他写一部研究大六壬的著作。一年过后，他把写好的《大六壬新编》（又名《大六壬预测学》）寄给了我。我推荐他参加了在安阳召开的第四届周易与现代化国际学术讨论会。他在书稿基础上浓缩写成的论文《六壬预测初探》，在大会上一经宣读，立即引起与会者的重视与赞赏。

中国地震出版社编审、著名易经研究专家李树菁先生，在同他交谈中，获悉他不仅通晓奇门式、六壬式，而且对“三大秘术”之首的太乙式也有研究时，立即建议他写一部书，将濒临失传的太乙秘术公诸于世。

杨景磐先生不负老专家的嘱托，一年以后，一部《太乙通解》的书稿不仅写出来了，而且已经甘肃人民出版社终审、排版，摆上我案头的已经是杨景磐先生校对过的书稿清样了。

我望着这部散发着油墨清香的新作校样，一方面为杨景磐先生利用业余时间，呕心沥血，为弘扬民族文化、研究整理古代文化遗产的刻苦精神所感动；一方面也为易学研究的深入、拓宽，党的百花齐放、百家争鸣方针所带来的大好形势所鼓舞。

杨景磐先生在书稿中写道：

“太乙来源于古代天文，主要用于预测天运变异，即大自然的变异和灾害。《三命通会》中曾说：‘古今高人达士，稽考天数，推察阴阳，以太乙数而推天运吉凶，以六壬而推人事吉凶，以奇门而推地方吉凶，以年月日时而推人一生吉凶。’我们研究太乙，应着重对发生自然灾害年份的推测和验证，以求达到防患于未然的目的，为人民造福。”

这种态度，我认为是正确的，是实事求是的。杨景磐先生在该书中，不仅仅是阐述解说太乙式的原理和推导方法，而且结合实例进行剖析和验证，既不简单肯定，也不简单否定，而是力图用现代科学观点进行评判和探讨。这种严谨的治学作风是值得提倡的。

我认为，今天我们研究周易，研究象数，研究古代术数学，绝不是为了复古、为了使古代各种预测术死灰复燃，而是站在现代科学的高度，对传统文化重新进行审视（这种重新审视，随着历史的发展和科技文化的进步，人类会不断重复），进行分析批判，剔除其糟粕，发掘其精华，不仅从思维科学和认识论角度促进现代科技的发展，而且将古代文化遗产中的精华加以改造、发展、完善，使它作为现代哲学、未来学、预测学等学科的一个组成部分或补充，为人类服务，为社会造福。

从近代以来，传统中医由受西医排斥、诋訾，到得到尊重、保护，进而提倡中、西医结合，共同发展的艰难历程，向我们昭示：

源远流长、有着顽强生命力的古代预测学，在经过科学界、学术界越来越多的有识之士反复进行研究、鉴定、验证、分析、批判之后，一定能逐步洗脱它身上的污垢和五脏六腑内的糟粕，以古老又崭新的面目出现在世人面前，与现在预测科学互相补充、交流渗透，进而走向相互结合、共同发展的明天。

承蒙景磐先生信赖，略诌上述片言，以作该书之序。

1993年8月18日

①《太乙通解》，杨景磐编著，1993年10月甘肃人民出版社出版，2006年7月中国国际广播音像出版社再版。

（五）

《易经形象预测学》[1] 序

《周易》是中国最早最重要的典籍之一，儒家奉为“群经之首”，道家尊为“三玄之冠”，近代学者又称之为“宇宙代数学”，“古代抽象科学理论总汇”，历代研习者不断，著作汗牛充栋，形成了一门源远流长、独具魅力的“显学”——易学。

易学是阐释《周易》，并以《周易》的思维模式探求宇宙变化规律的学问。清代《四库全书总目提要》，将易学归纳为义理、象数两派，和汉儒卜筮，京房、焦延寿禨祥，陈抟、邵雍图书，王弼“说以老庄”，胡瑗、程颐“阐明儒理”，李光、杨万里“参证史事”等六宗。现代易学则呈现出在科学方法指导下，从自然科学、社会科学各个独立的学科以及交叉科学、边缘科学的众多角度、多层次、多渠道深入研究的趋势。

在现代易学研究的浪潮中，河北省学术界虽然起步较晚，但并不落后。近几年不断涌现出新的学者和新的研究成果。丛瑾滋的《易经形象预测学》，就是其中之一。

丛瑾滋是冀南民间艺术研究所所长、河北丛林景观有限公司总设计师、河北省周易研究会副会长。他多年从事绘画、雕塑和民间艺术的学习和研究，二十世纪八十年代中期开始钻研易经，历时八年，终有所悟，提出了易学立体模式论的新构想、新思维，并且付诸实践，研制出“周易预测仪”，在中国专利局取得专利，同时设计了前所未有的人文景观——易经馆，引起国内外旅游界和投资者的极大兴趣，正洽谈在深圳和内地建设“易经馆”的具体事宜。

丛瑾滋的易学立体模式论认为，易学最初是八卦、六十四卦的符号易，到周文王、周公旦写了卦爻辞、孔子写了“十翼”以后形成文字易，从陈抟、邵雍开始进入图象易阶段，但无论是哪一种太极图，还是先天八卦图、后天八卦图以及各式各样的六十四卦方图、圆图也好，都是平面图象。丛瑾滋认为，太极图不是个平面，平面图不足以反映易学探求宇宙变易规律的本质，太极图应是一个立体，是一个像地球一样的球体；太极图阴阳鱼中的两个“鱼眼”，即所谓阳中一点真阴，阴中一点真阳，它们之间像地球的南北两极一样，其内部是彼此相通的。“鱼眼”的形象具有极重要的意义，它是时空转移的非常区域，是有生命与无生命的时空转化，如同人体的肚脐眼，是母体与新生儿的衔接处。太极图中白色一面的鱼眼，是阳性发展到极点，而产生的阴的陷落；而黑鱼中的白眼，则是阴性发展到极端，而产生的阳的升腾。这里表达的是特殊状态下发生突变的特殊规律，如生物学上的突变，气功状态下人体的特异现象，又像天文学上所讲的黑洞区，地球上的百慕大。丛瑾滋进一步认为，《周易》乾卦中讲的“用九，见群龙无首，吉”，坤卦中讲的“用六，利永贞”，就是讲的乾卦六爻均为阳，发展到极点，开始产生阴的陷落；坤卦六爻均为阴，发展到极点，开始产生阳的升腾，从而阳突变为阴，阴突变为阳，阴阳两个鱼眼接通了。太极图上的两个鱼眼，就是《周易》中用九、用六的位置。

在易学立体模式论的指导下，丛瑾滋研制出周易预测仪，将先天八卦、后天八卦、六十四卦、三百八十四爻、五行、六亲、纳甲、用九、用六、卦辞爻辞等易学的基本内容都绘制在一个圆形球体上，并创造了易球起卦法，使周易预测仪不仅可以一目了然、非常便捷地用于预测，而且还可以作为演示易学内容的教学仪器。

他设计的气势恢宏、风格卓绝的人文景观——易经馆，也是以一个圆形球体为主体的建筑群。游人来此参观游览，不仅可以在独具魅力、引人入胜的不同境界里获得意外的身心愉悦，而且可以在不知不觉中一目了然地学到过去认为异常神秘的易学知识，感知到宇宙变易的种种规律。预祝他设计的易经馆早日建成，早日矗立在中华大地上！

如果说丛瑾滋设计的易经馆、研制的周易预测仪和反映他理论探讨的这部《易经形象预测学》开创了易学立体研究的新阶段，我认为并不是过誉。

当然，正因为是滥觞，是开端，所以无论是易经馆、周易预测仪，还是这部《易经形象预测学》，都难免存在不尽人意的地方。特别是这部书，由于文字和写作不是作者的擅长，比起易经馆和周易预测仪来，就显得粗糙，显得力不从心，有些地方表达得不够准确，阐述得不够充分。

这是我的一点拙见，未必正确，写出来求教于易学专家和广大读者。

1993 年 10 月 20 日于石家庄

①《易经形象预测学》，丛瑾滋编著，1994 年 1 月万国学术出版社出版。

（六）
《易学大师邵康节》[1]序

邵雍（1011~1077），字尧夫，谥康节，北宋著名易学家、哲学家、思想家、教育家，与周敦颐、程颢、程颐、张载并称“北宋五子”，其思想和学术对后世影响深远，在中国易学史上占有特殊地位。

据程颢所作邵雍墓志铭等史料记载，邵氏本属姬姓，系出召公，是周文王的后代，世为燕（今河北）人。邵雍出生在今河北涿州市大邵村，幼年随父迁衡漳（今河南林县康节村），又迁共城（今河南辉县市）。大约30多岁，全家迁居洛阳，一直到去世。邵雍钻研周易主要在辉县苏门山百泉湖，出道讲学，传播易学主要在洛阳。

洛阳当时被称为西京，是北宋除汴梁（今开封）之外，距京都最近最繁华的又一政治、经济、文化中心。特别是大批退休、离职的达官贵人均聚集此地，更使洛阳成为当时学术研究、文化教育最发达的地方。邵雍在洛30余年，富弼、司马光、吕公著、程颢、程颐、张载等政界、学术界名人均与他过从甚密，许多官吏、士子都是他的学生。所谓“讲学于家，未尝强以语人，而就问者日众。乡里化之，远近尊之。士大夫过洛者，有不之公府而必至先生之家。”“接人无贵贱亲疏之间。春秋游于城中，士大夫家听其车音，倒屣迎致。虽儿童奴隶，皆知欢喜尊奉。”“故贤者悦其德，不贤者服其化。所以厚风俗，成人材，先生之功多矣！”当时王安石变法，在政治、经济上实行改革，官吏在执行中感到困难，不少人投劾辞职。邵雍的门生故友居州县者也有人想辞职不干。纷纷给他写信，征求他的意见，他说：“此贤者所当尽力之时，新法固严，能宽一分，则民受一分之赐矣！投劾何益耶？”

邵雍在学术上造诣很高。他受学于李之才的“物理性命之学”，以治易为主，兼及诗、书、春秋，在河图、洛书、伏羲六十四卦图象的基础上，探赜索隐，究象数之蕴，明皇帝王伯之道，著成《皇极经世书》《渔樵问对》《击壤集》等十余万言。他创立了以数学观点解易的新流派。他的数学派，与当时张载创立的气学派、程颐创立的理学派，鼎足而三，对后世影响深远。据说，十七世纪德国数学家莱布尼茨发现二进位制，就是看到邵雍画的伏羲六十四卦方圆合图受到启发，才发现出来的。

程颢称邵雍的学术为“内圣外王之学”，程颐称赞邵雍“其心虚明，自能知之”。邵雍门生张峪总结说，先生“研精极思，三十年观天地之消长，推日月之盈缩，考阴阳之度数，察刚柔之形体。故经之以元，纪之以会，参之以运，终之以世。又断自唐虞，迄于五代，本诸天道，质以人事，兴废治乱，靡所不载。其辞约，其义广，其书著，其旨隐。于是乎美矣！至矣！天下之能事毕矣！”政治家把邵雍的学术称为政治哲学；义理派易学家把邵雍的学术称为象数派、图书派；科学家从中发现自然科学的规律；民间占卜者从中发现算命术、预测学；等等。就其对后世影响的深度广度而言，应该说，远在张载、程颐之上。特别是在广大人民群众之间，邵康节神奇预测的故事，至今还流传在民间。

为了研究邵雍的哲学思想、教育思想、易学成果，邵雍故乡人今涿州师范的杜成娴、杨金国、班述文三位老师首先从民间入手，深入到邵雍故乡大邵村，故居河南辉县苏门山，洛阳安乐窝等地，从地方志、邵氏宗谱以及民间口头传说中采风，搜集整理了大量有关邵雍的故事和传说；又到北京等地图书馆查阅文献资料，积累了不少史料和散佚在各处的邵雍的部分文章和诗作，从而使这部《易学大师邵康节》成为除邵著《皇极经世书》《渔樵问对》《击壤集》之外，资料最多、最珍贵的一部研究、了解邵雍身世和学术的专著。

该书的搜集整理，历时十年之久。该书内容包括“民间传说中的邵康节”、“史料典籍中的邵康节”和“邵雍诗文选注”三部分，另外，还附有涿州咏邵诗词四则和托名邵著的《二奇神数》。该书的编辑出版，不仅了却了杜成娴等三位教师的一桩心愿，也初步了却了我这个邵雍河北老乡、当代易学爱好者的一桩心愿：为研究邵雍的学术思想开山铺路。

1993年9月，邵雍学易的主要故居——河南辉县市中国百泉易经研究学会邀请邵雍二十九代孙、当代著名易学家邵伟华和我前去苏门山百泉湖讲学，参观游览了邵雍当年学易“冬不炉夏不扇三年不设榻”的安乐窝遗址和邵夫子祠等地，聘请邵伟华为中国百泉易经研究学会名誉会长，聘请我为中国百泉易经研究学会顾问，并兴致勃勃地告诉我们，他们将在风景如画的苏门山下百泉湖畔举办全国和国际性的邵雍学术思想研讨会。在《易学大师邵康节》一书出版之际，我热切地期盼着研讨会的胜利召开，期待着邵雍学术思想研究的深入和发展，期望着当代易学研究的新成果！

1994年4月25日

①《易学大师邵康节》，杜成娴、杨金国、班述文编著，1994年11月花山文艺出版社出版。

（七）

《六爻预测新探》[①] 序

一部洋洋30万言的预测学专著《六爻预测新探》摆上我的案头，它的作者是谁呢？既不是具有几十年占算经验的民间卦师，也不是潜心书海大半生的研究院院士，而是一位年仅31岁，大学毕业后参加工作不久的外贸干部、杂志社记者、正在攻读文艺学硕士的青年作家。

这种现象似乎有点奇怪，似乎有点不伦不类，但它却是事实。这说明了什么呢？这说明了周易研究的普及和深入。近几年出现了一个可喜的现象，即周易研究冲破了经院哲学的藩篱，不再是高等学府或研究院少数人的专利，同时其应用研究也不再仅仅是民间失意者谋生的手段和出路，周易的理论研究和应用研究已经引起了全社会的关注，特别是具有大学文化程度，受到高等教育，具备现代社会科学和自然科学知识的党政干部、专家、教授、工程师、科技人员、企业家、经理、厂长、编辑、记者、作家等越来越多人士的介入，使周易研究呈现出前所未有的新气象、新进展、新成果。刘志良的《六爻预测新探》仅是其中之一而已，自可不必大惊小怪。

在周易预测的各种方法中，以看卦爻辞为主或以看卦象为主的古典式预测法，由于其模糊性和随意性较大，在历史发展中逐渐被人们所不用或少用，到汉代，将五行学说与阴阳学说相结合，特别是自京房发明纳甲法以后，以五行生克制化原理为主来断卦的六爻预测法，逐步发展成一种最常用最普及、准确率相对来说也最高的八卦预测方法。这种方法，由于其规范性、可操作性以及断卦方面的确定性比较强，不仅在历史上被上层社会和民间广泛应用，而且到现在，经过今人的大量验证（以邵伟华的《周易与预测学》为代表，本书也是实证之一），确实有相当的准确率，具备可行性可信性。它的预测原理和机制是什么呢？

我认为，从思维科学角度讲，它是一种宇宙全息思维模式。这种模式中包括四大系统：一是形态全息思维系统，这就是八卦、八宫、六十四卦、三百八十四爻，它把事物归纳为八大类、六十四种基本形态，每种形态均含有反映事物从量变到质变的六个阶段、六个层次、六个方面；二是关系全息思维系统，这就是阴阳、五行、六亲，它全面系统地揭示了万事万物之间的关系，阴阳互根、消长、转化、对立统一是事物之间和其内部的基本关系，万物分为五大类，呈现出木、火、土、金、水相生相克的制约关系，一事物与周围其他事物的关系，仿佛人类社会中的人际关系一样，呈现出五行性、五向性，即五个走向，这就是生我、我生、克我、我克、同类五种关系；三是时间全息思维系统，这就是十天干、十二地支，以此表示年、月、日、时和过去、现在、未来；四是空间全息思维系统，这就是河图、洛书、先天八卦图和后天八卦图，河图和先天八卦是一个圆形的可以向任意方向左右旋转的立体球体，洛书和后天八卦是一个以地球人为中心的八方九宫的地面方位图，六爻预测以先天八卦之数和后天八卦的方位相结合，就构成了一个可以包容万事万物的立体空间。

以上四大系统均为全息符号，相互交融在一起，即形态全息思维系统中的八宫、六十四卦、三百八十四爻，同时都带有关系、时间、空间的信息；关系全息思维系统中的五行、六亲，同时也带有形态、时间、空间的信息；时间全息思维系统中的天干地支，都带有形态、关系、空间的信息；空间全息思维系统中的先天八卦之数和后天八卦的方位，同时都带有形态、关系、时间的信息。如此纵横交错，构成一个完整的包罗万象的天、地、人宇宙全息动态模型。

六爻预测的程序，正如现代科学中的控制技术一样，分为两大部分，第一步是信息提取，第二步是系统辨识。摇卦是直接提取当事人身上携带的动态信息，按事发时间或问卦时间起卦是提取与事物有关的静态信息，无论按哪种方法起卦，都是牵一发而动全身，从一种信息入手，纳入这个宇宙全息思维模型之中，找出与之对立的形态、关系、时间、空间信息，然后根据阴阳五行生克制化的原理和象、数、理的参照系，进行系统辨识，找出你要预测事物的来龙去脉，旺相休囚，与周围事物的生克刑冲害化合的关系，以判断其吉凶悔吝。

依据这种宇宙全息思维模式，1993 年 3 月 7 日晚 7 点半，我根据中央电视台报道国际奥委会正在北京考查，1993 年 5 月 24 日《燕赵晚报》上刊载 2000 年奥运会由谁主办，9 月 23 日上午 9 点将举行国际奥委会第 101 届年会，由申办城市汇报、投票表决，9 月 24 日凌晨 2 点半将公布投票结果，这三个时间信息，分别起卦，预测了北京申办 2000 年奥运会一事，结论是：北京开始看来大有希望，但最终会败于悉尼。我把具体起卦的方法、步骤、卦象、断卦的依据和结论写成材料，于 1993 年 5 月写信寄给了国防科工委科技委原主任、中国人体科学研究会理事长张震寰将军，同时把预测结果也写信告诉了中国周易研究会会长唐明邦教授，1993 年 6 月 2 日又在河北省沙河市成立周易学术研究会上当着与会七、八十人的面公布了这一预测结果。1993 年 9 月 24 日凌晨 2 点半应验后，正巧，就在这天下午，张震寰将军在解放军总医院接见了我和邵伟华。

这件事又一次证明了周易预测确有一定的可行性可信性，大有研究、发掘、发展、改造、完善的价值，使它与现代科学尽早接轨，为人类服务，为人类造福。

周易的思维模式和方法能否用于预测，它是科学的，或具有一定的科学道理，还是封建迷信，或者仅仅是一种心灵感应、心理分析，当前不仅在全社会尚未取得一致认识，就是易学研究界意见也不一致。这种状况也很正常，不然还要我们进行周易研究干什么！

一个不好的现象是，某些号称周易研究的专家，对周易预测既没有深入的理论研究，又未进行大量的实践检验，就武断地简单地直截了当予以否定，并且给它扣上“封建迷信”和“宗教迷信”的帽子。一本号称《周易辞典》的书，在其前言中谈到预测研究时，竟然这样说：“近年来《周易》热兴起之后，不少人试图用《周易》搞预测。其至有几部公开印行的书大讲什么《周易》预测学。这是反科学的，不能不辨。说《周易》能预测，不是出于愚昧无知，便是存心骗人。……卜筮是宗教迷信……至于预测，必须依赖情报信息。没有情报信息做依据的任何预测都是自欺欺人。《周易》六十四卦三百八十四爻的既古老又有限的信息怎能在纷纭复杂的现代生活中起预测作用。"

这种盲目下结论、"扣帽子"的态度，本身就是不科学的，不实事求是的，与其周易专家的名号地位也是不相称的。钱学森是我国科学界的泰斗，张震寰将军是国防科工委科技委员会主任，中国第一颗原子弹、氢弹、洲际导弹、亿次巨型计算机等一系列最尖端科研成果的具体组织者、规划者、参与者，他们对人类未知领域、对我们祖国宝贵的文化遗产如中医、人体修练、易学（包括周易预测），都采取了积极而审慎的态度，恪守着"实践是检验真理的惟一标准"这条马克思主义的根本原则。相反，诸如上边所提到的那些号称哲学家或周易专家的同志，并不懂多少科学，且在那里挥舞着"文革"期间遗留下来的帽子和棍子。为此，我看，把"愚昧无知"这顶帽子回敬给他们，恐怕是比较合适的。

我希望真正摆事实、讲道理的百家争鸣，只有这样才能使人心服口服，才能真正清除愚昧迷信的垃圾，才能批判地继承我们祖先的聪明才智，才能繁荣现代科学文化事业，周易的理论研究和应用研究也才会日益深入，并逐步取得比较一致的意见。

1994 年 7 月 6 日于石家庄

① 《六爻预测新探》，刘志良编著，1994 年内部印刷。

（八）

《南氏体相预测学》[①] 序

近几年，随着“周易热”的兴起，手相、面相、骨相、体相等等有关相人术的著作也出版了不少，其中有整理、诠释、解说古籍的，也有反映今人研究、实践成果的。也许是我孤陋寡闻、眼界太窄，凡我见到的，大都流于皮毛，没有或不肯揭示相学的奥秘。所以，一般读者仅通过看书自学就能达到运用相学预测的人，几乎是凤毛麟角，而且预测水平不高。

河南省范县周易研究会会长南凤魁先生，在安阳第六届周易与现代化国际学术讨论会上同我相识，以后对他的了解逐步加深。他是明朝著名的星相家，曾任湖广布政使、翰林院检讨、户部郎中的南洙源的二十代孙，出身于相学世家，从小受到祖父的薰陶和指点，长大后又潜心研究周易、相学和气功，因而得到了传统相学的真传。

其一，他的体相预测，或者说相人，不是仅单纯地观察一个人的面相、手相和骨相，或者说只看其神、气、形、貌，也不是仅将阴阳五行、八卦象数原理运用在体相之中，他同时运用人天全息思维理论，结合八卦九宫，时空统一律，综合进行推理判断，所以不仅能预测人的性格、命运轨迹等比较稳定的信息，而且能预测各种动态信息，诸如近期、远期的财运、官禄、学业、婚嫁、病灾、失物、诉讼等等，甚至包括刑侦破案。所以称其为“南氏体相预测学”，并不为过。

其二，他深得易学思维科学的真谛，懂得在实际预测中必须综合运用逻辑思维、形象思维和灵感思维三种方式，才能提高准确率。易学思维模式，近似于现代模糊数学，它不像经典数学那样，一加一一定等于二，它往往有两个或更多的近似值，需要综合运用三种思维方式，才能找准比较正确的结论。时至今日，传统预测学之所以不被某些专家学者认可，其中一个重要原因，就是这些专家学者并没有弄懂易学思维模式的特点，而只拿逻辑思维来要求它，故而认为它不科学，给它扣上“迷信”或“伪科学”的帽子，简单加以否定。

现在，南凤魁先生将他二十余年学习、研究、实践传统相学的成果写成《南氏体相预测学》一书献给读者，这无疑是他对易学研究的一个贡献。该书不但在理论上较它书讲得深入浅出，而且难能可贵的是，在书中列举了他在实际预测中有案可查的七十二条实例，有时间、有地点、有人物、有结论、有分析、有解说，可供专家和广大读者研究。这在其他相学著作中是没有的。

当然，由于文化程度的局限，该书无论在理论的阐述上，还是在实例的剖析中，都还显得粗糙，不够完整，不够系统，不够细致，不够深入，特别是在同现代科学的接轨上更显欠缺。

但是，这毕竟是第一部有实例可查，初步揭示了相学奥秘的新著。故我愿意为它作序，

希望南凤魁先生和一切对相学有兴趣的朋友，进一步深入研究、探讨、实践，把相学逐步提高到科学的层次上来。

1996 年 9 月 7 日于石家庄

① 《南氏体相预测学》，南凤魁编著，1996 年中州古籍出版社出版。

（九）

《四维时空股票预测学》[1] 序

随着改革、开放的深入，社会主义市场经济的建立和完善，证券、股票、期货交易也逐步开展起来，特别是买卖股票，开始成为富裕起来的中国公民的一个新的投资热点。如何把握股市行情，如何预测股票的涨跌，已经成为广大股民关注的焦点。

适应这种需求，各种证券报刊、咨询公司、预测专家、股评专家应运而生，纵观五花八门的预测、咨询方法，大体不出两类：一类是引进西方股市的预测方法，即所谓名目繁多的技术分析，一类是求助于中国传统的预测方法，即到庞大的易学预测体系中去寻求出路。

据我孤陋寡闻所知，近几年探讨用易学方法预测证券、股票、期货交易的大有人在，而且都在不同程度上力图将传统的预测方法和现代科学接轨或融合在一起，已经出版或成书的，如陈一元著《股市预测实践通论》（杭州大学出版社）、齐济著《预测致胜一期货运筹韬略》（花城出版社）、孙成钢著《股市预测与实践》等等。但大都停留在用周易六十四卦纳甲法或梅花易数进行探索的范围内。

与此同时，从传统预测学中的三式（太乙、奇门、六壬）探索预测股市方法的也不乏其人。本书作者夏剑辉先生，就是运用大六壬金口诀探索股市预测方法的青年研究者之一。

夏剑辉先生是山东莱阳人，毕业于曲阜师大外语系，很早就痴迷于易学研究，从1994年以来开始探讨用大六壬金口诀预测股市股票，经过几年的理论研究和实践摸索，取得了一些经验。1996年曾在济南办班传授。1997年春夏之际，他来到河北省周易研究会，与我们交流切磋，我会一些骨干，这几年也正在探讨用奇门、六壬等传统预测技术来预测股市、股票的方法。

易学研究必须与现代科学相结合，努力与社会主义物质文明和精神文明建设服务，这是我们河北省周易研究会自成立以来一贯坚持并身体力行的方针。所以，在与夏剑辉先生交流切磋中，我提出，应该将基于六壬金口诀基础上的探索，与现代科学理论结合，将其命名为“四维时空预测法”，并就其接轨的具体方法提出了我的建议。

夏剑辉先生愉快地接受了我的建议，并在很短的时间内写出了六万余言的《四维时空预测学与经济、股票预测》，经我和王建国同志审阅后，由安徽宿州易学教育中心印成内部学术资料，向全国易友推荐，并在宿州举办了两期试验性的研讨班。

一年后，夏剑辉先生又在去年资料的基础上，结合理论和实践探讨，写成了二十余万言的《四维时空股票预测学》，理论阐述更为系统，预测实例更为增多，内容更加充实，可操作性更强。

四维时空预测法，以传统的记时符号十天干和十二地支为全息符号，以阴阳变化、五行生克为逻辑推理的依据，每一预测课例原则上只有四个字，通过对天维、地维、上维、下维四维时空符号之间旺衰、生克关系的分析判断，就能预测股市的大体走势及每种股票的涨跌情况。这种方法，比起源于易学体系中其他预测股市的方法，更为简捷易学，容易为多数人所掌握。一旦熟练之后，只在手上一点就可立即知道预测结果，而且在实践中掌握纯熟之后，据作者讲，准确率可达70%左右，所以值得推广。

正当全国九届人大胜利闭幕，中国的改革开放即将迈上一个新台阶之际，欣闻夏剑辉先生所写《四维时空股票预测学》将由汕头大学出版社出版，我高兴地写下上述文字加以推荐，是为序。

1998年8月24日

①《四维时空股票预测学》，夏剑辉编著，1998年7月由汕头大学出版社出版。

（十）
《炒股奇招》[①] 序

1998 年 9 月中旬，在易学圣地安阳召开的第九届周易与现代化国际研讨会上，北京中恒信息咨询有限公司总经理、易学家常秉义先生将其最新研究成果——《股票期货实用预测方法》（上下二册，78 万字，中国华侨出版社 1998 年 6 月出版）一书送我一套。拜读之后，深感这是一部致力于易学现代化、科学化，既有较高学术价值，又有实用价值的好书。

作者从比较学的角度，将当代西方五种股市预测权威理论与东方易学思维理论进行深入细致的比较研究，发现美国证券权威威廉姆·江恩理论与《周易》“出入以度”预测法如出一辙，前苏联经济学家康达耶夫的大波浪周期理论与甲子六十年周期合若符契，美国股市预测大师艾略特的波浪理论与 64 卦、4096 占不谋而合。不仅如此，源于天文历法的中国易学所架构的周期循环时空结构，更简易更直观地反映了大自然的客观规律，用这种理论和方法来把握资本市场的波动规律，比起西方对股市的预测，无论在理论体系上，还是在具体操作方法方面都更有优长之处。

俗话说，“他山之石，可以攻玉”，“不怕不识货，就怕货比货”。这种从比较学角度研究东西方文化，不仅使我们认识到易学在“古为今用”、股市期货等资本市场方面的应用价值，而且对我们正确认识易学的科学性，发掘继承其精华，剔除摈弃其糟粕，使易学应用逐步实现科学化、现代化，也具有启迪价值。

现在，作者以《股票期货实用预测方法》一书的理论体系为纲，抽取提炼其精华，注重实用性，将书中具体操作部分，浓缩成《炒股奇招》一书（10 万字左右），以便于普及，这是造福于广大股民的一桩义举。毕竟，关心、热衷于理论研究的读者是少数，多数读者关心的是一学就懂，一用就灵的具体应用方法。

《炒股奇招》一书，重点告诉读者如何把握股市波动周期，如何预测牛市行情、熊市行情，怎样把握买卖股票的最佳时机，使投资者有所遵循，以便回避风险，隐操胜券。

这种研究易学的路子值得提倡，值得肯定，尽管难免存在这样或那样的不足，但我愿意为之作序，加以推荐。

1998 年 10 月 8 日

①《炒股奇招》，常秉义编著，1999 年 1 月由中国华侨出版社出版。

（十一）

《奇门遁甲现代实例精解》[1] 序

前中国周易研究会会长、现中国周易学会顾问、武汉大学哲学教授唐明邦先生曾说过，易学“数术门类甚夥，同《周易》关系密切而堪登大雅之堂者，莫如奇门遁甲。”

正是基于这种认识，我从1990年以来，在对《周易》进行系统研究的同时，重点从理论和应用两个方面对奇门遁甲进行了深入研究，并于1999年4月出版了《神奇之门》这部学术专著。该书中实例部分，除了我的以外，引用最多的就是杜新会同志的应用实例。

杜新会同志早年从军，中年转业地方从事保卫、人事工作。1994年他参加了我举办的《周易》与六爻预测研讨班，1995年又参加了我举办的《周易》与奇门遁甲研讨班，后跟我一起学习、研究奇门遁甲，成为众多骨干学员中的佼佼者。他勤于思索，勇于实践，在数理奇门应用中取得了不少可喜的经验。

我的《神奇之门》出版以后，为了进一步推动对数理奇门的应用与研究，使传统文化更好地为现代化建设服务，他积极主动、夜以继日地从自己数千个应用实例中整理出140多个典型实例，撰成此《奇门遁甲现代实例精解》，希望能作为《神奇之门》一书的辅助读物公开出版，一飨广大易学爱好者。

这部《奇门遁甲现代实例精解》共分二十大部分，基本上反映了他近几年研究、实践、应用奇门遁甲的成果。我审阅之后，由衷地为他高兴，为他祝贺！

我认为这部《实例精解》有以下几个特点：

一、从这些真实、生动的实例解析中，充分显示了奇门预测这门古代科技在剔除了它的糟粕之后，完全可以为现代生活服务，值得我们进一步研究它、改造它、完善它。

二、这些真实、生动、引人入胜的实例解析，充分反映了杜新会同志学《易》、用《易》的特点，这就是勤于思索、勇于实践。首先用《易》指导自己的工作实际，通过自己的工作实践来检验奇门预测的应用价值，这是最有说服力的。比如他从石家庄市物资贸易中心调入中国联通河北分公司，一上班领导就交给他去侦破一个骗欠手机话费六十多万元的大案，他与公安人员配合，“大海寻针，四用奇门”，一周之内就破获了此案。为此，他受到公司提前转正的奖励，并被任命为联通河北分公司人事保卫部的负责人。其次，他利用工作之余，为家人、同事、朋友以及一切慕名而来的求助者进行全方位地咨询，进一步验证了奇门预测决策的广泛应用价值。例如 1998 年他为山东省田某组织农民到新疆摘棉花一事进行咨询指导，仅仅通过电话联系，运用奇门遁甲，“运筹帷幄，决胜千里，输出劳务一举获利三十万”，使被指导者心服口服。

三、杜新会同志在学习、研究、运用奇门的过程中，既尊重古人的经验，又不拘泥于古人的论述，善于运用比类取象的思维方式，大胆探索，勇于创新，积累了一些新的判断经验。这一点特别值得广大易学爱好者学习。

四、这部《实例精解》虽然是一部纯学术著作，但在写法上却吸取了文学的手法，每一个实例，都是一个真实、生动、引人入胜的故事，而且是先描述事件的过程及结局，最后如相声抖包袱一样，再揭开谜底，让读者知道究竟是如何根据奇门格局上的象、数、理符号进行判断的。这种写法，使这部学术著作既有学术性、知识性，又有文学性、可读性，将会引起广大读者学习、研究、应用奇门遁甲的兴趣。

最后，希望杜新会同志进一步提高理论水平，加强对现代科学技术知识的学习，以便在研究、应用奇门这门古老科技，并使它逐步与现代科学的接轨上，取得更大的成果。

1999 年 8 月 21 日

①《奇门遁甲现代实例精解》，杜新会编著，2003 年 7 月伊犁人民出版社出版。

（十二）
《股市K线全息预测与操作》[1]序

世界著名信息经济学家、诺贝尔奖获得者查理森·威尔海姆曾经讲过：

“知识经济正在改变着我们的时代，但是许多人并不知道，带给我们巨大冲击的这次革命，实在受惠于中国古代的伟大经典《易经》。《易经》中包含的信息论思想，不仅启发我们的科学家创造出了计算机，而且正在成为越来越多普通西方人日常生活的决策指南。”

大约从二十世纪七十年代以来，西方科学界、学术界掀起了研究中国易学的热潮。这种研究，反过来促进了我国国内研究易学的浪潮。这种浪潮不仅使自然科学界和社会科学界许多专家学者被挟裹其中，而且波及广大的士农工商。虽然这种“易学热”、“易学浪潮”，正如其他任何“热”任何“浪潮”一样，难免鱼龙混杂，泥沙俱下，但它主流的研究成果，对于弘扬中华民族优秀的传统文化，对于推动现代科学技术的发展，对于促进东西方文化的融合，其价值和作用却是显而易见的。

王吉柱、姚伊萍夫妇二人将要出版的《股市K线全息预测与操作》一书，无疑应该列入这些主流的研究成果之中。

近几年国内不少易学研究者，沿着象、数、理、用的思路，对如何将易学思维模式运用于股市预测之中，进行了许多有益的探索。有的学者，还将周易独特的思维模式与西方经典的股市理论进行了比较学的研究，发现二者之间存在着惊人的相似之处，但其著作在预测方法上，还未能突破传统的模式。

后来者居上。此书的可贵之处，不仅从理论上进一步用易学机制揭示了艾略特波浪理论的“自然属性”及“浪次浪级递进”的奥秘，而且从方法上打破了传统的提取信息的模式，首次将股市阴阳K线图作为固定信息加以提取，实现了信息提取的规范化。同时，对传统的梅花易数法、六爻纳甲法进行了全面的改造和革新，使它们与股市理论、技术分析等全方位地进行了融合，使其从信息切入到分析判断均符合股市运作规律。另外，还提出如何运用K线全息选取股市"黑马"的方法，等等。总之，正如某些证券界人士对它的评价："这种取用信息、分析、推理方法与西方的股市理论真正接轨了。"

理论和方法的突破，是随着人类认识世界和改造世界的实践产生的，而实践又是检验某种理论和方法的科学性和有效性的惟一标准。此书不仅向读者展示了易学机制与股市运行规律相结合的理论与方法，而且还提供了大量真实的实例。但是，王吉柱夫妇二人的实践，能否变成广大股民的实践，还需要时间的证明。

王吉柱、姚伊萍夫妇二人研究易学为市场经济服务，不同于某些只身站在河岸上观潮，缺乏实践经验的专家学者，他自己就是个弄潮儿，边实践，边研究，身体力行，符合"实践出真知"的古训。故而才会有此大胆、新鲜的易学研究成果问世。尽管该书的研究和突破还是初步的，还会存在许多不足和缺憾，但我愿意向广大读者，特别是广大股民推荐。希望有志于此道的读者，与王吉柱、姚伊萍夫妇一道，通过股市操作的实践，使"K线切入法"这一新的股市预测方法日臻成熟和完善，是为序。

公元2000年岁在庚辰，立夏日于石家庄慈圣斋

①《股市K线全息预测与操作》，王吉柱、姚伊萍编著，2000年7月由山东人民出版社出版。

（十三）
《大六壬揭秘与现代应用研究》[1] 序

1999 年 4 月，我研究传统数术学“三式”之一奇门遁甲的专著《神奇之门》出版之后，在社会各界引起强烈反响，读者纷纷来信给予评说。其中第一封有真知灼见的来信就是 1999 年 7 月 1 日江苏常熟市徐伟刚先生的来信（见《奇门应用实例评析》第三集）。

他在信中说：“从六壬、遁甲、太乙向上追索，当然会归于《易经》。《易经》的理论思想观点是否等同于爱因斯坦所谓的‘宇宙方程式’，目前仍是一个困惑。我颇欣赏爱因斯坦这样一段话：‘要寻找一个宇宙方程式甚为困难，因为这个方程式实际要等同于宇宙本身一样。’《易经》的普遍性、原理性，从‘宇宙方程式’此一线索上去思索，肯定是一条路途。”

他告知：“我一直致力于大六壬的研究”，“我曾经对《神奇之门》一书中一些特殊卦例起 六壬课应测，惊人地契合，不可思议。毋庸讳言，在三式的历史发展过程中，六壬最为流行，测占古人称之‘最验’，遁甲相对过于高深而曲高和寡，其在明清时代更被六壬占尽了风头，但它并不能从根本上动摇‘帝王之学’的地位。”

他又说：“大六壬与奇门遁甲的血缘性，较之太乙更为紧密，古人谓之‘壬遁之学’。从大六壬、奇门遁甲的相互印证中，我发现，奇门遁甲实际是天干学……大六壬实际是地支学……”

从此，我与徐伟刚先生就成了书信来往的“神交”朋友。开始，从其语言的老辣、易理和数术功底的深厚和见解的中肯公允等方面，误以为他是一位年高资深、研易多年的长者，后来才得知他原来是一个同我第二个小孩

(1971 年生) 年龄一般大小的后生。

孔子说："后生可畏。"我却要说："后生可喜。"喜的是如此年龄已经对易学理论和各种数术有了相当深入的研究，而且能够站在现代科学的高度上对古人的学术成就实事求是地去伪存真、批判地继承，这种正确的研易思路，尤为可贵。

鉴于当今易学界对大六壬从理论和应用两个方面真正有研究的人稀少，我鼓励他把研究六壬的心得体会写成书。于是他列出提纲，开始动笔写起来。在写作过程中又不断地征求我的意见。

一年后，也就是庚辰年岁末，他把一部 40 万字的《袖里乾坤——大六壬新探》和一部 20 万字的《〈大六壬指南〉导读》两部书稿一齐摆上了我的案头，同时我俩才第一次面对面，认识了对方的"庐山真面目"。

辛巳年春节及节后，我抽时间阅读了他这两部书稿，感到无论从理论上还是从应用上，都是迄今为止，我所见到的研究大六壬最具突破价值的著作。为了弘扬民族文化，批判地继承发扬易学数术中精华，我建议他以这两部书稿为基础，先写出一部不超过十万字的普及性的教材，使广大易学爱好者都能步入六壬的大门。于是就有了这部《大六壬揭秘与现代应用研究》的论著。

这本新著略去了从古代天文学、易学和现代科学等理论上对大六壬的种种探索，直接从应用技术入手，将揭秘贯穿于实用操作技术之中，并收录了 15 个类别、古今占测实例 43 个，而且进行了比较详细的分析解说，旨在使研习者很快就能入门，并登堂入室。无疑，它是迄今为止，研习大六壬最简明易懂、实用有效的教材。

太乙、奇门、六壬，古称"三式"，几千年流传下来，无一不是精华与糟粕共存。清代《四库全书》的编纂者纪晓岚等人的见解颇值得我们借鉴。纪氏等人认为《太乙金镜式经》"乃秦、汉间纬书之遗，吉祥小数之曲说，不衷于正，宜为圣人所必斥"，遁甲"于方技中最有理致"，"而六壬其传尤古"，"究之遁通于壬，壬于人事为切，遁于天文为优，实亦未有以轩轾也"。他的意思是，太乙虽称之为"三式"之首，但实不可信，应于否定，遁甲和六壬既合易理又有应用价值，而且二者相通，不分高低。

我在研究奇门遁甲过程中，发现其中有不少六壬的内容，而六壬中也有遁甲的知识。因此，我认为，要想提高奇门遁甲的水平，也应该研究精通大六壬；同样，研习六壬的易友，要想提高六壬的水平，也应该研究奇门遁甲。不仅如此，正如清代纪晓岚所讲“六壬其传尤古”，不仅早于奇门遁甲，而且早于纳甲筮法和四柱八字学，纳甲筮法和四柱在创制与流传过程中均吸收了不少大六壬的知识，如纳甲筮法中的六亲知识，四柱中的神煞和格局等知识，无一不是六壬中常用必用的知识。可惜当今易学界，研习纳甲筮法和四柱的人既多又普及，相反，追根溯源研习大六壬的人却如凤毛麟角，这种现象也应扭转。我认为研习纳甲筮法和四柱的易友，要想提高水平和层次，也必须下功夫研习大六壬。还有，当今研习六壬金口诀的也不在少数，殊不知金口诀只是大六壬简化的一个支流。要想提高金口诀的水平，也需要研习大六壬。无论从象数理模型的完整性，还是从信息量的丰富程度上，特别是应验准确率上，金口诀与大六壬相比，也只能是小巫见大巫。

总之，我认为，当今易学界无论是研究易理的，还是研究数术的，要想探求易学思维科学的精华，使传统文化古为今用，以至于发扬光大，就必须下大力气研究奇门遁甲和大六壬这两门学术。如此，研易的层次和水平就会逐步提高，无论你原来是研究哪一门的，都会有新的收获，新的成果。

为此，我向易友推荐徐伟刚的新著《大六壬揭秘与现代应用研究》，是为序。

2001 年 6 月 25 日于石家庄

①《大六壬揭秘与现代应用研究》，徐伟刚编著，2001 年内部印刷。

（十四）
《中国八字学通论》[1] 序

我与凌谢冰先生素不相识，2001 年他给我写信，讲他准备写一本鸟瞰命理学全局的著作《中国八字学概论》，并列出具体纲目计划，征求我的意见，希望得到我的支持。我欣然表示支持，并对他的书的布局和纲目，提了一些自己的建议。说实话，虽然我对他的宏伟计划表示大力支持，但据他自我介绍的学《易经》的经历如此短，实践经验又不多，该书究竟能够写到什么层次、什么水平，我心里当时的期望值确实没有多高。

两年以后，当凌谢冰先生把他的《中国八字学概论》书稿摆上我的案头时，我真是又惊又喜。惊的是作者在如此短的时间内竟完成了这么一部煌煌巨著，喜的是该书的学术价值大大超出了我当初的期望值。

作者虽然从事易学研究出道较晚，但是术业有专攻。由于他对传统文化有一个正确的全面的具体问题具体分析的科学态度和方法，对八字学的研究不仅能入乎其内，又能出乎其外，既能高屋建瓴，鸟瞰全局，又能引入比较学的研究方法，纵横捭阖，条分缕析，所以使该书具有了相当高的学术研究价值。

首先，他从纵的方面，将中国八字学的起源、发展、壮大、繁荣、演变的历史状况，梳理得相当清晰明了，对八字学的合理内核及其局限，历史上和今天社会各界对八字学的认识及分歧，均做了客观公正的评述，使读者对这一传统文化的分支尽可能有一个正确的全面的了解。其次，他又从横的方面，广搜博集，将近二、三十年来海内外有影响的命理研究人士及其论著一一进行了评介剖析，指出其得失、优劣及其值得商榷之处，使读者看到了八字学发展到今天的具体现状。既有继承传统命理方法的优秀论著，又有突破传统理论和方法而对八字学进行探索和创新的种种尝试和努力。不仅如此，作者还从大量比较研究中，给出了作者认为比较可行，最简易、最符合易理、命理、准确率又相对比较高的批断八字的具体思路、方法和步骤等，从而使该书成为时至今日在中国八字学发展史上最具资料价值、学术价值、研究价值的里程碑式的著作。当然，作者对古代八字学论著的评断也好，对当今海内外几十种论著的评断也好，命理人士、广大读者自可以仁者见仁、智者见智，许多观点我也未必都赞成。但说该书述往论今，指点命理，激扬文字，成一家之言，恐怕不算过誉。

鉴于该书在八字学研究上所达到的广度和深度，我对该书除了提出一些具体修改意见之外，提了一条最主要的修改意见：这就是将书题《中国八字学概论》改成了今日的《中国八字学通论》。

总之，我通读该书之后的感觉，可以借用唐代大诗人杜甫一首诗《望岳》中登泰山的两句来形容，这就是“会当凌绝顶，一览众山小”。我这样形容，并不是说该书对于命理学的研究价值已达到顶峰。须知，泰山也并非天下最高最大的山。常言道，“山外有山，天外有天”。我真诚希望命理界能拿出比该书更高更深更具学术价值的新著来。

但是在比该书更高更深更具学术价值的新著尚未出世的今天，我郑重向易学界和广大读者推荐，无论你是想了解中国八字学的人，学习八字学的人，研究八字学的人，应用八字学的人，抑或是想否定八字学的人，批判八字学的人，读此书，肯定是你的捷径。是为序。

2003 年 8 月 26 日于石家庄

①《中国八字学通论》，凌谢冰编著，2008 年 9 月香港雨雪易学文化出版社出版。

（十五）
《中国古代哲学研究文萃》[1] 主编导言

党中央，国务院提出在二十一世纪实现中华民族伟大复兴的口号，许多专家都认为，伟大复兴不仅仅是在经济上，科技上，社会管理的进步上，首先应是民族文化的复兴上。因为文化是一个民族区别于另一个民族最稳定、最能体现民族性格的主要特征。而作为自然科学与社会科学高度概括与抽象的哲学，正是一个民族文化的灵魂和智慧结晶。故而要复兴中华民族的优秀文化，必须首先弘扬中国古代哲学中的精华。

中国古代哲学的主干，是以《周易》为代表几千年来形成的易学思维科学体系。这种思维科学，或叫思维哲学，不仅从理论上作为指导思想，作为世界观、方法论，曾经在中国古代社会大的政治实践、经济实践、军事实践、科技文化实践等各个领域发挥过重要作用；同时，我们的祖先还依据象、数、理、用的独特思维方式，构建了许多预测思维模型，用于老百姓日常生活百事，以检验易学思辩理论的正确程度和准确性。这不能不说是中国古代哲学或直接叫易学思维科学的一个重要特征。

二十世纪八十年代改革开放以来，在中国大地上掀起了学习、研究中国古代哲学、中国易学思维科学的热潮，出版了大量研易、用易的新作、新著，为了向海内外展示这二十余年来，中华民族批判继承传统优秀文化，研易、用易的新成果、新水平，我特地选择了九部有代表性的学术论著，编成《中国古代哲学研究文萃》，供广大读者学习、研究和收藏。

2003 年 9 月

① 《中国古代哲学研究文萃》，张志春主编，2004 年 6 月新疆人民出版

社出版。该文萃包括张志春编著的《神奇之门》《开悟之门》，李顺祥编著的《六爻玄机》《四柱玄机》，郭俊义、刘英编著的《易算应用学》，凌志轩编著的《释易新探》《四柱博观》，凌志轩、杨维增编著的《中国哲学的魅力》，徐伟刚编著的《袖里乾坤》共九种。

（十六）
《股市黄金策》[1]序

2001年，为了纪念中国共产党成立八十周年，中央文献出版社、人民日报出版社联合出版了由中央党校副校长李君如任主任编委、集体编写的一部大型史诗性丛书《丰碑——中国共产党八十年奋斗与辉煌》，其中“风采卷”记述了五十五个能够代表共产党风采的党组织和个人，最后一名共产党员个人典型，是“《周易》研究家、预测学家邵伟华”。作者在介绍邵伟华的研易事迹之前，对《周易》一书有一段精辟的论述，作者说：“《周易》作为中华民族数千年来矢志不渝深入研究的一门大学问，它的哲学价值与实用功能是不言而喻的。”（见该书“风采卷”第117页）

摆在我案头，姚伊萍女士的新作《股市黄金策——破译K线涨跌密码》，又一次证明了《丰碑》作者对《周易》价值论述的正确性。

姚伊萍女士认为，股票市场的一买一卖、一涨一跌、多空双方的搏弈等都是大自然法则在金融市场上的反映，而《周易》一书正是阐述阴阳变化等大自然法则反映的万世经典。所以股市制胜之门的金钥匙，就蕴含在《周易》所构建的一整套符号和模型框架之中。

她首先从天文学、地理学等现代自然科学角度论述了《周易》用阴阳二爻、八卦、六十四卦等符号揭示大自然万事万物发展变化规律的科学性，特别对先天八卦和后天八卦在揭示日、月等宇宙天体与地球运动和人类生活方面所蕴含的科学规律提出了不少新颖独到的见解，进而将《周易》所揭示的自然法则与股票市场、与反映股市变化的K线图全息接轨，提出了一套全新的股市操作理念与思路。

姚伊萍女士毕业于济南大学统计系，炒股多年，不仅长于技术看盘、选股，而且又善于从自然科学角度阐释《周易》符号体系的科学内涵，并将二者紧密结合、融会贯通、科学接轨，从而在实践中大大提高了选股、炒股的准确率。

古代易学家曾有过“善易者不占”的名言。姚女士《股市黄金策》一书最突出的特点正在这里。她不用起卦占算，直接利用先天八卦、后天八卦、六十四卦去看股市 K 线图，去分析判断股市涨跌的规律，去把握买卖的契机。因为不需要学习精通占算技术，所以对没有周易基础的投资者，也能够很容易入门；对有周易基础的人士分析股票，亦犹如锦上添花。

这种研易、用易的新途径、新方向，值得提倡，值得推广，所以我乐于为之序，愿将该书推荐给广大读者，特别是易学爱好者和投身股市的投资者。

2003 年 11 月 5 日于石家庄

①《股市黄金策——破译 K 线涨跌密码》，姚伊萍编著，2003 年 12 月黄河出版社出版。

（十七）
《周易浅说》① 序

自从1984年武汉大学召开全国性的周易学术研讨会以来，研究中国古代哲学、研究周易文化成为弘扬民族优秀文化的一个热点。二十余年来，出版的各种注易、解易、说易、用易的图书之多，可能要超过历史上任何一个二十年。

在异彩纷呈、各抒己见的解易著作中，今天我又见到一种，这就是河北省周易研究会常务理事、省直厅局级干部石建和先生新著的《周易浅说》。

作者在绪言中讲得十分明确："学习哲学的目的在于应用，继承传统的目的在于创新。要为实现中华民族伟大复兴提供哲学理念上的智力支持，易学研究的新起点就在于古为今用，推陈出新。"

我十分赞赏石建和先生这种观点。他不仅是这样说的，在其著作中也是这样做的。他的这部解易、说易的新著，最引人注目的特点，就在于他主张的八个字："古为今用，推陈出新。"

该书共分三部分。第一部分，作者用浅显的现代语言一一解说了易学所涉及的专用符号语言。第二部分，是作者对易经六十四卦卦爻辞的全新阐释，首先他将佶屈聱牙、艰涩难懂的卦爻辞，用现代语言作了精练简明的概括，其次他广征博引，以古今中外的重大历史事件和名人轶事来例解卦爻辞的含义，极大地拉近了古代哲学智慧与现实社会生活的距离，使读者耳目一新，受益匪浅，深刻领会到古典哲学的深邃内涵和真理性的永恒魅力。第三部分则将易学与现代哲学、现代科学相结合，分别从经济、政治和文化等各个角度，解说了易学在当代的应用价值。

石建和先生毕业于河北大学中文系，先后在省纪委、监察厅和国防工办等单位任职，学识渊博，著作丰富，为人正直厚道，为官刚正不阿。古人云："文如其人。"这部《周易浅说》也如其人一样，淳厚简洁，深刻亲切。我相信，读者读过此书，一定会对中国古典哲学，对易经有一个新的更加切近现实、切近生活的认识。

一部古老的哲学典籍，为什么至今还有这么大的认识价值和应用价值，国内外哲学界、科学界和学术界持久不衰的研究热情，主要是易学思维中所阐发的天人合一等哲学思想为人类与自然、人类与社会、人与人之间的协调发展提供了智慧和方向。正如德国特里尔大学卜松山教授所指出的："天人合一思想是带有中国特点的人与自然统一的思想，同样是一个具有世界性的思想。如果这个地球上人口最多的国家真正把这一思想付诸实践，尝试着在迈向现代化的道路上避免西方的一些重大失误，那么国际政治地位日益提高的中国，如果不偏离发展正道的话，也许将是我们这个星球的希望所在。"

2004 年 5 月 27 日于石家庄

①《周易浅说》，石建和编著，2008 年 5 月中国书店出版社出版。

（十八）
《六爻梅花易卦例精解》[①] 序

我在主编《中国古代哲学研究文萃》（2004 年 6 月新疆人民出版社出版）这套丛书的导言中曾提出一个观点，这就是作为中国古代哲学主干的易学思维科学，不仅作为指导思想、世界观和方法论，曾在中国历史上大的政治实践、经济实践、军事实践乃至科技文化实践中发挥过重要作用，而且我们祖先还依据象、数、理、用的独特思维方式，构建了许多预测思维模型，用于老百姓的日常生活，以检验这种思维科学的正确程度和准确率。这是中国古代哲学文化区别于其他哲学文化的一个重要特点。换句话说，中国古代哲学的主干，同时又是一种预测学。

中国古代哲学中这种预测学，与现代西方所谓的预测学，无论从思想方式上、理论架构上，还是具体方法上，都具有本质的区别。西方所谓现代预测学，是在对某一事物，首先进行大量的调查研究之后，根据该事物的过去和现在的情况及其发展变化规律，依靠逻辑推理的思维方式，对其未来做出预测。而中国古代这种预测学，是根据阴阳五行哲学原则，构建的一个个时空象、数、理思维模型，而且这种模型是一种普遍适用的模型。也就是说，以一种数理模型来摹拟万事万物。所以它不需要对某一具体事物进行调查研究，而是采取比类取象的象数思维方式，直接找出与某事物对应的哲学符号，纳入这个固定的、普适的模型中进行摹拟，然后依据阴阳五行生克制化的哲学原理做出预测判断。因此，我认为，它实质上是一种哲学预测。这种预测不仅要运用逻辑思维，同时还要运用形象思维和灵感思维。这就它不被习惯于现代单一逻辑思维的许多人所理解的症结所在。

今天的人们，只有首先从哲学、思维科学的角度去认识和把握中国古代预测学的特点和本质，才能正确地去对待它、了解它、学习它和应用它。

北京贾双萍女士编写的《六爻梅花易卦例精解》一书，就是中国古代预测思维模型中最流行最常用的八卦象数理模型。这种预测模型直接来源于《周易》本经，经过宋代易学大师邵康节的改造，使之更加简捷明快，充分体现了易学“大道至简”的原理。

贾双萍女士学易十余年，曾师从黄鉴学习八卦象数预测法，师从刘昌明学习六爻纳甲，她学古，而不拘泥于古，从师，而不拘泥于师，在实践中勇于大胆创新，兼收众家之长。她把梅花易数与六爻融汇在一起，在实践中收到了更好的效果。

当今易学界仍有不少人沿袭旧的保守观念，自己稍有所悟，就视为“绝招”，秘不传人。我认为学易从来就没有什么绝招，关键是从易理上把握住某种预测模型的根本原理及其思维模式，然后在实践中敢于大胆灵活变通加以运用，就会事半功倍。

贾双萍女士这部卦例精解的最大特点和优势，就是她在书中毫不保留地把她在梅花易和六爻实用中的起卦方法（许多创新的简易方法）、比类取象的判断思路（许多新颖的直读法），以及用大道至简的梅花易一卦多断，乃至判断一个人的终身命运、风水环境，还有化解的种种思路和方法，都呈现在读者面前。我认为，只有这种研究态度，才会使易学的真髓得到继承，并且有望发扬光大。

鉴于此，所以我乐于为之序，并且向广大读者，特别是易学爱好者推荐之。

2004年7月16日于石家庄

①《六爻梅花易卦例精解》，贾双萍编著，2005年7月，香港朝阳梦工场出版公司出版。

（十九）
《干支易象学》① 序

我在论文《易学预测与现代预测之比较研究》（发表于2003年《国际易经》杂志第3期，2004年6月作为“代序”收入新疆人民出版社出版的拙著《开悟之门》一书）中详细论证了易学预测与现代预测的不同性质和用途。简言之，现代预测是在对具体事物进行了实地调查研究之后，利用逻辑推理的思维方式由已知推断未知。而易学预测是在对具体事物几乎完全不知的情况下，依据中国古代哲学思维所构筑的象、数、理模型，利用逻辑思维、形象思维和灵感思维三种思维方式，采取对具体事物进行摹拟的方法，对其过去、现代和未来的情况做出预测判断。它使用的语言符号是一种通用的哲学符号，即八卦、六十四卦、阴阳、五行、天干、地支、河图、洛书、先天八卦、后天八卦等。

传统的易学预测符号虽然很多，但不外乎两大系统：一是八卦系列，以八卦、六十四卦来摹拟万事万物，这可以说是一种以摹拟宇宙空间为主的符号系统；二是干支系统，以天干、地支及其之间生、克、刑、冲、合、化、害、破等种种关系来摹拟万事万物，这可以说是一种以摹拟宇宙时间为主的符号系统。

众所周知，以周易本经为代表的古典原始预测学主要是以八卦、六十四卦来类象、摹拟天地人和万事万物。到汉代京房创造了纳甲筮法，则将干支系统纳入八卦、六十四卦之中，并配以六亲、六兽、世应等符号，第一次将八卦符号系统与干支符号结合在一起，从而大大增强了古典预测学的信息量和可操作性、规范性及准确率。但是，这种以摇六次抛铜钱而成卦，又须将天干、地支、六亲、六兽等纳入其中的起卦方法和断卦方法，未免过于繁琐和死板。到宋代易学大师邵康节又将八卦预测法化繁为简，创造了梅花易数的方法，以时间、数字、声音、颜色等各种方法灵活起卦，以主、互、变卦的体用生克断卦，甚至直接看外应，使八卦预测法在类象、摹拟万事万物方面达到了快速、简洁、灵动、活变的出神入化的境界，进一步体现了大道至简的原则。

在唐代李虚中以年、月、日三柱干支判断人生命运方法的基础上，经宋初徐子平加上出生时辰干支而形成的四柱八字命理预测学，一千多年来，都是利用干支符号系统来类象、摹拟人生命运。为了将人生命运摹拟得更细致、更准确，后代命理研究者在四柱、大运、流年干支的基础上，又陆续增加了命宫、胎元、小运、小限和越来越多的神煞等符号，使命理预测学日趋繁杂，而准确率不仅难以提高，反而有下降的趋势。时至今日，许多命理研究者，不仅对人生大的命运难以把握准确，具体流年的吉凶祸福就更难判断细致、准确了。为此，许多命理研究者，不断提出一些新的思路和方法，期望在四柱研究上有所突破。但是，纵观当今命理界，几乎无一不是仍然在干支符号这个大的系统内打转转，钻牛角尖儿。孔子曰："后生可畏。"我说："后生可喜。"今天摆在我案头的沈阳青年易学研究者贺云飞的新作《干支易象学》，就让我看到了命理预测变革、创新的希望。贺云飞不仅把八卦的方位、万物类象纳入四柱命理的干支系统之内，而且深得易学预测模拟、类、象、比的思维理念，大胆地将邵康节梅花易数简易、灵动的起卦断卦方式运用到命理预测之中，使一般人用四柱甚至六柱、八柱都断不准的命理吉凶，他仅用两柱甚至一柱就断得十分具体、细致。例如：2004 年 7 月 11 日中午，他与朋友在一家酒楼共进午餐，某饭店老板娘赵洁女士问其刚从澳洲留学放假回来的女儿的命运。贺云飞看见她女儿胸前挂着一个类似花瓣形的玉坠，上着蓝色衣服，他立即以玉坠为珠宝为辛金，蓝色衣服为水为亥，即取了干支辛亥，仅按此一柱干支辛亥（实际也不是该女儿的四柱之一），就为她断出许多事，直讲了一个多小时，而且全部应验。又如，2002 年 5 月 9 日，易友佟安祺问他妻子姑父的运气，他让佟安祺说一个数字。佟安祺说了个一数，他当即断佟安祺妻子姑父几件事：1995 年提升，1996 年破财，

1998年因房产之事引起口舌之争，1999年调工作提升，2000年合伙做生意破财，2001年职务有提升，结果全部准确。其预测原理就是一数为子，子可化壬，故可视为壬子柱，他就以壬子一柱断出以上几年的具体运气。以上二例是他随机取一柱干支来判断，多数情况下还是按求测人本身的年柱、月柱这二柱来展开预测思维。

这不是典型的梅花易数预测法吗？十几天前，我刚给北京一位研究运用梅花易数的高手贾双萍女士的新作《六爻梅花易卦例精解》作序。这位女士在瞬间就能为求测者断出过去、现在和将来的许多具体吉凶信息，用的是传统梅花易数的起卦和断卦方法，又有个人许多新的创新。今天，在贺云飞的著作中，又将梅花易数的思维方式，成功地运用到干支命理预测中，以随机起出的一柱或二柱干支为中心点，将干支类象与八卦类象结合，灵活机动地运用干支互变及其之间的生、克、刑、冲、合、化、害、破等关系，在瞬间就能为人断出过去、现在和未来的吉凶信息。二者具有异曲同工之妙。在梅花易数领域有一句行话，叫做“顺手拈来皆成卦，宇宙无处不信息”。今天，在命理界，贺云飞也创造了新的“梅花易数”，可叫做“干支八卦相结合，宇宙无处不信息。”

贺云飞的干支易象应用理论，不仅在命理干支的基础上，吸收了八卦的知识，梅花易数的知识，而且还吸收了奇门、六壬等多种预测术的知识。他主张不受各种预测术规矩的约束，兼采各家之长，行无障碍法门，创造出适合自己的预测方法。他这种研究和创新的思路，我是赞成的。因为他不仅主张兼收众家之长，而且主张大道至简，反对繁琐哲学。相反，有个别易学研究者的所谓创新，实际是搞繁琐哲学，比如把六十四卦套入奇门的模型中，或者把四柱十神套入奇门的模型中等等，越搞越繁琐，这是不可取的。

武术界有一句行话，说武术练到高层次以后，就不讲什么招数了，即“无招胜有招”。易学预测亦然。但是，在进入高层次以前，还是要从一招一式练起，先打好打扎实基础，熟练掌握某一门某一派的招数，才有可能逐步提高。基于这种认识，我认为《干支易象学》虽然已经突显出她的创新个性，实质上无疑属于高层次的预测方法，但如果作为一本教材、一部完整的著作，还缺乏系统性、规范性，还显得有些仓促和杂乱。

但我相信，在易学理论研究和应用实践中已经探骊得珠、独树一帜的贺云飞同志，一定会在今后的研究和实践中，使干支易象学这门具有创新思维的预测方法更趋完善，更加系统、规范，使更多人能够掌握它、应用它，为人们趋吉避凶，为社会发展、人类幸福服务。

是为序。

2004 年 7 月 28 日于石家庄

①《干支易象学》，贺云飞编著，香港中华文化出版有限公司 2004 年 9 月出版。

（二十）
《奇门最新实例解析》[①] 序

奇门遁甲，在中国古代易学数术中，一向被认为是最神秘、最高深、最难懂的一门预测决策技术。不仅古代如此，就是在自上世纪80年代以来二十余年的周易研究热潮中，这种观念也是根深蒂固的。一些易学名家、大家曾在自己办的周易学习班上，或在私下对学员、子女，谆谆告诫："千万不要去学习钻研奇门遁甲，搞不好会走火入魔的，弄成精神病的。"

余不自量力，从1990年编辑出版了邵伟华的《周易与预测学》之后，在短暂时间内研究过八卦六爻和四柱命理之后，自1994年即集中业余精力，研究"数术之王"奇门遁甲，1995年在《神州传奇》杂志上发表了《解开诸葛亮借东风之谜》，1998年在《周易与应用》杂志上发表了《学习奇门遁甲并不难》的论文，1999年4月在花山文艺出版社出版了研究奇门的学术专著《神奇之门》，2004年6月在新疆人民出版社不仅出版了《神奇之门》的修订版，同时又出版了研究奇门的新作《开悟之门》。1995年6月我在河北省周易研究会内举办了第一次奇门学术研讨班，1996年6月开始面向全国（乃至国外）举办奇门学术研讨班，至今已经十年了。我在研究奇门的学术专著中，第一次提出了奇门遁甲来源于军事上排兵布阵的论断，透彻解析了奇门这种时空象数理模型的建构原理，简化了定局和起局的方法步骤，创造了纸上快速起局法，规范了分析判断的根本思路，归纳总结了定应期的各种方法，使奇门遁甲由难变易，化繁为简，成为人人可以学会，一看就懂一用就灵的一门普及性的预测决策技术。十年来通过会内外学术研讨班的举办和拙著的广泛流传，奇门的学习研究已经呈现出普及的趋势。这种根本性的转变，正如沈阳空军易友贺云飞在其《干支易象学》一书中对拙著《神奇之门》功德的评价，他借用了古人的两句诗，这就是："昔日王谢堂前燕，飞入寻常百姓家。”

奇门的研究和普及，不是我一个人的功德，这种功德，理所当然地也包括河北省周易研究会内、全国各地乃至世界各地我的学生们。他们既是学习者、研究者，又是应用者、实践者。实践是检验真理的惟一标准。正是基于他们在各地、各国、各种事物、各种场合下大量广泛的实践应用，进一步验证了奇门遁甲的无可否认的应用价值。

为了推动奇门研究、应用的普及和深入，我的学生们也开始纷纷著书立说。2003 年 7 月伊犁人民出版社出版了杜新会的《奇门遁甲现代实例精解》一书。现在石建国的《奇门最新实例解析》一书，也将要付梓了。我由衷地为他们高兴，为他们祝贺！

杜新会是 1995 年我在研究会内举办第一期奇门研讨班的学员，石建国是 1996 年我在研究会内举办第二期奇门研讨班的学员。如果说，杜新会是第一期学员中的佼佼者，那么，石建国无疑是第二期学员中的佼佼者。石建国自 1998 年开始，专职在河北省周易研究会抱犊寨研究基地值班，从事研究和应用，至今已经六七年了。他的特点是，重视研究易理，不断提高自己的悟性，在主攻奇门遁甲的同时，兼及四柱、六爻和风水，知识比较全面，又敢于大胆实践，所以几年下来积累了不少宝贵的经验。从他这部《奇门最新实例解析》一书 170 余篇实例中，易学爱好者可以学到许多分析判断的思路和方法。他在原则上遵循《神奇之门》、《开悟之门》二书我所阐述的分析判断事物思路和方法的基础上，又融进了自己一些经验和方法。比如，他特别重视流年太岁的作用；有时还使用四柱命理中一些知识；如何辨别求测者在故意使用虚假信息来考你、误导你；如何一局断多人多事；如何灵活取用神；如何从一局中断出过去的事、现在的事和未来的事；等等。

总之，我相信，易学爱好者在读过石建国这部实例解析之后，一定会有耳目一新的感觉，一定会对你提高奇门应用能力有巨大的帮助。所以我乐于为之序，加以推荐。

2005 年 1 月 11 日于石家庄慈圣斋

①《奇门最新实例解析》，石建国编著，2006 年香港建筑与风水杂志社出版。

（二十一）
《玄空住宅环境学》[1] 序

我与练力华先生素不相识，2005 年 11 月底在国际易经科学研究院院务工作会议上才第一次相见。他将其研究应用风水学的新著《玄空住宅环境学》书稿送我阅读。我过目之后，有以下感触：

（一）该书立论正确。对传统风水术采取了扬弃结合的态度，剖析、剔除了传统风水术中的糟粕、迷信、故弄玄虚的部分，将其合理内核与现代住宅，特别是现代城市住宅相结合，提出了比较系统的选址、布局、设计、建造乃至装修等等可操作性的理念与方法。

（二）对传统风水术中理气与形势两派的争执，持论中肯。虽然该书主要肯定和论述的是理气派中的玄空飞星术，但无论是从研究传统风水中的真山真水，还是研究现代建筑中人造的所谓“山”“水”，无论是论述室外环境，还是研究室内环境，作者始终如一地强调了形法与气法的结合与统一，避免了偏执之见。

（三）理论与实践结合。作者练力华曾教书从政近二十年，近十年又下海从事房地产开发的策划、设计和管理工作，其独特的经历，使他能够站在现代哲学、现代科学的高度对传统风水术进行去伪存真、去粗取精的研究，并有亲身从事房地产的实践，使他又能够将现代建筑理论、建筑技术与传统风水中的精华有机结合，故该书不是空中楼阁，而大量真实案例的实践总结，有很强的说服力和实用性。

（四）简捷与公开。搞易学、风水等传统文化研究的人中，不少人至今仍沿袭旧社会的保守性，稍有心得，也不肯公开，著书立说，云山雾罩，繁琐堆砌，一到关键之处，藏藏掖掖，生怕别人学会，这也是传统文化难以进步的一个致命缺陷。练力华先生虽然对传统文化研究很深，涉猎很广，但入乎其内，又有出乎其外，新著完全摈弃了此类传统著作的恶习，简捷明快，坦诚公开，自己的研究心得、方法、技巧全部公开。不仅对七运住宅的堪舆与调整一一提出自己的意见，而且对八运房地产楼盘、商用房屋（工厂、酒店、商场、办公室）、家居环境的堪舆与策划也一一提出了自己的前瞻性意见。这是一种造福社会的诚心之举，这是现代地理顾问区别于传统风水先生的分水岭之一，这是易学专家区别于江湖术士的应有情怀。

总之，在我孤陋寡闻的视野内，这是我目前看到的研究玄空风水学中最有新意最值得推荐的一本书。至于本书研究的“玄空”，是否如作者所说是“传统风水术中应验最高”、“风水学的理气主流”，我还不敢贸然赞同，这个问题还是让风水现代化的实践、让历史老人去评判吧！是为序。

2005 年 12 月 18 日于石家庄

①《玄空住宅环境学》，练力华编著，2006 年 3 月中国国际广播音像出版社出版，2008 年 4 月又更名《和谐家居》，由中央广播电视大学出版社再版。

（二十二）
《茹呈智谈风论水》序

中国传统建筑中的风水文化，从其产生、发展，特别是风行于世以后，恐怕对它的认识就逐渐发生了歧见。在中国封建社会历史中，虽然多数人笃信不疑，痴迷褒扬，但也有少数人怀疑质询，甚至排斥批驳。近现代以来，随着西学东渐，西方现代科学、现代哲学、现代建筑学成为中国社会的主流文化以后，风水文化更是遭到了前所未有的否定，被打入“封建迷信”、“愚昧文化”之列，查一查解放后出版的辞书、词典，就可一目了然。

然而，时移势易，随着后工业化时代的到来，随着人类对地球生态环境破坏所致恶果的认识和觉醒，中国传统建筑中的风水文化，同整个周易文化的命运一样，又被重新认识和重视起来，而且也是沿着出口转内销的路子，从国外的“风水热”逐步引发起国内的“风水热”，以致于在少数先知先觉的精英人物的倡导下，2004 年第一次出现了在北京人民大会堂堂而皇之研讨建筑风水文化的国际论坛。

但是，时至今日，无论在社会上层，在文化精英人物之中，还是在社会基层，在广大的民众之中，对风水文化的认识，不仅是歧见，可以说仍然处在尖锐对立之中。前年，某省一家电视台，对风水文化进行了一次公开大辩论，题目是“买房选房看风水是迷信吗”？主张不是迷信的一方有三个精英人物：一个是专职风水研究和应用者；一个是省社科院哲学所研究人员；一个是建筑设计院的设计人员。主张是迷信的一方也有三个精英人物：一个是反伪科学名满天下的斗士；一个是省政协的官员；一个是某大学的教授。双方唇枪舌剑，辩论得相当激烈和对立。电视台在现场直播的同时，又组织场外观众互动投票，据说参与者达三万多人。辩论结果，是主张“买房选房看风水是迷信”的一方占了上风，场内外参与投票的结果，是认为“买房选房看风水是迷信”的观众达二万多人，认为不是迷信的只有一万多人。

我十分赞同伟人邓小平关于“不争论”的主张，世界上许多事物的分歧，靠争论、辩论是解决不了问题的，实践是检验真理的惟一标准。风水文化到底是不是迷信，靠一场或几场，一年或几年大辩论也是解决不了问题的。但这家电视台组织这场大辩论，也不能说毫无意义。起码作为一项民意测验，是达到了目的。这就是说，在当前，无论在精英人物，还是在广大人民群众之中，对传统风水文化的认识还是大相径庭的，起码有三分之二以上的人仍然将风水文化看成是一种迷信，一种愚昧文化。

前不久，武汉大学哲学学院教授、博士生导师唐明邦先生在论述传统文化时提出精英文化与草根文化的概念及其相互转化的见解（见《国际易经》）杂志 2007 年第 4 期《略论精英文化与草根文化的异同》），这无疑为我们认识传统文化（甚至包括一切文化现象）提供了一个新的视角。

我理解，所谓精英文化，就是指某个时代被大多数精英人物研究、倡导，从而成为当时社会的主流文化；所谓草根文化，就是指某个时代被多数精英人物排斥、唾弃或者忽视藐视，但又消灭不了，只能在民间悄悄生存的非主流文化。按此视角，许多传统文化都经历过由起初产生于草根文化，后被社会精英人物特别是执政者的提倡，而成为精英文化、主流文化，尔后世移势易，又沦落为草根文化的大起大落风云变幻的命运。比如，以孔子为代表的儒家文化，产生于奴隶社会衰亡、礼崩乐坏的春秋时代，他提倡的仁政理想、君臣父子的等级观念，还有和为贵、中庸之道等等处世原则，虽然到处宣讲，有所谓弟子三千，贤人七十二，但周游列国，没有一个国君采纳，只能作为一种草根文化存在。但到封建中央集权社会确立之后，特别是到汉武帝时代，经过精英人物董仲舒的倡导，汉武帝“罢黜百家，独尊儒术”，从而成为几千年封建社会的主流文化、精英文化，孔子本人也被推崇到“至圣先师”、“精神领袖”的地位。但随着封建社会的没落，西方资本主义及其先进文化的冲击，“五四”以后，以孔子为代表的儒学，又受到无情的批判和冲击，儒家文化逐渐又沦落为草根文化。

中国传统建筑中的风水文化，也有着类似的命运。起初它自然也是产生于民间的一种草根文化，后来经过精英人物的研究、提高，执政者的倡导、推广，而成为一种精英文化，成为中国封建社会传统建筑中的主流文化。但伴随着封建社会的灭亡，西方资本主义先进文化的传入，特别是现代科学、现代哲学、现代建筑学成为世界主流文化之后，中国历史上的风水文化也只能沦落为一种草根文化。今天，正如上述某家电视台搞的民意调查一样，仍然有多数人将它视之为“封建迷信”、“愚昧文化”，这是毫不足怪的。原因，一是多年来破除迷信、批判它的结果，二是生活于现代的多数人对于风水是什么，它的内涵与外延是什么，传统风水学与风水术有什么区别，风水文化中有什么精华与糟粕等等问题，并不了解，并不清楚，多数人受群体主流文化意识的操控，成为一种惯性思维，惯性认识罢了。

不仅仅一般民众对风水是什么，它的内涵与外延是什么，它的实质与精华是什么，尚不了解，不认识。就是今天已经开始研究风水的精英们、学者们，认识也尚未统一，歧见也不少。比如，有人认为风水是科学，有人认为是玄学，有人认为风水是地质地理学，有人认为是生态环境学，有人认为它是东方建筑的一种审美艺术，有人认为它是一种心理学，有人认为它是一种理性思维，有人认为它是一种直觉思维，有人认为它是一种自然科学，有人认为它是一种人文科学；当然也有人认为，上述种种都包括在风水文化之中，它是一种综合学科、综合文化等等。

但是，有一条是比较一致的，既无论是社会的精英人物，还有一般民众，都开始思考：早已沦落的风水文化，为什么会从出口转内销，又开始热起来，它其中有什么合理的科学的内涵与成份，值得我们今天吸取和继承，或化腐朽为神奇，或与现代建筑科学有机结合，而使之发扬光大呢？

正是在这种大好形势下，河南易学同仁茹呈智先生解读风水的新作问世了。

我与茹呈智先生没有深交，但作为易友可以说已经认识多年了。他出生在宋朝易学家邵康节曾经隐居学易苏门山所在的河南辉县市，退休前是政协机关干部，对传统文化情有独钟，研习多年，特别在命理学、风水学方面曾在国际国内易学研讨会上发表过论文多篇。2007 年 11 月在深圳召开的中国传统建筑文化论坛上，被专家评审委员会授予“中国当代风水专家”的称号。

在此之前，经过中国风水文化研究院的举荐，中央电视台科教频道在《谈风论水》栏目中曾先后七天录制了他对中国风水文化的解读与讲座。现在，他在此讲座基础上，又将解读风水的文字、图片整理加工成书，即将在全国出版发行。

承蒙茹先生的信任，嘱我写序。纵览书稿，该书不仅对传统风水文化的形成、演变进行了梳理，而且对其内涵、外延、要点、派别等进行了解读，而且还有作者对全国一些著名旅游景区、园林、商务会馆，乃至城市、乡镇进行风水策划的实践经验，最后还有风水百问，答疑解惑。这样一部比较全面，比较系统的风水普及读本，无疑对当今社会各阶层的读者正确认识传统的风水文化，继承其精华，摈弃其糟粕，促进中国特色的现代建筑文化的完善与发展，起到积极的推动作用。

2008 年 1 月 23 日于北京

（二十三）
《人生奥秘探析》①序

2003年9月我在主编《中国古代哲学研究文萃》这套丛书的导言中，曾提出一个观点，即以周易为代表几千年来形成的易学思维科学体系，是中国传统哲学的主干。它不仅从理论上作为指导思想、世界观和方法论，曾经在中国古代社会发展的各个领域发挥过重要作用；同时，我们祖先还依据象、数、理、用的独特思维方式，构建了许多预测思维模型，用于老百姓的日常生活百事。这是中国传统哲学思维的一个重要特征。在古今世界哲学史上恐怕也是独一无二的。

我在《易学预测与现代预测之比较研究》（见《开悟之门》一书代序）这篇论文中，又进一步阐述了这种传统易学预测思维模型不同于现代预测的种种特质及功能。概括言之，传统易学预测是一种哲学符号模拟预测学。它有两大特质，一是以时间为主或以空间为主构筑的含有万物类象、数字和阴阳五行生克制化之理的模型，二是有以空间万物类象为主要特征的八卦、六十四卦和以时间为主要特征的天干地支两大主要符号系统。

在古代创制的各种易学预测模型中，四柱分析，由于是以一个人出生的年、月、日、时为主构筑的预测思维模型，因而可以称之为干支时间模型。大衍筮法，由于是以八卦、六十四卦为主构筑的预测思维模型，因而可以称之为卦爻空间模型；但后来在发展中，经过汉代京房的改造，创制了纳甲筮法，将时间因素天干地支纳入六十四卦，使其成为时空结合统一的预测模型。古代“三式”之一的奇门遁甲，不仅将天干地支和二十四节气的时间因素，九宫八方、河图、洛书等立体空间因素巧妙的构筑在一起，而且还把关乎事物成败的四大哲学要素即天时、地利、人和和神助也囊括其中，因而成为古代方术之王，传统预测技术的集大成者。

由于奇门遁甲这种预测思维模型比较复杂难学，古往今来，被人们赋予的神秘色彩最浓。但是改革开放以来，随着中华民族伟大复兴的步伐，1999年我出版了《神奇之门》一书，2004年又出版了《神奇之门——奇门遁甲大揭谜》和《开悟之门——提高奇门技能必读》二书，彻底揭开了奇门遁甲的神秘面纱，并验证了它在今天仍然具有的广泛应用价值和预测功能。时至今日，奇门遁甲的学习和应用，已呈逐渐普及的趋势。

我的学生李万福，自2006年9月才跟我学习奇门遁甲，不到二年时间，他已把自己写好的一部几十万字的书稿《人生奥秘探析——四柱分析与奇门遁甲》送上我的案头。我浏览之后，感到十分惊喜和欢欣鼓舞。

李万福之所以在这么短的时间内，能把自己学习、研究、实践的经验和体会写成一部书，一是他易学基础知识功底扎实。在他跟我学习奇门遁甲之前，自己对四柱分析和奇门遁甲已作过相当深入的研读，跟我学习之后，很快有了质的飞跃和提升。二是工作、生活阅历丰富。大学毕业后曾参过军，转业到地方后又长期在检察机关工作，对政界、军界、经济界等社会各界都有相当深入的了解。三是他虽然在大学是读理工科的，但同时喜欢文学艺术，喜欢京剧，还写过小说和电视剧，又从小就对中国传统的易学文化感兴趣，所以他的逻辑思维、形象思维和灵感思维都很强，因而在易学理论和实用技术的研究上才能取得突飞猛进的成果。

李万福《人生奥秘探析——四柱分析与奇门遁甲》这部书稿的新意在于：倡导将四柱分析与奇门遁甲两种不同的预测术结合使用，取长补短，以达到对一个人一生命运及各个阶段具体吉凶祸福预测准确率的提高。该书不仅从理论上、从易理上详细论证了二者结合的必要性和适用性，而且有大量结合妙用、确实提高预测准确率的实际例证。在如何将四柱分析与奇门遁甲相结合，以达到提高准确率方面，李万福在研究和实践中还有许多新的发现、新的拓展、新的体会和经验。比如，在奇门遁甲格局中如何运用地支三合局、三会局、六冲、六合以提高预测准确率方面，他就提供了许多成功的案例。这些都值得广大易友学习和借鉴。

关于奇门遁甲与四柱分析如何结合运用的议题，其实我早在2003年就提出来了。2004年“五一”节期间第一次开办奇门遁甲高级研讨班上，我就作为一个重点命题专门进行了讲授。2006年9月以后李万福跟我学习奇门遁甲，这个命题自然也是重点传授的知识之一。由于李万福在跟我学奇门遁甲之前，已有了比较扎实的四柱分析功底，所以在学了奇门遁甲之后，很快就拿出了四柱分析与奇门遁甲结合妙用的成果。这是特别值得可喜可贺的事情。

至于李万福在他的书稿中对于四柱分析与奇门遁甲各自的优长之处和局限性的论述，是否恰当，有些论述和比喻，我也不尽赞同，易友更可以仁者见仁，智者见智。同时，四柱与奇门具体结合的路子和方法，也可以多种多样。李万福此书稿只是开了先河，提供了他的经验而已。希望广大的易学研究者和应用者继续从多角度进行努力，以推动易学研究和应用的深入发展。

最后，我相信已近花甲之年的李万福同道，以其深厚的易学功底，丰富的人生阅历，敏捷聪颖的悟性，忠厚耿直的品德，再加上持之以恒的钻研精神和广泛深入的实践，一定会在易学理论研究和应用实践领域取得更加引人注目的成绩。

吾翘首以盼。是为序。

2008年5月11日于莱茵假日

①《人生奥秘探析——四柱分析与奇门遁甲》，李万福编著，2008年8月中国新闻联合出版社出版。

（二十四）
《人生轨迹的干支解读》序

清代《四库全书总目提要·易类》说："易之为书，推天道以明人事者也。"意思是说，易学这类书是干什么的呢？一言以蔽之，都是通过探索推演大自然运行变化的客观规律，从而让人明白人类社会发展和个人生存变化的规律。

那么易学这类书是通过什么方式来"推天道明人事"的呢？主要是通过一整套具有全息信息的哲学符号来进行推演的，这是中国传统哲学的特点。

这套哲学符号大致有三个系列：一是八卦和六十四卦系列，二是天干、地支系列，三是图形系列，包括太极图、河图、洛书、先天八卦图、后天八卦图、64 卦方图、64 卦圆图等。

其中，兴于唐、成熟于宋的四柱命理学，就是利用天干、地支这套古代以记时为主，同时具有全息信息的符号系列，来解读人生。它主要通过一个人出生的年、月、日、时干支，大运干支和流年干支这三组干支符号，来解读这个人的人生轨迹。这套方法，由于是宋初徐子平完善的，故后人又称之为"子平术"。实际上就是运用传统哲学阴阳五行生克制化的原理，通过对上述三组天干、地支哲学符号的解读，试图描绘出一个人的人生主要轨迹。这种解读方式经过古今大量实践验证，确有相应程度的准确率。故而虽然几经历史沉浮，时至今日，仍有不少人在热心地研究它、实践它，并力图改革它、创新它。近些年来，在易学界出现被大家称之为新派命理的，就是其中一个代表。

2007 年下半年，我在浙江杭州出版的《数术》杂志（丁亥年未月试刊）

总第一期“百家法门”栏目中，读到署名“罗瑞”的一篇文章，题目叫《殊途同归，各派命理初探》。他在文中说：“自上世纪九十年代后，四柱命理预测技术突飞猛进，传统预测术更臻完善，还有一代新人在传统预测术的基础上，不断创新探讨归纳了一整套先进的新型的预测体系。以祝国英先生《国英命理学》代表的现代预测体系的出现，可以说是一个突出的贡献。它的特点是简洁，明快，准确。然而，它仍然植根于传统命理技术中，虽然，它和传统命理预测术、盲派命理预测术手段不同，但它们的预测结果是一致的。”

作者罗瑞为了证明他的论断，分别从传统命理流派能人、全国著名四柱预测学家李顺祥先生的《四柱玄机》一书和盲派流派能人、著名四柱预测学家段建业先生的《命理珍宝》一书各选取了十三个实例，共二十六例。他将传统命理派的分析判断、盲派命理派的分析判断，分别与祝国英新派命理的分析判断，一一进行对照，最后得出结论是：“尽管流派不一，预测手段不同，然而其结论是一致的。”

以前，我对新派命理及其代表祝国英等人，有过耳闻，但未谋面，也不曾读过其著作。通过此文，我才知道新派命理的代表作是《国英命理学》。

事有缘巧。2008 年 3 月下旬，我去北京参加第五届中华易学文化大会。会议期间，不仅认识了新派命理的代表人物、中华周易协会副会长祝国英先生，而且他还送我一部《国英命理学》。我阅读之后，提出了一些增删和修改的意见。最近，国英先生按照我的意见对其书稿进行了一次大面积的修改，并采纳我的建议，将书稿名称改为《人生轨迹的干支解读——新派命理简论》。

纵观这部书稿，不愧为“新派命理简论”的称谓。我认为，它的新起码体现在以下几个方面：

一、将内容、方法驳杂的传统命理学化繁为简。

传统命理学中，不仅要立四柱八字，排大运、流年，有的还推命宫、胎元，排小运、小限，还要找出各种神煞，详列地支藏干，而且地支藏干又有本气说、杂气说、余气说等不同意见，还有种种名目繁多的格局，确实让人感到难以适从，摸不着头脑。

新派命理只保留了命局、大运、流年三项干支内容，其余一概不用。特别是对地支藏干，不仅指出了子、午、巳、亥四个地支藏干阴阳属性颠倒的错误，而且干脆一律不用地支藏干。同时，对于八字的格局，更是简化为两类四种，认为古人所说的化格根本不存在。

二、提出了一套新的论断和方法。

新派命理不仅将传统命理学中一些内容和方法，或者摈弃不用，或者化繁为简，而且还提出一套新的论断和方法，如百神论、反断论、空亡论、体系论、干支分工论、作用关系论、命局原象论、纳音辅助论，等。

三、新派命理一改传统命理学中重理论、轻技术、难操作的缺点，提出了八字预测的一整套技术性操作规范，使它变成一种几乎人人都可以学会、掌握的普及性学问。

四、第一次系统地把纳音五行技术融入八字预测的实践中，使学习运用命理学的人学会结合纳音五行技术，提高八字预测的准确率。

自然，新派命理这一套理论、技术和方法，正如任何一门学术的改革、创新一样，由于时间尚短，肯定会存在种种缺陷和不足。这是不奇怪的，更应该是允许的。

新派命理到底准确率如何？能否被社会和历史所肯定？能否成为真正的革新派命理学？大家不妨在实践中检验它。

但是，正如所有事物发展的出路几乎都在于改革、创新一样，流传了一千多年的中国传统命理学，应该剥去其神秘的面纱，摈弃其繁琐庞杂的体系，还它以干支解读人生轨迹的哲学本真面目，只有这样才有出路，才有新生。祝国英先生的新作，在这方面开了先河。出于鼓励和扶植创新事物的理念，我应他之约，写了上述文字，作为其新作之序，愿能引起广大易学研究者和爱好者的重视。

2008 年 8 月 3 日于石家庄

（二十五）
《盲派命理探宝》序

随着改革开放政策的深入，中华民族伟大复兴步伐的加快，中国优秀的传统文化日益受到国人的重视。1990 年邵伟华编著《周易与预测学》一书的出版，打破了周易应用研究的禁区，1993 年邵伟华编著《四柱预测学》的出版，又进一步打破了命理研究长期封冻的坚冰。15 年来，八字命理学的理论和应用研究，呈现出百花齐放、百家争鸣的态势，各种命理人才层出不穷，各类八字著述更是琳琅满目。

我对四柱命理没有进行过系统深入地研究，更不以此为用，仅就我孤陋寡闻视听范围所获得的信息，当今命理学界起码有三大流派：一是以继承、弘扬传统命理学为主，不妨简称之为“传统派”，这派的人数最多，各人的著作和观点也颇有差异，代表人物我知道的有重庆的李顺祥、北京的徐伟刚、广州的凌谢冰等人。二是以改革、创新，力图突破传统命理学为主，不妨简称之为“创新派”，但他们改革、创新的方向和路子也不尽相同，代表人物我知道的有山东的祝国英、辽宁的贺云飞等人。三是以学习、挖掘、弘扬盲人传统命理学为主，不妨简称之为“盲派”，这派我知道的人有四川的仇甫全、山西的段建业、辽宁的苏国圣等。

盲人算命在中国是个有着上千年传统的民间文化现象，应属非物质文化遗产。但在过去，主要是在盲人中师徒口口相传，是盲人谋生就业的一种手段和途径，一般都是不外传的。随着改革开放和我国经济的发展，社会富裕程度的提高，整个社会对残疾等弱势群体关照程度的增强，盲人就业的门路日益增多，所以盲派命理保守、不外传的潜规则也逐步在打破。学习、探讨、挖掘盲派命理，也成为命理学界一个分支和热点。

什么是盲派命理？是不是凡盲人算命所用的技术都属盲派命理，显然不是。事实上，多数盲人算命主要也是用传统的命理或叫子平术。而所谓盲派命理，应该是盲人在上千年算命的实践中所总结、创造出来的独特的理论、技术及诀窍。在挖掘、整理、传播、弘扬真正盲派命理方面，目前做出突出贡献的当属辽宁省瓦房店的青年易学研究者苏国圣先生。

我与苏国圣先生过去并不认识。第一次听到他的名字，是在湖南省张家界哲学文化研究会会长李小龙主办的《稚慧园》小报上。2007 年 6 月在天津举办的第二届国际华夏易学文化大会上才第一次认识他。会后，他将自己近年来出版的《外应预测学讲义》《神奇的小成图》和《盲人断命一口金》《盲人命学特训讲义》先后寄赠给我。我才知道，这个刚过而立之年的青年人年纪虽轻，但在易学和传统文化的学习和研究上资历已经不浅，而且出身易医世家，家学渊源，从 13 岁起就跟随曾祖父学习易学和传统文化，而且祖上曾是盲人，继承、弘扬盲派命理有着得天独厚的条件和资质。

如今，他将《盲人断命一口金》《盲人命学特训讲义》二书合并，整理加工成一本正规出版图书《盲派命理探宝》，这应该是命理研究和应用界一个福音。从此书可以看到盲派命理许多独特的理论和技巧，比如不论日主旺衰，不论用神、忌神，重用三垣（胎元、命宫、身宫），特别是串宫压运断流年流月等秘诀，过去都是秘而不传，现在一律公开。这种治学精神值得赞许，值得发扬光大。

传统文化中有精华有瑰宝，但是我们今天如果再继续延续古人封闭、保守的老传统、老规则，怎么还能有继承、有发展呢？孔子曰：“言而无文，行之不远。”我们不妨作这样的解释，如果对传统文化中有价值的瑰宝我们仍然沿袭旧习，只是口口相传，而不肯形诸文字，写成图书，必然流传不远，甚至会轶失，会断绝。为了真正使传统文化中有价值的精华得到继承和发展，为了中华民族的伟大复兴，我们应该把过去不肯公开的东西公开，把过去不肯写进图书的东西写进图书公开出版。

基于此，我乐于为苏国圣的《盲派命理探宝》一书写序，支持他这种公而弃私的精神。有这种精神，有这种情怀，我相信，苏国圣一定会在易学和传统文化领域做出更大的贡献。

2008 年 11 月 8 日于石家庄

（二十六）
《梅花新易》序

《周易》既是中国传统的哲学，又是传统的预测学。作为预测学，它在历史发展和人们的实践中也在不断地演化和进步。最初是用蓍草起卦，以卦辞爻辞为主断吉凶。到汉代京房创制了纳甲法，一是用摇铜钱起卦，简化了起卦方法，二是纳入天干地支，配上世应、六亲、六兽，以空间卦象结合时间旺衰，以五行生克为主来判断吉凶。这种方法增强了断卦的规范性、可操作性，提高了准确率，但也从此由简入繁，增加了学习、掌握的难度。到宋代，邵康节又化繁为简，创制了梅花易数预测法，以年、月、日、时或其他数字起卦，只用主、互、变卦卦象和体用生克来断吉凶，使八卦预测成为一种更加快速、简捷、实用的预测方法。

之所以叫梅花易数，一是因为相传由邵康节弟子辑录的《梅花易数》一书中第一个测例是"观梅占"，说是辰年十二月十七日申时，邵康节先生偶然观赏盛开的梅花，见两只麻雀争占一枝，结果双双坠地。先生说："不动不占，不因事不占。今二雀争枝坠地，怪也。"于是按年、月、日、时起得泽火革卦，初爻动，变为泽山咸，互卦为上乾下巽。据此，判断说，明天傍晚时候会有一少女来折花，园丁不知原因，追赶她，女子受惊失足摔倒在地，扭伤大腿，但不致于有什么凶险。结果完全应验。二是该书创制了以年、月、日、时等数字、声音，颜色各种起卦的新方法，和以体用生克断卦的新方法。故称之为梅花易数。

梅花易数这种大道至简的预测方法，在改革开放三十年以来的中国大地上，更得到普及和发展。学习、运用，进而创新此法的大有人在。仅在我狭隘的视听范围内，就知道有张延生、张兴全、赫英凡、黄鉴等人。近几年北京的贾双萍女士在学习、运用、创新梅花易数方面的成绩和进展，更令人刮目相看。她先后出版和印制了《六爻梅花易卦例精解》和《梅花易数预测学讲义》，今天又在此二书基础上，加工整理提高成一部正规出版的图书《梅花新易》。

这部《梅花新易》，实际就是梅花心易，它的显著特点，一是更加强调学习、运用它的人，特别要用心去体验它，用心去理解它，用心去解读它。二是在梅花易数的基础上，借鉴了很多其他门派的经验，更注重心易的应用，它不再像梅花易数那样一事一断，而是发展成一个更加完整的数理预测模型，它不仅能一事一断，而且通过这简单的八卦符号，还能推断出求测人的婚姻状况、工作官职、父母子女、爷爷奶奶、姥姥姥爷，健康疾病、出生环境、流年运程、吉凶祸福等全方位的信息。三是将梅花易数与六爻纳甲法融合变通互补同断，避免两种方法的短处，发扬两种方法的长处，进一步提高了判断的准确率。

最后，这部《梅花新易》更令我赏识和赞许的是，作者摈弃了传统文化过去在传承方面的因袭、保守、封闭、不外传的恶习、陋习，作者以天道亲德、以德习易、以德传易的博大胸怀，将自己学习、研究、悟创、悟得的方法、思路、诀窍等不仅和盘托出，而且处处以大量真实详尽的实例解析，来教会读者如何运用这种方法去为人趋吉避凶，指点迷津。我想只有这样，传统文化才能得到继承、发扬，进而成为全国人民乃至全人类的精神财富。是为序。

2008年11月17日于石家庄

附　录

（一）

张志春易学思想

——记国际易经科学研究院名誉院长张志春

李道武

张志春，男，1941 年生，河北隆尧人。1965 年毕业于北京大学中文系，先后在大学、党政机关和出版社任职。现为中国国情研究会研究员，花山文艺出版社编审，国际易经科学研究院院士、名誉院长兼高级资格评审委员会主任，河北省周易研究会会长（邮箱：bajunchao@zhangzhichun.com，网址：www.zhangzhichun.com）。

长期以来，张志春老师在易学海洋中辛勤耕耘不计回报，去邪扶正一身正气，激浊扬清把握方向，为易学的普及与发展、易学队伍的纯洁壮大、易学事业的健康发展做了大量的工作，可谓功不可没。更为重要的是，作为我国易学专家的核心人物之一，他不遗余力地重申和提出：研易必须“学”“术”并重、“扬”“弃”结合、“德”“易”同修。这些重要观点已经构成了张志春老师重要的研易用易的指导思想，或者更确切地说，这是张志春易学思想的重要组成部分。

是谁首先提出这些观点并不重要，重要的是作为这个时代的重要代表人物能坚持和发展这些观点，广大易学人员能够以此为指导，使二十世纪九十年代开始的“群雄逐鹿”、“良莠不分”、“泥沙俱下”的局面都得到一定程度的遏制，不断朝着健康的方向发展。这正是张志春老师在特定条件下对我国易学发展的重要贡献，也是本文撰写的良苦用心。为了使广大易学人员能够充分认识和理解张志春老师的易学思想，下面作一具体的介绍与剖析。

一、“学”“术”并重

张志春老师是当代中国通易理、熟数术、屈指可数的易学大家。他为推动优秀传统文化的健康发展，先后出版了《未知之门》、《神奇之门》、《开悟之门》和《预测大师邵伟华》等著作，尤其是《神奇之门》将传统的“奇门遁甲学”化繁为简、深入浅出，科学、准确、实用、有理、有数、有实测、图文并茂、字字珠玑。从他的著作、论文和学术报告中不难发现，易学作为一种传统文化，包括“学”与“术”两个方面，如果只研究“学”，不研究“术”，则失之偏颇；只肯定易理中有科学价值的东西，否定“象数”、“数术”中也有科学价值的东西，更是一种偏见。从易学本身讲，象、数、理、占是不可分的四个方面，一切易理都是通过象、数来体现，并通过占(这里所说的“占”是指广义的应用，不是狭义的占卜)来理论联系实际，实现其价值的。

通过对易学从理论和应用两个方面的研究，他认为，易学的科学价值，无论从“学”的角度，还是从“术”的角度来看，主要都体现在思维科学方面。说易学科学价值主要在思维科学，这不仅体现在易学的“学”的方面，也体现在易学的“术”的方面；不仅体现在易学的基础理论方面，也体现在易学的各种数术技术之中。

上述观点的提出与坚持，无疑具有重大的现实意义。因为从古至今，重“学”而鄙视“术”、重“术”而不研“学”者大有人在。须知，易经之“学”，不仅是易学的重要理论基础，它能为“术”提供理论支持；而“术”的研究与应用，不仅是几千年来易学发展能生生不息的生命力所在，也是易学为人类造福的重要途径。

二、“扬”“弃”结合

在几千年易学思维体系中，无论义理派，还是象数派，无论是“学”的方面，还是“术”的方面，都是精华与糟粕共存。既有精到的中国人独特的宇宙观、认识论和方法论，也有主观臆断、牵强附会、浅薄庸俗之见，甚至还有故弄玄虚、封建迷信的东西。张志春老师认为，以马克思辩证唯物主义和历史唯物主义的观点去指导易学研究与应用，借鉴现代思维科学、现代科技的成果，对传统易学文化进行去粗取精、去伪存真的分析与批判十分重要。因为任何事物都有两面性的特点，那种把易学文化的作用无限夸大、全盘肯定；把易学文化统统斥之为“封建迷信”或“伪科学”而全盘否定的观点和做法，违反了马克思主义的唯物辩证法，都是易学文化领域的偏端，必须彻底纠正过来。

三、“德”“易”同修

张志春老师不仅治学严谨，而且人格更为高尚，其胸怀博大、不立门户、不划圈子、不拉山头、求同存异，是当代难得的德易双修的易学大家。他先后为《周易与预测学》、《六爻预测学》、《股市K线预测与操作》、《四维时空股票预测学》、《奇门预测学》、《太乙通解》、《大六壬预测学》、《南氏体相预测学》、《奇门遁甲现代实例精解》等20多种易经应用书籍作序，培养和扶植了一大批易学领域的专家、学者。这些成功的学者好比参天大树，张志春老师就是扶树养树的辛勤园丁。张志春老师为推动优秀传统文化的发展，先后出版了17部优秀著作，这些著作是千百年来有极高学术价值和收藏价值的好书。今天易学文化的良好局面与张志春老师等一批专家学者的无私奉献和积极推动是分不开的。

德易双修，说来容易做来难。尤其是广大易学人员中，夜郎自大、老子天下第一、诋毁同行者并不乏见。因此，张志春老师不仅身体力行，而且在易界大声疾呼：修易首在修德，修德在于养气和追求和谐，不修德者勿修易。这些重要观点和榜样的力量，必将在易学发展的长河中放射出越来越灿烂的光辉。

（原载《建筑时报》2005年12月28日第9版）

（二）

文史易三辉　成一代宗师

——记易坛领袖张志春老师

编者按：上世纪九十年代开始，我国易学文化的应用实践得到了空前的发展，不少长期只研究易学理论而排斥应用实践的“象牙塔”尖上的大学教授和社会上层文人，绝大多数均改变了排斥“术数”的偏见，起码在较大程度上已承认“术数”的应用价值，承认“易理”和“数术”均是易学文化的组成部分。这一易学研究大好局面的到来，无疑与张志春老师长期坚持“学术并重”的思想和做法，以及他长期在易界说合、推动这一思想密不可分。同时，张志春老师在易学理论与应用实践方面的研究成果、学术地位，以及在易界的影响力，早已自然而然地使他成为易界的重要领袖人物之一。本刊组织这篇文章的根本目的，并不是对个人的歌功颂德，而是通过综述张志春老师令人感动的事迹，或许对纯洁易学队伍，端正易学发展方向，使易学文化事业健康有序发展，有较大的历史意义与现实意义。

众所周知，自伏羲画八卦、文王演六十四卦、孔子作《十翼》，《周易》的完整体系已全面建立。至汉代，汉武帝独尊儒术，使《周易》成为群经之首，成为内圣外王、修身齐家治国平天下的指导思想。长期以来，《周易》一直被认为是我国传统文化的源头活水，大道之源。辛亥革命特别是“五四运动”，以《周易》为代表的传统文化受到了激烈的批判和冲击，“把婴儿和脏水一齐泼出去了”，加上几十年的战乱和“文化大革命”运动，使包括《周易》在内的传统文化受到了空前的冲击。

改革开放以后，国外的“周易文化热”逐渐引发了国内的“周易文化热”，这二十多年的时间，可以说是《周易》文化经过近几十年的“冷冻”后，从复苏走上高潮的黄金时期。这大概可以分为三个阶段：一是上世纪八十年代，《周易》文化的理论研究公开进行，对周易理论的研究开始升温；二是上世纪九十年代，《周易》应用研究蓬勃发展，对《周易》应用研究的坚冰开始打破；三是进入本世纪后，全国易学组织如雨后春笋般兴起，易学队伍迅速扩大，以2004年9月“风水论坛开进人民大会堂”为标志，易学事业出现一派喜人的景象。

从上述三个阶段的发展中，有几个处在核心位置，对易学文化事业起着中流砥柱作用的领袖人物，特别受人瞩目。他们是唐明邦、张志春、张岱年、朱伯昆、刘大钧、邵伟华等。上世纪八十年代的1984年，唐明邦教授与萧萐父教授，毅然冲破重重阻力，召开了“第一次中国周易学术研讨会”，尔后首次成立了“中国周易研究会”，唐老亲自担任会长，在当代易学事业发展中，唐老可谓功不可没。1996年，“中国周易学会”正式成立，山东大学的刘大钧教授出任会长，为我国易学文化事业作出了突出的贡献。2004年“国际易学联合会”正式成立，北京大学朱伯昆教授出任会长，为易学事业的进一步普及和发展奠定了基础。进入九十年代前后，周易应用方面由邵伟华老师充当旗手，一时间，“邵伟华热”席卷华夏大地。如果说，邵伟华老师是一棵参天大树，那么，张志春老师就是一个栽树、养树、护树的辛勤园丁。1990年6月，时任花山文艺出版社编审的张志春老师，承受着沉重的压力，冲破了重重阻力，毅然亲任责编，出版了邵伟华老师的专著《周易与预测学》。该书的出版，打破了周易应用研究的禁区，使邵伟华“这棵参天大树”脱颖而出。正是由此开始，张志春老师从文、史转入易学研究。近二十年来，张老师不仅在易学研究上硕果累累，而且在端正易学发展方向等多方面，对易学文化事业的发展作出了杰出的贡献！

在上述易界领袖中，如果说唐明邦、张岱年、朱伯昆、刘大钧等人是高等学府中易学理论研究的权威，他们长期研究《周易》哲理，有重要的理论建树，同时也承认、支持易学应用实践的研究；邵伟华老师是《周易》应用实践的权威、旗手；那么，张志春老师则既是易学理论研究的学者，又是易学应用实践的专家，既是运动员，又是教练员，还是裁判员。“学术并重、扬弃结合、德易同修”已形成易界公认的“张志春易学思想”。

放眼易界，像张志春老师这样有学有术，文史易三栖，崇德广业，在易界有重要影响力，身系易学风云者，无人能出其右！因此，总结、回顾一下张志春老师几十年的发展历程，对我国当代易学事业的进一步健康发展，对易界同仁如何去修心养性，或许有一定的积极意义。

一、沐尧舜之灵气，成文史易三栖之星

张志春老师，笔名碧波、东方碧珠、东君、慈圣。他在一篇文章中写道：“从我儿时起，山顶上就有两幢石碑，一个叫唐尧庙碑，一个叫舜禹殿碑，是元代大德元年和延祐四年先后重建的。这两幢石碑每天早晨最早迎日出，每天最晚送走落日，远近几十里都可以看到它，它是尧山的象征，它是中华民族祖先留下的光荣和骄傲。我每次回故乡，几乎都要登到尧山之巅，围着两幢石碑转一圈，瞻仰凭吊一番唐尧、虞舜和夏禹的历史丰碑。”正是这好山好水的尧舜故里、燕赵故地，蕴育了易坛一代宗师。

如果说，在文化学术研究上作一划分，张志春老师是作家、史学家、易学家这样的三栖之星，那么，我们认为，张志春老师的经历从行业上还可作从教、从政、从文这样的划分。不论是文史易三栖，还是从教、从政、从文三栖，张志春老师的品学言行，都完全可以用“星”来形容。

1941 年，张志春老师出生于河北隆尧，1960 年考上北京大学中文系文学专业，1965 年毕业，先后在大学、党政机关、出版社工作。曾任天津师院外语系副主任、中共河北省委组织部一处干部、花山文艺出版社副总编辑等职。现为中国作家协会会员、中国当代文学研究会会员、河北省散文学会副会长、河北省周易研究会会长。1998 年被新加坡应用易经研究所聘为海外学术顾问；2001 年被国际易经科学研究院聘为名誉院长兼高级资格评委会主任，2006 年 6 月又被任命为“专家委员会”副主任兼“预测专家委员”；2003 年被中国国情研究会聘为易学行业研究员；2004 年被中国易学研究院聘为副院长；2005 年 5 月被中华周易协会聘为副会长兼学术委员会副

主任，授予易学专家和现代奇门遁甲学术创始人的资质；2005 年 6 月被聘为建设部中国建筑文化中心风水专家委员；2005 年 8 月被中国风水文化研究院聘为名誉院长兼学术委员会主任；2006 年 1 月被中国中外名人文化研究会评为“2005 年度中国十大易学名人”；2006 年 6 月被国际易学联合会授予“全球 100 位易学推动力人物区域推动力突出奖”。

1958 年，17 岁的张老师在邢台一中读高中时就开始发表作品，从此一发而不可收。上北大时，又就读的是中文专业，这为他日后在文坛的发展打下了坚实的基础。八十年代改革开放以后，他的创作进入高潮期。在《十月》、《长城》、《北京文学》、《河北文学》、《光明日报》、《文学报》、《河北日报》、《散文》、《散文百家》等全国性和省内报刊上发表了短篇小说、散文、诗歌、评论等各种作品上百篇；出版了中短篇小说集《相逢在海滨》；长篇小说《她刚十九岁》、《武状元与女强盗》、《青春劫》；散文集《神州风采》以及《三栖集》等著作。

作为一个并非专业从事创作的作家来说，能有这么多高质量的作品问世，这本属异数，就是与专业作家相比，也是有过之而无不及。邢台学院中文系主任程精棉教授在评价张老师的文学创作时说：“张先生的创作，在艺术手法方面进行了多方位的探索和尝试。他的小说主要以现实主义表现为主，同时也借鉴了西方现代主义的表现手法，写有意识流的作品。他根据所写的内容，有的侧重叙述，有的侧重描写，还有的完全是以散文的抒情格调来写小说。在创作主体上，第一人称、第二人称、第三人称的写法都有。特别是第二人称的创作《你踯躅在木棉树下》这篇小说，既采用第二人称，又采用抒情散文的笔法，受到行家的高度赞赏。显示了他小说创作的实绩。

张先生的散文创作更能显示他北京大学中文系毕业生的深厚文学功底和深邃的哲理意蕴，体现出古朴凝重的美学追求。他是一个敏于观察、勤于思考的人，无论走到何处，都能透过客观事物的表象提炼出人生的哲理。”

河北著名散文作家、评论家奚学瑶在《解读张志春的散文》中写道：“当他一旦倾心投入时，便情溢书卷，悟透纸背，立意高远，隽永缱绻。其中，《不死的灵魂》、《顿悟悬空寺》、《从‘子不语怪力乱神’谈起》、

《尧舜的后代》等文章堪称上乘佳作，纯正文字。文章是情性、素养、心境交汇之结晶，天时、地利、人和之最佳碰撞的火花，故为文者倘能于世留下数篇好文章，便足以告慰人生。

《顿悟悬空寺》是张志春的代表作品，曾入多种选本，常为人所称道。倘《不死的灵魂》是青春情怀，则此篇是中年肺腑，反映了他对人生与社会的成熟思考。作者不仅在思想上有所感悟，还进而从艺术上感悟悬空寺的'虚实结合、空灵雅致'的魅力，阐释了中华传统文化之中的虚静空灵的意境之美。如此文思，使一般的观景揽胜之文，升华为人生感悟与学术思考，将美感与理念融汇在一起，没有文学修养，难以雕琢这等玲珑宝塔；仅有文学修养而无学术积淀，便只有优美文字而无形而上的深邃思考。所谓'学者散文'、'文化散文'之说，此篇可作一个范例。"

从上述两位教授对张志春老师作品的评价中，我们可以清楚地看出：张志春老师既有北大中文系文学专业毕业的"金字招牌"，更有扎实的古汉语和文学功底。从他的作品中，几乎涵盖了文学作品的各种文体，如散文、诗歌、评论、短篇小说、长篇小说等；既有第一人称、第二人称也有第三人称的写法，特别是有些作品采用了第二人称与抒情散文相结合的笔法，这在文学创作中无疑是一个高难度的表现手法。一个曾经是党政干部、大学教师、出版社副总编辑的作家，除要履行本职工作，领导好他所分管的各项行政工作外，写作基本上是靠业余时间来完成的。可以想象，如果没有一种敬业爱业、刻苦耐劳的吃苦精神，没有一种对社会、对工作的高度责任感，无论如何都是难以想象的！

张志春老师不仅在文学创作上收获极丰，在河北文坛乃至全国文坛上占有重要的一席之地，而且在史学界也可以说是崭露头角。正如邢台学院中文系主任程精棉教授所说："张先生的史学研究最突出的成就是对我国近代史上最早致力于中西方文化交流的著名学者、政论家、思想家和文学家王韬的研究。他详细考证了王韬的生平足迹、特殊的经历和遭遇，结合当时的时代背景，高度赞扬王韬的开放意识和博古通今、学贯中西的高深学识，使今人能够较详尽地了解这位中国近代史上杰出的乱世奇才在新闻业、翻译业和诗歌、散文、小说创作等多方面的成就。”

1988年，作为史学专著的《王韬年谱》正式脱稿，1994年11月由河北教育出版社正式出版，1989年开始写作《乱世奇才王韬评传》，这些都标志着张志春老师的研究已从文学转向史学，既是作家又是史学家。由于多种原因，张志春老师在从事史学研究一段时间，并且有所建树的情况下，又突然转入对易学的研究。当然，其中的直接原因是他亲任责编，对邵伟华《周易与预测学》和蓝允恭《太极思维与预测》二书的编辑出版，其兴趣和精力已逐渐转移到易学研究上来。这一转变，不仅是张志春老师人生历程的重要转折，也是易学领域的一个重大转机，他为上世纪九十年代易学文化的蓬勃发展提供了重要的推动力，是易学行业的生力军，是我国上世纪九十年代以来“易学应用热”的“助产师”。这一转变，也使他很快成为一代易学宗师、易坛领袖。

张志春老师的“两个三栖”，似乎告诉人们一个简单而复杂的人生课题，这可以借用“文革”时期的一句口头禅：“出身不由己，道路可选择。”正如张志春老师在其《三栖集》的“序”中所说：“一个人对于自己出生的时间、地点、家庭、父母是无法选择的，乃至幼儿、少年时期的家教也是无法选择的。但是成年之后，就时时处处充满了选择。概括而言之，起码有文化、政治、工作、婚姻四大选择，对人生至关重要。……由放弃所谓仕途行政工作，而转入个人喜爱的文学艺术这行业务工作，这是我的一大选择。第二大选择，就是在自己所从事的业务领域内，由文学而史学，尔后又转入易学（哲学），使自己呈现出一种文、史、哲三栖的状态。这却是始料不及的。这也说明，人生既有自我选择的一面，也有顺其自然的一面。”

熟悉张老师的人都知道，他身材高大，温文尔雅，性情温和，思维缜密，做事稳重，曾经在行政方面担任过比较重要的职务，也曾经有步步高升的迹象。但他主动选择了放弃，转入文学创作与编辑工作。正当他文学、史学事业如日中天之时，他又选择了放弃，转入哲学研究，这是他知天命之年逐渐掌握了人生规律使然。最终，他在易学理论研究和预测领域把生命的价值提升到了一个崭新的高度。

二、研易理术并重，成现代奇门遁甲创始人

张志春老师自1990年编辑出版了邵伟华《周易与预测学》和蓝允恭的《太极思维与预测》二书之后，逐步进入易学研究领域。

1993年6月作家出版社出版了他编著的《未知之门——邵伟华与周易预测索秘》，同月香港皇冠出版社出版了他与蔡敦祺合著的《预测大师邵伟华》，这二部学术性报告文学，集中反映了他对周易及其预测学的最初研究成果。《预测大师邵伟华》一书1994年12月敦煌文艺出版社又出版了国内版。《未知之门》一书1995年作家出版社又改名《易坛泰斗邵伟华传奇》再版一次。他编辑出版的邵伟华、蓝允恭的书和他自己写的上述二书，打破了周易应用研究的禁区，推动了整个易学研究的普及和深入。

从1994年以后，他在对易理研究的同时，集中精力研究历史上有“帝王之学”、“数术之王”称号、在传统文化中最具神秘色彩的所谓“三式”之一的奇门遁甲，提出奇门遁甲来源于军事上排兵布阵的论断，破译了这种时空象数理预测思维模型的建构原理，并对其在实践中的应用价值进行了初步验证。他研究奇门遁甲的第一篇学术论文就是《解开诸葛亮借东风之谜》（发表在1995年第1期《神州传奇》杂志上），用古人创造的奇门格局验证了诸葛亮所谓借东风是假，用奇门遁甲的方法提前预测出长江上到那天那时会刮东南风是真。

1995年6月他在研究会内第一次举办了奇门遁甲研讨班，1996年6月他同学生杜新会一起到北京为“六·三”抢银行大案提供侦破方向和思路，使奇门的应用价值受到了国家人体科学小组办公室有关同志的重视和肯定。1997年他在安徽召开的一次周易与现代科技学术研讨会上作奇门遁甲专场学术报告，引起易学界的重视。1998年9月他在安阳召开的第九届周易与现代化国际研讨会上又一次作奇门遁甲的专场学术报告，并由其学生杜新会进行现场预测表演，获得圆满成功，从而受到易学界一致好评。1999年4月花山文艺出版社出版了他编著的学术专著《神奇之门》，全面系统地反映了他从思维科学入手，从理论和应用两个方面研究奇门遁甲的成果。书一出

版，被易学界誉为“易学研究的重大突破，古为今用的最新成果”。2004年6月新疆人民出版社又出版了《神奇之门》的修订版《神奇之门——奇门遁甲大解谜》和他的新作《开悟之门——提高奇门技能必读》。新作《开悟之门》的出版，标志着他对奇门遁甲的研究上又上了一个台阶。

综观张志春老师的二本奇门专著，起码在下列几方面有其独特的值得称道之处：

一是坦诚公开。张老师将多年来对古代奇门遁甲研究的有关的心得体会、方法技巧、学术成果毫不保留地公开出来，这是真正的大家风范。

二是化繁为简。二书用平白的语言与现代人的思维方式，将古代奇门遁甲的神秘外衣，循序渐进地一层一层撕扯开来，使奇门遁甲由难变易，化繁为简，成为人人可以学会，一看就懂一用就灵的一门普及性的预测决策技术。正如沈阳空军易友贺云飞的评价：“旧时王谢堂前燕，飞入寻常百姓家”。这与《神奇之门》出版前多少易学人士望“门”生叹、望“门”生畏的状况相比，发生了天翻地覆的变化。这对易学文化特别是奇门遁甲的普及与推广，可谓功德无量。

三是简化了定局和起局的方法步骤，创造了纸上快速起局法。过去，学会超神、接气、置闰、定局起局通常要三年，现在仅心里默念一番即能定局，熟练些的人几分钟就能起好局。同时，张老师还把过去的遁甲式盘改为九宫格的方图起局，更符合现代人的认读习惯，很快做到一目了然。这为解放生产力、提高预测效率和准确率，提供了坚实的理论支持和操作工具。

四是对奇门判断的内容与方法作出清晰明白的规范。奇门判断的内容、范围、事项、方法、应期、奇门元素的克应等，过去的奇门书籍都杂乱无章、藏头露尾，使学者有如大海捞针。张老师的二本书，系统明白地提出奇门用神多达64个、奇门格局的确定、奇门各元素的克应情况、奇门判断的根本思路如何、奇门预测的主要判断方法、奇门应期的确定等等，在书中都用平实的语言交待得详细明白。

五是两书都有大量的现代预测案例。可指引学者举一反三、触类旁通，很快进入奇门预测神圣的殿堂。这在过去的奇门书籍中是很难找到的。没有案例只有理论，严格上来说，这门学问的操作方法就还没有完全公开，这也是过去人们不敢去学习奇门遁甲的一个重要原因。

从以上分析可以看出，如果没有张志春老师二书的出版，如果二书中没有那么多“好东西”无私地奉献出来，奇门遁甲学习者，似乎还在“漫漫长夜中”摸索。因此，国内外不少行家和大量的易学研究者与爱好者，都纷纷来信来电给张老师，高度赞扬张志春老师的无私品德、高深学问和精湛技术。中华周易协会于 2005 年 5 月还专门授予张志春老师**“易学专家、现代奇门遁甲学术创始人”**的资质。

张志春老师之所以在古典预测学最神秘的领域奇门遁甲研究上取得重大突破和成果，是与他一贯坚持马克思主义辩证唯物主义和历史唯物主义的认识论，主张传统文化的研究必须与现代哲学、现代科学相结合的正确态度和做法分不开的。他提出易学研究的科学价值主要在思维科学，受到许多易学专家的认同。他从思维科学入手，对整个易学思维体系进行了去伪存真、剔除糟粕、保留精华的研究，提出易学思维中的科学性精华有六大论，这就是天人合一论、太极阴阳论、五行关系论、时空统一论、宇宙全息论、穷通分合论。这种概括，受到中国周易研究会会长、武汉大学哲学系教授唐明邦的赞赏，唐说“此种论述，颇有创见”。

六大论不仅第一次概括了易学思维中的科学性精华，而且第一次向世人揭示了易学预测的理论依据。不仅止于此，张老师又通过易学预测与现代预测的比较研究等论述，进一步阐述了易学预测不同于现代预测的本质特征、途径和方法，揭开了易学预测的神秘面纱，使世人认识到易学预测的特殊价值，洗去了世俗社会加在易学预测头上的“封建迷信”和“伪科学”等等污垢，并通过大量实践向世人证明了易学预测在现实生活中依然存在的价值和作用。

三、易坛伯乐　辛勤园丁

为了弘扬易学文化，张志春老师不仅亲自筹备成立了河北省周易研究会，自己著书立说，而且还在易学界充当着伯乐和浇花育苗的园丁工作，扶植培养了大批易学研究人才，为许多易学研究新著的出版和易学杂志的创办付出了辛勤的劳动。

由他策划、编审、或亲任责编、或亲自写序推荐的易学研究著作有：(1) 邵伟华的《周易与预测学》、《周易预测学讲义》；(2) 蓝允恭的《太极思维与预测》；(3) 王正民的《六爻预测学》；(4) 沈柏春的《梅花易数预测学》；(5) 刘广斌的《奇门预测学》；(6) 覃贤茂的《黄帝内经与运气的推算》、《实用运气推算》；(7) 杜成娴的《易学大师邵康节》；(8) 丛瑾滋的《易经形象预测学》；(9) 杨景磐的《太乙通解》、《实用六壬预测学》；(10) 郭耀宗的《四柱命理预测学》；(11) 刘志良的《六爻预测新探》；(12) 南凤魁的《南氏体相预测学》；(13) 夏剑辉的《四维时空股票预测学》；(14) 常秉义的《炒股奇招》；(15) 黄友敬的《老子传真》；(16) 潘鹤年的《周易与股市预测》；(17) 李鑫的《最新实用万年历》；(18) 张贵和的《中国异人传奇》；(19) 王吉柱的《股市 K 线全息预测与操作》；(20) 姚伊萍的《股市黄金策》；(21) 凌谢冰的《中国八字学通论》；(22) 杜新会的《奇门遁甲现代实例精解》；(23) 李顺祥的《六爻玄机》、《四柱玄机》；(24) 郭俊义的《易算应用学》；(25) 徐伟刚的《大六壬揭秘与现代应用研究》、《袖里乾坤》；(26) 凌志轩的《释易新探》、《四柱博观》；(27) 杨维增、凌志轩的《中国哲学的魅力》；(28) 石建和的《周易浅说》；(29) 贾双萍的《六爻梅花易卦例精解》；(30) 贺云飞的《干支易象学》；(31) 石建国的《奇门最新实例解析》；(32) 练力华的《玄空住宅环境学》等。

另外，由他协助策划、编审、创办的大型国际性易学研究刊物还有二种：一是 1998 年由新加坡国立大学经济系教授黄违洪创刊的《应用易学》，张志春老师任编委和学术顾问；二是 2002 年由国际易经科学研究院创办的《国际易经》，张志春老师担任名誉总编。这两种刊物都体现了他的主张，即将传统文化的研究与现代哲学、现代科学研究相结合，努力实现易学研究的现代化、科学化和国际化。

2004 年 6 月，新疆人民出版社出版了由张志春老师主编的《中国古代哲学研究文萃》一套九本。这九部学术著作比较集中地反映了改革开放以来二十余年间中国大陆研究易学，特别是应用易学的新成果、新水平。

张志春老师不仅是一个独具慧眼的伯乐，通过亲自担任责编、撰写推广易学名家的专著、作序等多种方法，发现、培养和扶持了众多易学新秀，而且还是一个在易学领域亲自“传道授业”的辛勤园丁。

为推动易学文化不断向前健康发展，大量培养易学人才，张老师不怕辛劳、浇花育苗，设立了“抱犊寨研究基地”，常年举办奇门遁甲培训班。从1995年6月第一次举办奇门遁甲研讨班开始，至今已有10多年了，培养了大批易学人才。这些学员当中，人才辈出，许多人已成为易坛的参天大树，他们高超的奇门预测技术为许多单位和个人解决了疑难问题，对社会对人民作出了应有的贡献，受到了有关部门、企事业单位及事主的赞扬。正如张老师自己在给石建国《奇门最新实例解析》一书的序中指出：“杜新会是1995年我在研究会内举办第一期奇门研讨班的学员，石建国是1996年我在研究会内举办第二期奇门研讨班的学员。如果说，杜新会是第一期学员中的佼佼者，那么，石建国无疑是第二期学员中的佼佼者。”十多年来，参加过张志春老师主讲的奇门遁甲面授班和函授班的学员，已达数千人，通过《神奇之门》、《开悟之门》的阅读而成为张志春老师间接的学员更不计其数，这为普及、推广奇门遁甲乃至易学文化事业，起到了重要的推动作用。如果说，上世纪九十年代中期，“邵伟华热”产生了数以万计的邵老师的学生是我国易学培训的第一次高峰，那么，张志春老师的易学培训无疑是第二次高峰。

综上所述，不管是伯乐还是园丁，张志春老师都以严谨的治学态度、高尚的人格力量和一代宗师的大家风范，在易学这块园地里默默耕耘，浇水培土，无私奉献！正如一位1948年参军的打过游击、参加过淮海战役和抗美援朝的老兵，同时又在1952年毕业于中国人民解放军军事学院，1960年毕业于中国人民大学历史系的单思良先生，在阅读了《神奇之门》后，满怀激情地写给张志春老师的信中说：“我之所以一看到您写的《神奇之门》后，就毫不犹豫地购买，因为在前几年，我曾购买过您写的《未知之门》，读后，不仅在易学上深受教益，同时，也知道了您助人为乐的高尚情操。那位名扬海内外、大名鼎鼎的‘易坛泰斗’邵伟华先生，假如不是您真诚相助，出版了他的《周易与预测学》，他的名字，也难说不被埋没；假如不是您写的《未知之门》一书问世，人们对邵伟华先生也不可能那么全面地透彻了解。这不仅是对邵先生的个人相助，更重要的是为我中华文化之源的《周易》鸣锣开道，令人敬佩至极。诚恳祝愿您在易学上获得更大的成就。”

四、心系易坛 把握易学发展方向

改革开放以后，我国出现了前所未有的百花齐放的研易热潮，各地易学组织纷纷建立，易学研究、易学应用人才不断涌现，出现了万马奔腾的喜人气象。然而，任何事物都有两面性，研易热潮背后潜伏的危机日益显现。这种危机主要来自两个方面：一是易学队伍良莠不齐。我国易学队伍从整体上来说是好的，但不可否认，易学队伍中确实存在着“害群之马”，或者夸夸其谈、骗人钱财、一派江湖习气；或者目空一切，老子天下第一；或者死抱门户之见，排斥别门别派，固步自封；或者以“骂人”，特别是以骂“名人”以达“扬名”之目的。这是来自易学队伍本身、来自下面所潜伏的危机。二是来自社会主流意识，来自上面政策因素的尴尬局面。众所周知，我国的主流意识和政策层面对易学理论的研究是不排斥的，但对易学应用即“术数”这一部分在建国后至“文化大革命”时期是完全否定和持批判态度的。改革开放以后，已有所松动，但到现在为止，也还是处在“不支持、不禁止、不宣传”的状态。在这样的情况下，如果我们易学队伍大家都能洁身自爱，遵纪守法，尚能在社会领域中保留一席之地。但如果稍有差错，势必会引起小题大作，甚至出现全面否定术数的严重后果。

面对上述危机，我国易界不少代表人物均心怀忧患意识，对易界的发展状况给予高度关注，及时化解各种不利于易学发展的消极因素，以保证易学文化事业健康有序的发展。在这些代表人物中，最值得称道的是唐明邦和张志春老师。两位易坛领袖不仅是本院的首席顾问或首席名誉院长，是本院的主要领导，更重要的是两位老师心系我国易坛，长期多方奔走，不计得失，鞠躬尽瘁，为我国易学文化的健康发展，呕心沥血，默默耕耘，作出了不可磨灭的历史贡献！

如果说，唐明邦老师作为八十多岁高龄的中国周易研究会的创始人和会长，是我国易界最具影响力的第一代领袖，那么，张志春老师是名副其实、当之无愧的第二代领袖。张志春老师凭借其人生经历中当过大学老师、当过官、当过作家和当过出版社领导的有利条件，在近二十年的易坛中，化解了不知多少鲜为人知的矛盾，协调了不知多少上下左右鲜为人知的各种关系，做了大量的以易坛健康发展为己任的琐碎而复杂的工作。这些工作大致可以分为以下几个方面：一是以身作则。张志春老师胸怀博大，谨言慎行，不立门户，不划圈子，不拉山头，求同存异。二是排忧解难。易学人员中，不论是名家还是爱好者，有什么困难、麻烦，张志春老师知道后都尽量帮助其协调好上下左右的关系，帮助其解决困难。三是密切关注国家政策层面的变化，不断提醒易界人士及时调整思路和做法。四是通过与易界人士的接触、交谈，或参加易学会议，进行广泛的宣传，明确提出易学人员应注意什么、坚持什么、反对什么，不少人均从中受益匪浅。而且凭张志春老师的人格力量和影响力，自有事半功倍之效。五是通过著书立说，发表论文等文字形式，旗帜鲜明地提出保证易学文化事业健康发展的一系列观点、思路和做法，在易界已形成了“张志春易学思想”这一共识。

2005 年 11 月 28 日，国家建设部主办的《建筑时报》发表了《张志春易学思想》的重要文章。该文对张志春老师的概况作了综述后，将张老师近二十年来在研易、用易及易界的讲话、活动作了归纳，首次在全国产业大报上正式提出了“张志春易学思想”这一重要概念。该文指出：

长期以来，张志春老师在易学海洋中辛勤耕耘不计回报，去邪扶正一身正气，激浊扬清把握方向，为易学的普及与发展、易学队伍的纯洁壮大、易学事业的健康发展做了大量的工作，可谓功不可没。更为重要的是，作为我国易学专家的核心人物之一，他不遗余力地重申和提出：研易必须“学”“术”并重、“扬”“弃”结合、“德”“易”同修。这些重要观点已经构成了张志春老师重要的研易用易的指导思想，或者更确切地说，这是张志春易学思想的重要组成部分。

是谁首先提出这些观点并不重要，重要的是作为这个时代的重要代表人物能坚持和发展这些观点，广大易学人员能够以此为指导，使二十世纪九十年代开始的“群雄逐鹿”、“良莠不分”、“泥沙俱下”的局面能得到一定程度的遏制，不断朝着健康的方向发展。这正是张志春老师在特定条件下对我国易学发展的重要贡献。

一、“学”“术”并重

易学作为一种传统文化，包括“学”与“术”两个方面，如果只研究“学”不研究“术”，则失之偏颇；只肯定易理中有科学价值的东西，否定“象数”、“数术”中也有科学价值的东西，更是一种偏见。从易学本身讲，象、数、理、占是不可分的四个方面，一切易理都是通过象、数来体现，并通过占（这里所说的“占”是指广义的应用，不是狭义的占卜）来理论联系实际，实现其价值的。

上述观点的提出与坚持，无疑具有重要的现实意义。因为从古至今，重“学”而鄙视“术”、重“术”而不研“学”者大有人在。须知，易经之“学”，不仅是易学的重要理论基础，它能为“术”提供理论支持；而“术”的研究与应用，不仅是几千年来易学发展能生生不息的生命力所在，也是易学为人类造福的重要途径。

二、“扬”“弃”结合

……张志春老师认为，……任何事物都有两面性的特点，那种把易学文化的作用无限夸大、全盘肯定；或把易学文化传统斥之为“封建迷信”或“伪科学”而全盘否定的观点和做法，都是违反了马克思主义的唯物辩证法，都是易学文化领域的偏端，必须彻底纠正过来。

三、“德”“易”同修

……德易双修，说来容易做来难。……张志春老师不仅身体力行，而且在易界大声疾呼：修易首在修德，修德在于养气和追求和谐，不修德者勿修易。这些重要观点和榜样的力量，必将在易学发展的长河中放射出越来越灿烂的光辉。

张志春老师虽然年事不高，但从17岁起发表作品，继而大学毕业后逐渐成为从教、从政、从文三栖，文、史、易三栖，已近五十个春秋。其文、史领域的建树，特别是在易坛的建树，已为世人提供了宝贵的财富！在本文就要结束时，有一个人也应该提一提，这就是张志春老师的夫人和得力助手李春月。张夫人原是花山文艺出版社的干部，退休后一直大力支持、协助张老师工作，并在生活上无微不至地为张老师做好后勤保障的各项琐碎工作。可以说，张夫人既是“保姆”，又是秘书，更是得力助手！张老师能有今天的成就，与张夫人默默无闻的贡献是密不可分的！让我们共同为张老师夫妇祝福，愿他们健康长寿，举案齐眉，共同为我国的易学文化事业作出新的贡献！（国际易经科学研究院供稿）

（本文原载《建筑时报》2006年11月6日第15版整版）

（三）
读者来信选登

（1）唐山教育学院数学教师孙振华1990年10月27日来信说：

张老师：您好！

与您素不相识，今权作一名读者给编辑老师写信，打扰了。

首先，感谢您以独有的胆识，主持出版了一本好书——邵伟华同志的大作《周易与预测学》。我感觉，这是近年来在众多易学专著之中，最富胆略、最富应用性、科学性、最具说服力，也最容易普及的一部。如果说，易学及预测学将来在国内外会发挥更大作用的话，那么，应给您记一功：您的确做了一件很好的事。再次感谢您！

我本是个数学教师（本学期由数学系调到工厂，于是有时间多读点易学了），今年四十六岁，因一直所受的教育，故一向将占卜相面之类视为无稽之谈。但由于喜好文学、古文，也就形成了多年来关注数学史的爱好。这几年还专门在系里开设了中外数学史选讲课。课上，多次介绍周易，但仅从数学角度。最生动的一次讲课，恰在今年六月，拜读了邵先生大作之后。以前介绍八卦，均照抄，这次竟顺利地背了下来，而且讲了一点介绍本书的内容。我现在正在深入钻研中，力争成为邵先生那样的人。而且，周围的朋友们也多有捧起这部大作的人，甚至议论早日成立唐山的易学研究会。

可见，我对占卜或预测及其大师们不仅信服了，而且崇拜了。这是过去自己未料到的。这与邵先生著作中多处摆的道理很有关。是的，阴阳学说不就是平日所讲的对立统一规律么；相生相克之类，不就是反映客观世界事物之间相互联系、相互制约的关系么；自然界有规律可循，人体不也是同理么，等等，只不过用的名词、符号、术语不同。代数符号、公式，拿出个局部来，也不过是任何问题也说明不了的、令人玄妙不可理解的一堆废物，但整个体系则可指导科学实践。说八卦语言是宇宙代数学，绝妙至极！

(2) 北京海淀区车公庄西路老虎庙外交印刷厂房启明同志1991年3月8日来信说：

尊敬的张志春先生，您好！

首先祝贺您在国内第一个勇敢地承担了《周易与预测学》一书的责任编辑工作！

据末学之见，使古老的易学与今天（解放四十年来）国内现实社会生活各领域发生实用价值之联系的，并以毫不含糊的观点、事实，力排各种非议，当首推《周易与预测学》一书。此书的广泛发行，激起了巨大的社会反响，使人们对“易”的认识提高了一大步，使易学在今人的形象更接近其真实。这与您及贵社所具有的远见卓识、开拓新领域的气魄和科学、谨慎、讲究策略的工作作风是分不开的。称您等为文化战线上的伯乐和掘宝人也不算为过。对此，深感敬佩。……

(3) 中共凌源县委党校哲学讲师谢紫春1991年5月15日来信说：

尊敬的张志春老师：

您好！

去年你编发的《周易与预测学》及其他著作我都读了，尤其《周易与预测学》我已基本学通，深感这是一部济世之作。……

我1982年毕业于辽宁师大政治系，教过两年中学，现在凌源县委党校任哲学讲师……

目前，易经方面的书不可谓少，实用方面的惟邵氏外别不可取，理论方面多失之浅薄，大而无当，陷于训古泥潭不自知，即使个别有闪光之处的作品，亦多一闪即灭（近来，吉林长春出版社出版冯精志著《实用易经预测方法》理论部分颇有见地，我深受启发），关键于理论与实际脱离，易理与象数脱离。这些易盲们根本不明白，易起于象数，离开象数，易遂空也！

（4）江苏南京中华门外水利水文自动化研究所高勒同志 1991 年 4 月 22 日来信说：

尊敬的编辑部负责同志：

你们好！

首先感谢你们以大无畏的精神出版了邵伟华老师所著《周易与预测学》。当今很多人视周易的预测作用为封建迷信，这本书为人们拔开迷雾，还其本来真面目，并为许多想学习这门学问的人提供了入门的钥匙。感谢你们为使中国传统文化发扬光大所做的贡献。……

（5）中国人民解放军国防大学军事战略学专业研究生崔杰同志 1991 年 5 月 7 日来信说：

张编辑：

您好！冒昧打扰，敬请见谅。

我是国防大学军事战略学专业研究生，1983 年毕业于西北大学中文系，素对古代哲学、文化有兴致。

读了您编辑出版的《周易与预测学》（邵伟华先生著）一书，不想竟十分入迷，亦对邵先生十分敬佩。《周易》是我国民族文化宝地中最具开发价值的宝藏之一。近年来，易学研究从各个层面向纵深发展，在与易学有直接关系的占筮问题上，也有了十分可喜的进展。但我认为，邵先生及其著作是其中最为杰出的代表，他的成果也是最具实用性的。

十分感激您能将他的成果推向社会。无论别人持何种看法，我认为研究占筮问题，最起码是研究易学的入门。……

（6）江西省庐山中学教师张大伟 1991 年 4 月 12 日来信说：

编辑部负责同志：

你们出版的《周易与预测学》是一部极好的书。该书的价值难以估计，它必将在中国和全世界产生深远的回响。

也许这回音来得较晚，也许它首先来自完全出人意料的地方，但它一定会激起一连串的轰鸣。我相信，这随之而来的震荡将会持久不衰，而人类前进的步伐，将会因通过中国古老文明这一长期被忽略的狭谷，转入豁然开朗的新天地，因而感到“柳暗花明又一村”的大欢喜！

贵社首先出版该书，可见贵社编辑们眼光远大。该书虽不尽完美,但无疑吹响了新时代的号角！

几个月来,我反复研读该书，解决了许多过去研读周易遇到的疑难问题。邵伟华先生大量而丰富的实例，像一股清新的风吹入这古老的殿堂，他孜孜不倦的研究精神，严谨而一丝不苟的治学态度，脚踏实地坚忍不拔的探索精神，实在令人景仰。而在邵先生的身后，理应紧紧跟上一大串有志于周易开拓研究的年轻人。这门古老而神秘的“宇宙代数学”再也不能淹没于尘埃之中了！

然而令人遗憾的是，周易预测学的价值，至今未被认可，加之某些人以其为发家致富的手段，更使它蒙上不该有的污垢。

我想，《草叶集》的初版，也曾遭到巨大挫折；佛洛伊德的著作，也曾长期遭冷落。然而，时代发展飞速，我们无权等待；祖国遗产的发掘，再不能等闲视之！贵社有这个眼光，有这个魄力，如能带头擎旗呼吁之，其功德无量，可与日月同辉！我衷心希望，贵社能当此重任，衷心希望看到，贵社吹响的号角，将带来一望无际的花的海洋！

（7）1999 年 6 月 16 日陕西蒲城景存龙先生来信：

张会长：您好！

……我于 1960 年武汉测绘学院毕业，后留校任教10 年，“文革”中因家庭困难，调回原籍陕西蒲城，先后在县水利局和科委工作。1994 年退二线后对周易逐渐产生了兴趣，五年来读过的书不下五六十本，看得较多的是《奇门》……但这些书大致相同，缺乏实例，许多内容雷同转抄，缺少作者自己的东西，特别是与当今相结合的内容……今学先生新著《神奇之门》，收益匪浅，感受非凡：

(1) 先生知识渊博，融文、史、哲于一身，创作、编审、研究集一人，现代、古籍合一处。

令本人十分敬佩。

(2) 先生学易十年，融会贯通，承前继后，颇有建树。古人留下的奇门遁甲，今人识者较少，懂者更少。诸多有关著述，多以抄录和解释为主，有独特见解者甚少，用例更为罕见。而先生却与众不同，全书无有抄录，均为自己语言，对奇门达到通的地步，成为当代易学大师，可敬可佩。

(3) 先生所著《神奇之门》，把古籍有关论述以现代语言论述，把古代的事物与当今社会事物融通，把古代原始哲学与现代历史唯物主义哲学及现代科学接轨，为易学，特别是奇门的研究、应用和发展走出一条新的路子。

(4) 书中删繁就简，统一百家，论理明确，层次清晰，结构严密，文字流畅，印刷精细。

总之，给我以全新的感受……

(8) 1999 年 7 月 1 日江苏常熟市徐伟刚先生来信：

张志春老师：您好！

近日拜读大作《神奇之门》一书，深感鼓舞欣然。是书乃近年国内少见之易学著作，更是奇门遁甲学术于今时代之一创新，诚为难得不易。我为我们大陆国内有您和邵伟华先生等系列易学技术预测方面的高人而深感自豪。

我深信，一个人研易学易的成就固然与其个人的缘分际遇有关，但明师益友的教诲更是重要。惜当今社会上爱好者固然众多，但真正深入研究易之三式太乙、遁甲、六壬于民间者殊少！故此至今，有关六壬、太乙的现代人研究著作绝为少见。至于奇门遁甲学术著作，国内渲染者多，而内行者则凤毛麟角；观于港、台地区、东南亚国家易学界、术数界，此种现象更为显然。现在先生出版《神奇之门》一书，当属珍品、名品、奇品，其价值非同一般，于国内外易学界研易用易又一新高峰也。

……从六壬、遁甲、太乙向上追溯，当然会归于《易经》。《易经》的理论思想观点是否等同于爱因斯坦所谓的“宇宙方程式”，目前仍是一个困惑。我颇欣赏爱因斯坦这样一段话：“要寻找一个宇宙方程式甚为困难，因为这个方程式实际要等同于宇宙本身一样。”《易经》的普遍性、原理性，从“宇宙方程式”此一线索上去思索，肯定是一条路途。当然，很有可能，从此条路走上去，解开奇门遁甲、六壬、太乙三式之谜会为时不远。

……我一直致力于大六壬的研究……我曾经对《神奇之门》一书中一些特殊卦例起六壬课应测，惊人地契合，不可思议。毋庸讳言，在三式的历史发展过程中，六壬最为流行，测占古人称之为“最验”，遁甲相对过于高深而曲高和寡，其在明清时代更被六壬占尽风头了，但它并不能从根本上动摇“帝王之学”的地位……

（9）2000年8月9日贵阳矿山机器厂高工谢民宗先生来信说：

尊敬的张志春先生：

我好几年前就萌发了想给您来信，结交您这位博学多才，在易坛上很有声望的名流了。昨天购得您著《神奇之门》一书，一口气看完，浏览了您书之大概内容，特别是“后记”之后，我这种“萌发”便成为极力驱使我非要来信结交您这个很有大局观、又很识人之“伯乐”啦！

我是四川乐山人，郭沫若老前辈之小老乡。1955年以优异成绩考入重庆大学电机系，1960年毕业，在中科院贵州分院工作。

1963年因自然灾害、原苏联逼债以及为集中力量搞“两弹一星”，撤销地方科学院，才又调入贵阳矿山机器厂，长期从事工业企业电气化和自动化的工作，直到退休。

1991年一个偶然机会，我厂一位“北矿”毕业的高工告诉我：“老谢，最近掀起国际易经热，你知道吗？周易很有意思啊！”从此，我对《周易》就从严厉的“批判”眼光到十分热爱，并为之建立起两组数理微积分场论方程，最后上升为张量方程，取名为“阴阳场”……今年三月我又指出，《易经》之神奇有如“计算机”之无所不在；同时又提出史书《三国志》“管辂传”等对周易之神准案例记录较多，这是周易是科学的历史闪光点。我们炎黄子孙应当沿此闪光点去发掘出其宝贵的神奇内在规律，造福于全人类。我们必须要吸取莱布尼茨从周易中开发出“计算机二进制数学原理”的最大经验教训……

我这个出身寒微之人，却敢于向伟人挑战，诸如对爱因斯坦的相对论，对狄拉克纯物理概念的“反物质”等等，应当更名，并指出，真正的“反物质”概念，应当是周易的“阴阳”概念！同时进一步指出，从周易阴阳场张量方程来看，周易预测量至少有四万六千多个到一千万多个预测分量，这么大的预测分量，哪有对天、地、人一切事物还测不准的道理呢！其中预测的最高层次要算“奇门遁甲”。我们再不能把周易打成“封建迷信”了，否则这个“金矿”又被无禁区限制的外国“莱布尼茨”式的人物取走，再来嘲弄我炎黄子孙啊！这样，我们这一代人就更愧对祖先了啊！要知道，周易是我们开采不完的“金矿”啊！

(10) 湖北汽车工业学院单思良先生2001年9月27日来信说：

张志春先生：

前些天我到书摊散步，看到《神奇之门》一书，再看作者是您，就毫不犹豫地买了一本，如获至宝，喜不自胜。回家后，昼夜拜读，刚刚读完，就急切地给您写这封信，对您在易学上的成就和贡献，表示真诚的祝贺！

我之所以一看到您写的《神奇之门》，就毫不犹豫地购买，因为在前几年，我曾购买过您写的《未知之门》，读后，不仅在易学上深受教益，同时，也知道了您助人为乐的高尚情操。那位名扬海内外、大名鼎鼎的“易坛泰斗”邵伟华先生，假如不是您真诚相助，出版了他的《周易与预测学》，他的名字，也难说不被埋没；假如不是您写的《未知之门》一书问世，人们对邵伟华先生也不可能那么全面地透彻了解。这不仅是对邵先生的个人相助，更重要的是为我中华文化之源的《周易》鸣锣开道，令人敬佩至极。诚恳祝愿您在易学上获得更大的成就。

我是1948年参加革命的一名老兵，打过游击，参加过淮海战役和抗美援朝，1952年毕业于中国人民解放军军事学院，1960年毕业于中国人民大学历史系。半个世纪风风雨雨的历程，使我对《周易》的科学性深信不疑。记得，我在人大学习时（1956年），有位年愈花甲的戴教授，深通易理，他叹息地说：“我国将有二十年的灾难。”我当时听后，很不理解，难以相信。因为，1956年是刚解放后的第七个年头，国家正显得年轻，各方面都呈现出朝气勃勃的大好形势，领袖和党的威信如日中天，前程无限美好，这怎么能有什么灾难呢？况且是二十年的灾难，就更使我难以相信。

结果如何呢？1957年反右……1958年大跃进、大炼钢铁、人民公社化……1960~1963年大饥荒……1966年~1976年十年浩劫——“文化大革命”，上自国家主席，开国元老，下至平民百姓，都身受大害。

戴老师在1956年说的“我国将有二十年的灾难”，完全得到了验证。可见，易理超前的预测功能，是何等神奇！可悲的是，在那个年代，一些权势者却把《周易》诬为“封建迷信”，被禁锢起来，实在是对易学的极大破坏……

（11）日本东京大陆通商株式会社陆洋先生2002年2月6日来信说：

尊敬的张志春老师：

您好！

我是1987年春节后来日本的，目前定居在此，经营一间公司，做国际贸易和饮食业，虽谈不上事业有成，但也还算充实。业余学习周易及相关杂学已有四至五年了，但总觉不得要领，难以进步。每次回国，都要多方搜集有关书籍，但所得多是盗版，看后总是半信半疑，无所适从。又无名师指点，感到很为难。一年前，偶然有缘购得您写的《神奇之门》，开卷后就难以放下，如久旱逢甘霖。我反复捧读数遍，被您深入浅出的讲解，严谨的科学态度，坦诚无华、实事求是的治学风范所深深折服。我寻觅易学数年，感到这次才算是找到了真经。曾经被视为“天书”而未敢问津的奇门遁甲，在您的指引下，我居然这么入迷地学习演局、断卦、求证，这是以前不敢想象的。虽然现在谈不上学会、学好了，但自从进入您的“神奇之门”，才真正感到是学易有门了，不再是盲目摸索了。衷心感谢老师您的指引和为祖国易学所做的无私奉献。

(12) 新西兰惠灵顿曹小军 2002 年 12 月 1 日来信说：

张先生：您好！

唐突打扰，见谅。我叫曹小军，于 1998 年移民新西兰。现居住于首都惠灵顿。我一直对中国的术数很有兴趣，也曾研习过子平术，深感中国阴阳五行哲学思想的玄奥。但因出国后很难看到这方面的书籍，故未能继续研习。日前向国内朋友问询关于中国术数方面的书，朋友极力推荐您的大作《神奇之门》，且托人从国内带来一本，看后非常高兴。先生的著作，由浅入深，理论结合实践地把奇门遁甲这一古代术数理论透彻地阐述出来，对我们认识中国古代哲学思想帮助极大，让人的思想境界更上一层楼。我以前也听说过奇门遁甲，但因没有这方面的书籍，亦未曾研习。看了先生的书后，觉得奇门遁甲在对中国术数方面的研究更广泛和精确，而且先生的文笔流畅，深得奇门之奥妙，从哲学思想到实际应用细细道出，真可谓研习奇门遁甲之范本。

我现在就读于新西兰的维多利亚大学，学习计算机。我研究的课题是神经网络。这是一门新兴科学，主要是用计算机对人及动物的神经系统进行模拟，对给定的输入信息进行甄别筛选，而得出可能性最大的输出信息。神经网络的应用范围相当广泛，如冶金、医药及科学实验等方面，在日常生活中也常用得到。神经网络最关键的环节就是以何种方式对输入信息进行处理。我认为，奇门遁甲无疑可以作为一种有效的方式。但由于学生才疏学浅，对奇门的应用更是不着边际，故特望先生指教。

(13) 江苏徐州市杨俊川先生2003年3月18日来信说：

尊敬的张志春会长：

很冒昧打扰您，望能见谅！

我是一名已办内退的干部，现经营一家服务行业小门面，闲来还算爱看些书，因此，无意中在书店买了一本您的《神奇之门》一书。拜读后，不觉爱之如获一宝，今特书信向您汇报。

我是一名七、八十年代军人出身的干部，对易学这方面的知识是一无所知。长期以来，其观点是：①知道有《周易》一书，并承认是一门学问，而且深奥得很，不是常人所能就研的。② 承认“天人合一”“时空统一”等论点，但非常下意识，更是粗浅。③知天干、地支一词，而不知其何意。④身边有朋友研学“风水学”“六爻”等，我支持他们，但决不参与，不管他们怎么劝诱，对他们的那些书，从不侧目。这就是我拜读您的大作以前的基本状况。

张会长，不知怎的，自得到您的书以后，对书中上篇我已反复看过几遍(中下篇还看不懂)，我非但想改变以往的观点及认识，而且越看越想从此作为一名学生，认认真真，系统地研究，学习，可能年龄已大（今年52岁），为时已晚，但我想起毛泽东对国民党将领归降时说的一句话，叫“早该如此，现在不迟”，我想现在还不算太迟吧！

为什么会出现这样的状况呢？究其原因，我想大致有下面这么几个方面的因素：

一是受您人格的感染，读其书如见其人。总觉您写书教人是那样地认真严谨，学识是那样博深（从书中看出不光在易学方面），而无一点卖弄、压人之气。您对客观世界的认知正像您对自己、对别人一样，是那么的真实。

诚信用在您身上，我觉得再合适不过了。二是您的书写得好，我读书不多，但像此书之文风、之学风、之治学的严谨，还很少见到，读后让人肃然起敬。三是感到读您的书是在学知识，长学问，而不是在学什么歪门邪道。四是看您的书方知易学虽深而难懂，但不是不可触之，只要是有心仍可学习。五是从您的治学态度和方法可以看出，向您学习，不像是世面上的一些人故弄玄虚，胡吹海侃，把简单问题复杂化得神秘莫测，没有什么知识，却说成是博览群书，博学多才。而您却是循循善诱，把复杂问题简单化得通俗易懂。综上述，我想这就是我立志改变过去观点的理由吧！

鉴于此，我想冒昧提出，从现在起，开始学研《周易》，并拜您为师学研“奇门之术”……

（14）广东惠州市陈世安先生2004年8月29日来信说：

张老师：

您好！

经过梁奕明先生的介绍，看到您所主编的《中国古代哲学研究文萃》9本书。总的来看，这9本书是目前国学“易”和研“易”中水准高，有创新和实用性可操作性强特点的代表性著作。这是您及有关作者对中国古代哲学研究的重大贡献。

特别是您所著《神奇之门》和《开悟之门》有关“奇门遁甲”的书，用深入浅出的方法，阐述“奇门”深奥的道理，同时，给出了具体操作的方法和实例。这样使读者既看懂概念，又学会了应用。这真是概念系统和操作系统相结合的“奇门”的学术精品。

本人系1961年毕业于中南大学（前身中南矿冶学院）测量专业，现已退休的一位高工。退休后开始学习“周易”，现来信跟您学习“奇门遁甲”……

(15) 广东信宜市邓林渠先生2004年9月17日来信说:

张志春老师，您好!

您的大作《神奇之门》真是一本奇书!

读了它，对“易”的认识，犹如从地上上升了高楼。

您又是奇人，您以您的博大精深和聪明才智，撰写了前无古人的“六论”;您以您深厚的文化底蕴和对奇门遁甲的透彻了解，把奇门遁甲由艰深变为显浅易懂。您对奇门的实用研究成果特别珍贵，对学奇门的人简直就是指路明灯。您给“易”这颗明珠拂去许多尘垢，让它更光辉夺目。您让学易的人直起腰，昂起头。您对“易”的贡献，《神奇之门》的价值，无可估量。

您的书在这里很畅销，新华书店最近收到您主编九本书的三本:《神奇之门》、《开悟之门》和《易算应用学》，前两本不几天就售完，可见您的书多受欢迎!……

(16) 福建龙海市刘莲蒲先生2004年9月16日来信说:

张志春先生:您好!

前一些日子我到书店，看到您的佳作《神奇之门——奇门遁甲大解谜》，《开悟之门–提高奇门技能必读》二书，以及杜新会先生佳作《奇门遁甲现代实例精解》一书，我一下子全部买了下来。

看了老师所写的书，我认为有如下特点:

(一) 全书都是用您自己的话写的，深入浅出，慢慢看能懂。

目前，市面上有很多奇门遁甲的书，实质都是古籍的翻版，内容上几乎千篇一律，就像两个碗盘一碗水，盘来盘去还是一碗水，里面没有什么新东西，读者越看越糊涂，看了还是不得要领，更不要说入门了。老师写的书就是不一样，慢慢看可以看得懂。如老师把三奇六仪这样难懂的天干形象地比喻为仪仗队，后勤部、参谋部、警卫处，深入浅出，使人很容易理解。再如，戊、己、庚、辛、壬、癸、丁、丙、乙的队形。诚如老师所说，过去所有的书籍都没有或不肯点明，而老师一语点破，把它巧妙构成一个圆圈，使读者一下明白过来。还有一年二十四节气奇门遁甲用局，老师详细点明了用局规律，读者理解后就不用去死记什么冬至惊蛰一七四等口诀。

还有怎样用拆补局，怎样进行纸上排局……也写得很详细、很明白，读者通过自学完全能掌握。

（二）实例多，便于初学者根据实例借鉴、学习。

市场上几乎有关奇门遁甲的书籍都没有实例（除刘广斌一书外）。老师在书中列举了许多实例，逐条进行解释，这样就让读者在学习了有关理论（或称规定）之后，对照、加深理解，逐步学会分析格局。

（三）有新的、独特的见解。

如老师对九星旺相休囚废的看法，怎样才能叫“天网四张”，“天乙”是指什么？“三奇得使”为什么可用，“六仪击刑”除了古书所讲之后还包括什么……都有自己的见解，还有天干的寄生十二宫，地支的寄生十二宫不同之处在哪里，这在其他同类书中是看不到的。

（四）研究成果和盘托出，没有保留。就像有的读者写信给您所说：“你却没有将此成果作为个人敛财的法宝，相反却无私奉献给社会，传授给我们。这是一个真心弘扬易学文化的易学大家的胸怀。”　……

最后，祝先生慈悲必定成圣！

（17）青海西宁市薛西武 2005 年 8 月 12 日来信说：

张老师您好：

许多年前就拜读过您的书，印象很深，今年 5 月份有幸购得杜新会先生的书才知道您许多年来一直致力于深入研究术数，尤其是大力推广奇门遁甲。我接触易学多年，对六爻、四柱略知皮毛，知道奇门是高层预测，但从未在任何书中见过一条实例，1993 年我就看过奇门书，但根本看不懂，一本《诸葛武侯奇门遁甲》也早当废品处理了。加上后来看张延生先生的书，说是看奇门遁甲的十个看了九个疯，就吓得更不敢看了。当时也不明白张延生先生说这话的深刻含义，但因为张延生先生可是个“太厉害”的人，不听他的话肯定会吃亏，所以后来只要碰到奇门字眼的书一律拒之千里。谁成想，5 月份看了杜老师的书让人大吃一惊，杜先生出神入化的解析能力简直如神话一般令人难以置信，可是文后的分析根据却是一条条详详细细，透彻明白，没有任何“神化”的痕迹。当时因身边有一本讲飞盘奇门的书，就对照着杜老师的书学了起来。一直等到了 7 月 11 日收到了《神奇之门》，我才算彻底踏入了老师指引的“神秘”世界。

早些年因对奇门根本不了解，总以为奇门是编造的“神话”，看了老师书中全国学员的经历，才知道真正的原因，奇门运用了二千多年，却没有一条实例，这可能是人类文化史上的特大奇闻吧。老师把这样一门学问现在能变成“一学就会，一用就灵”的大众学问，更是奇上加奇。且不说老师书中内容是何等精彩，仅仅一个九宫格就令人对老师的创造力击节欣赏。传统式盘给人的感觉是眼花缭乱，使用起来更是头晕目炫，而九宫格一目了然，清晰无比，运用起来，第一感觉就不再是晕晕乎乎的感觉了。记得小时候读古诗，觉得太简单，怎么觉着自己张嘴都来个十句八句的，可是几十年过去了，张嘴还是“李白”“王维”的，自己连半句诗都做不出来，老师的九宫格原理简直太简单了，可是就这么简单的事情，两千年却只有您一人想到了。老师超凡的思考能力贯穿《神奇之门》全书，处处闪烁着异彩。我快速读完全书后，才知道老师的非凡创造力远不是一个九宫格的事。历来有一种错误说法广为流传，说三式是最高级的预测，而梅易、六爻是低中层次，实际上这指的是易学预测的模型本身，而非具体运用，学了老师的《神奇之门》，有人 12 天的预测效果就和六爻高手持平，这就像河南尚瓴吉所言：“奇准并不能证明水平高”，但它说明了奇门模型是高级的。

我看主要原因应归功于老师把深奥的奇门讲透了，让人容易理解。我曾看过易学高人用梅易测股票、用六爻测石油开采的例子，结果令人吃惊，和奇门的准确率无二。当然，这是高手，绝大多数人达不到那样的水平。我学六爻多年，没什么进步，可是看了老师的奇门，总觉自己好像聪明了，仔细一想才知好笑，六爻、四柱需要从一推及二、三，而奇门多种用神并用，真正是愚者千虑，当然“必有一得”了。但要达到杜老师还有其他老师那种出神入化的水平，还有很长的路要走……

(18) 广东珠海市星宇2005年9月15日来信说：

尊敬的张志春老师：

您好！非常高兴能拜读您的系列佳作：《未知之门》、《神奇之门》、《开悟之门》。虽然，学生与您从没谋面，但从您所写的文字中，我能感觉出，您是一位平易近人、知识渊博，融文、史、哲于一身的易学大师。是您在易学史上第一个揭开了奇门遁甲的神秘面纱，也是您让中国的易学文化飞入了平常百姓家。

拜读完您的著作，学生受益匪浅：

一、您文化底蕴深厚，不仅学富五车，而且善于融会贯通，对易学有着自己独特见解。

二、所著的每一本书都论理明确，层次清晰，结构严谨，文笔流畅，通俗易懂，简单易学。简直令我难以想象，拜读您的著作，我竟会以一种读江湖奇侠传一样的心情，一口气将它读完，使我深深体会到“闲坐小窗读周易，不知春去已多时”的情景。

我叫星宇，中共党员，2004年被湖南省教育厅评为省级优秀毕业生。去年大学毕业后，曾留校任职，后在珠海新园新网络公司担任商务部经理。如今，在珠海梁真取名部担任姓名学顾问，成为一名专业研究四柱、六爻、八卦、风水、姓名的职业易学研究者，并负责取名部的所有对外交流、策划。希望有一天能亲自结交到您这位才华横溢，在诸多方面均有建树的一代易学宗师。

在本公司的强烈推荐下，本公司的顾客中有很大一部分都购买过您的《神奇之门》和《开悟之门》这两本书。张老师，非常感谢您，因为是您的文字帮助我们说服了顾客，让他们对易学有了正确认识，明白了易学不是骗人的迷信……

（19）吉林通化市许维德 2005 年 9 月 6 日来信说：

张志春老师：您好！

自从今年春开始阅读您所著《开悟之门》和《神奇之门》之后，真是爱不释手，您的书，简单好学，易懂，又实用，经过多次的预测案例，大到国际、国家大事预测，小到日常百事，应验堪称快捷神奇。

今年春一起名社易友，让我用奇门测其工作能否求人办成，起完局对他说：其一，你的工作办不成。其二，你的起名社在阴历四月得搬家（根据外应信息要搬二回）。他不信，说："我让你测的是调办工作之事，就不可以测其他事了！那样的话就不准了！"我只是笑一笑，心想等到四月再验证吧！后没过一周给我来电话说："我在集贸看好一厅，打算搬迁，钱已经交了！"我想还得搬一次，后来到了五月，他又从集贸搬到了对街的拐角的一处小屋。其预测之奇而准让我这位认识不久的易友对我和奇门预测佩服不已。进入阳历八月，俄小潜艇沉入海底，看完新闻马上预测，得出结论被困人员于 8 月 7 日早 10 点左右获救……晚间又看新闻，果然得到验证，只是被救的时间比预测的提前一两个小时。

测广东兴宁矿难，新闻刚播完（我在 8 月 8 日才看的新闻）马上起局预测：2005 年 8 月 8 日晚 22：10 分，得乙酉、甲申、甲子、乙亥，甲戌旬、阴二局、天蓬星值符休门值使，测矿山看艮宫，上有白虎死门，又有天英星，庚+辛、俱凶、庚入艮六仪击刑，大局又反吟，信息明显表明有凶死刑伤的信息，矿工看时干，时干在三宫，惊门门破宫（凶事更凶），下有天芮凶星在申月旺、日干在乾宫又相克时干宫，主矿工不能获救，断其人数，因大矿山，应为 30 人–80 人或 80 人–130 人（后来听说死亡人数为 132 人）。因值符宫旬空在坤宫，其宫有地盘乙奇为老板，领导一把手，值符为中层干部或管理人员，该宫空亡，老板和这些管理人员有逃跑的信息或不在现场的迹象。后来果如所测，准而奇准，令本人吃惊！

在易友的起名社（闲暇时间）对求测者预测疾病，求财访友等均奇准：

比如：你父母病得太重，吃药看医生，难医，有心脑血管病、腿脚不好使……你有筋骨上的疾病，前列腺病、胃不好、但不重、你右腿有疤，右腰有伤……。你家的坟迁过不久，在去年十月……。你要找的朋友现在可能不在家，你应先打电话才能不空跑一趟……。您有官司口舌之事，对方势力太大，有争斗的事发生，得破财很多，既使店铺不被封，也不挣钱……等。很多的测例让对方，亦让我和易友感到兴奋。张老师的书真是一本前无古人后无来者的真经啊！

本人只是一高中文化的普通人，生于1969年，在穷乡僻壤的小矿山成长，虽没读过五经四书，但对自身的道德修养要求很高，对现今一些凶伤斗狠，及坑蒙欺骗之事被人所不耻。前些年自己经商或出行之时，也找过一些所谓大仙或九流术士占卜过，但大多不验，自己没少吃亏上当，赔钱亏本。由于自己亦喜周易，曾发誓，下苦功研习祖先之遗宝，并使其发扬光大，以正易德、易风，真正地服务于人民和社会，学不成不占，学不精不妄占，亦不敢将其作为个人敛财的法宝，使自己也成为一个真心弘扬易学文化的跟进者。

自从拜读恩师之《神》、《开》这两本书，实是受益太大，虽有些预测之例奇准，但深怕自己学艺不精而有误于求测之人，有负于易界，而不敢妄行，兹定于来年，能得到张老师的面授或函授，定感谢之至！

（20）广东深圳市学员曲池在参加过2005年10月奇门高级面授班之后来信说：

张老师：

我本人从没参加过社会上的易学研讨及学习班，对现今社会上的名目繁多更有神秘色彩的主传秘籍、传家之宝、易坛之神、易坛之圣之类吾有心惊胆战之虞！2005年10月国庆，我带着对易学盲目无体的心情来参加以张志春为代表开办的“河北省周易研究会第四期奇门遁甲高级研讨班”，国庆中的6天使我感到张志春以及其他老师塌实、务实、科学严谨、奉己无私公开讲授易学中所为皇家学派、密不传人的——奇门绝学，为我所震惊！

我本人在大学时开始对易学有兴趣，1966年生人，今年40岁，在80年代末读大学期间曾经彻夜兴读，学会《卜筮正宗》、《渊海子平》等书籍，1996年读硕士时更加注重易学研究，但当时苦于资料甚少，无奈半知半懂，后又多方巡师访友，略知《卜筮正宗》，应用后准确之至，令我兴奋不已。但对《渊海子平》八字命理，探询近20年，都不能准确对照我近四十年的命理。我在近十年中，拜访过许多易学资高历深人士，探讨我40年人生历程都不能准确对照，一直苦无答案，自己对易学书籍逢书即购，远至香港，近者西安，拜访各名山寺院、道观，自己开车在沿海、中部、西部探询着人生漫漫旅程。

本人认为易学自身是科学，在发展易学历史过程中，历代许多人将其神话，为易学成果存有私弊，加之专权统治，上层经典易学不准外传民间，怕危害统治阶级，历代大一统的独尊儒学考取功名思想，对易学不加以重视。再加上解放后文化革命，易学已走入边缘，流传广泛的民间易学书籍又含真真假假色彩，更有流传广泛的神话传说，易学更有神秘之感。以易学真假难辨，骗人的事物经常发生，导致政府管制，更以"迷信"定性，这是易学界之不幸。在科学的世界只有已知领域与未知领域，我们用科学已掌握的去为社会服务，对没掌握的去探索研究，在科学里没有迷信，易学是科学，是当今许多人没有掌握的一种科学工具，易学更没有"迷信"一词，易学是指导人类活动符合自然行动的工具。本人在易学学习过程中盲目过，在浩瀚的易学宇宙之中不知到何方圣土，到何方探索易学经典。在近代以专著发表并将易学研发发表，公布易学科研成果的只有当代的张志春老师，公开了易学中的奇门遁甲千年之谜。我在1999年底出差哈尔滨，在新华书店购得《神奇之门》一书，我经过近一个月研究，开始布局，有些事情判断准确极高，但对一些事情我判断还是模糊，我对奇门学产生浓厚兴趣，但一直处在初学水平，直到2004年方知河北易学研究会在开办学习班，时至今日才得到张老师及易学研究会其他老师的亲临指导。

张志春老师以及其他的老师（河北易经研究会老师）亲临面授，讲课材料都是近年代开发整理的最新内容，讲述内容的精华是当代易学界的璀璨明珠，将易理与现今科学发展结合，使我大开眼界，展现易学奇门与现今的经济、文化、军事、政治、历史等空间与事物发展相对统一的思想。这些理论思想使我大开眼界。在学习最后一日，根据我本人要求，张志春老师、杜新会老师、王建国老师、王瑞民老师以及风水大师王庆丰老师对我当时出生时间进行了专家形式的判断，我把出生年月日时写到黑板上，当时在场 30 余名学员根据近日所学知识也同时分析判断，根据我当时信息回馈，分析判断准确无误，揭开了我近十余年的困惑，我深深谢谢张老师及其他各位教师，为我人生发展方向准确定位。

易学奇门分析法则，在以张志春老师为带领的河北周易学会研讨的易学奇门学术已继承古人思想，步入当代新理论、新思想的创新时代，为当代易界学术的贡献是不能以物质所恒定的，是中华民族文化的瑰宝。张志春老师把易学奇门创新思想毫不保留的贡献社会，发扬易学文化，包容各家学说的易学大家风范，是当今时代的易家代表。这种思想文化的发展不仅是近代易学的发展，更代表古文化发展的承前继后，挽救古文化，得以传承近代、几代、几十代人，中国的易学历史将永远闪烁着易家张志春的智慧之光！

（21）河北秦皇岛市李文庆 2005 年 12 月 3 日来信，信中有词一首：

浪淘沙

——赞张志春并《神奇之门》

易学百家吟，
《神门》独尊。
玄机藏奥非上品。
淘尽青沙始见金，
掌上乾坤。

九州观古今，
燕赵奇人，
传道授业启经纶。
解疑释惑学术真，
功在当今。

(22) 江苏东海读者王善廷2006年6月28日来信说：

张志春老师，您好！

一本《未知之门》引我寻“宝”十一年，拜读《神奇之门》之后，鬼使神差，信口一联赠恩师：“天下奇门祖，永世易学师。”

因我爱看易学方面的书，1994年4月14日朋友从上海专门买了一本您的大作《未知之门》送给我。虽说该书对我学易没有太大帮助，因为我已具备易学方面的基础知识，但字里行间给我一种中国易学界要出巨人，并且会有易学巨著面世的感觉。

有了这种感觉，每隔十天半月，就到小书摊上转一转，找一找，总认为您的名字连同易学巨著会跳入我的眼底。这样一找，就是十一年多。

2005年5月7日，也是“五一”长假最后一天下午，再次到小书摊上。书摊上有几个外地游客，其中一个外地游客指着邵伟华老师的《周易与预测学》说，这个人出名多亏张志春。另一个说，张志春还作了一本更好的书，叫作《神奇之门》，这本书把复杂的奇门遁甲写得非常简单，好学易懂。我一听忙问：“该书何处有卖的？”答：“我们那里新华书店就有。你们这里新华书店有没有，我不知道。”我马上骑上自行车直奔新华书店，《神奇之门》、《开悟之门》各请一本。近二十年我很少进新华书店，即使进也不到易学类书柜前。因为我们这里新华书店不进易学类书籍，即使进也是易理方面的，就连邵伟华的《周易与预测学》，也只是小书摊上才有。这也可能是缘份未到吧。

请到“宝”书，就想拜师，但人贵有自知之明，一是文化程度相差太大，我仅是中专文化，二是年龄大（1945年生），记忆力太差。经过一年拜读《神》书，有了点基础，才敢壮着胆子叩门求师，学习奇门和风水……

（23）湖北麻城读者阮义员2007年4月23日来信说：

尊敬的张志春先生：

您好！您是我最敬爱的老师！

我是一位五十多岁的人，因为人生坎坷艰辛而信命、服命，进而研习命运、企图改造命运，由此而成为预测队伍中一位年迈的新兵。2005年秋，我有幸从您那里购得了您的《神奇之门》、《开悟之门》。这两本宝书，让我这个五十多岁的人，能够在不到一年的时间内学会、掌握"奇门遁甲"这一高层次的预测学，使我的预测水平有了一个大的提高，我的预测服务有了更多的"神断"。同时，我身边的易友亦受益匪浅。在此，我要向您这位大恩人致以崇高的敬意！

张老师，您首次以教科书的形式，将古老神秘而又复杂高深的预测学——奇门遁甲，进行了翻译、简化，让学生一看就懂；您率先垂范，毫无保留地将自身宝贵的领悟、经验渲泻于世，让广大学员找到了预测的真谛，预测水平得到了飞跃。我真切地感受到，张老师无比的智慧，崇高的品格，博大的胸怀，对预测界产生了深远的影响，中华易学已经在您的影响下不由自主地迈向一个开放式的新时代……

（24）广东汕头读者李一凡2008年2月27日来信说：

尊敬的张志春老师：

我是一名初中生，上次我写信给您，收到了您的回信，我很高兴。您说我年纪还小，不宜过早学习奇门遁甲，应以学习学校规定的课程为重。多谢了！但是从那以后，我仍未把奇门遁甲丢开，因为它太让我着迷了。随着读书的数量增多，我渐渐开始理解一点奇门知识，也能初试于实践之中。今次期末考试，我的作文全校第一，亦得益于读《易》。我学习其中的古文章法、折韵，一步步前进，这使我深感中国古代传统文化之博大精深。

我于2005年买得当地书店中最后一本您的著作《神奇之门》，我很珍惜它，读得入迷。又向别人借阅《开悟之门》，读之，思维大启！近日，您的新版书《未知之门》，我又买来看，很是触动。您把邵伟华先生推向大众，这样无私的胸怀令我钦佩。对于《神奇之门》一书，我用之于实践也。在过去的2007年中，湖南卫视在办“快乐男生”栏目，我用《神》、《开》书中的“主客法”，把两个10强的PK，判断出来，我共测16次，有14次完全正确。又用选手号数寻九宫之位，断之也准。这更加令我相信，奇门遁甲绝非迷信，而是真正的预测学……

附注：

易学界朋友及读者们如有学术方面的交流与问题，可直接与张志春联系，通讯地址：河北石家庄市中华北大街市庄路65号1-3-302室，邮编：050000，电话：0311-66530011、87832236，网址：http://www.zhangzhichun.com。